AtV

JULIANE BRAUN, geboren 1959, studierte Germanistik, Musik- und Theaterwissenschaft in Köln und München, 1989 Promotion in Neuerer Deutscher Literatur, seit 1989 Arbeit als Lektorin.

Als die Schülerinnen der 8a des Breslauer Zawadzky-Oberlyzeums 1944 nach dem Abitur auseinandergehen, ahnen sie nicht, wie lange sie voneinander und von ihrer Heimatstadt getrennt sein würden. Nachdem eine von ihnen das gemeinsame Rundbriefbuch über die Wirren von Kriegsende und Flucht rettet, findet sich der Kreis der Schreiberinnen im Nachkriegsdeutschland langsam wieder, und die Korrespondenz kann fortgeführt werden. Sie berichten über die Schrecken der Flucht, den steinigen Neuanfang, das Wirtschaftswunder, berufliche Neuorientierung und familiäres Glück. Später entwickeln sich die Briefe zunehmend zu einem Forum der Auseinandersetzung: Probleme der Kindererziehung werden genauso diskutiert wie die Frage nach der Schuld der Deutschen und wie man mit der »alten Heimat« im nun polnischen Breslau umgeht. Entstanden ist ein außergewöhnliches Dokument, das die verschiedensten Lebensentwürfe von Frauen in Ost- und Westdeutschland beleuchtet.

»Sechzig Jahre deutscher Geschichte erschließen sich von einer sonst kaum überlieferten Seite. Nicht die Akteure von Politik oder Widerstand, sondern die Betroffenen berichten. Authentisch, zurückhaltend erzählen sie von ihrem Leben, ihren Freuden und Leiden ...«

Neues Deutschland

Ein Teil Heimat seid Ihr für mich

Rundbriefe einer Mädchenklasse 1944–2000

Herausgegeben von Juliane Braun

Aufbau Taschenbuch Verlag

Meiner Mutter gewidmet

Mit 11 Abbildungen

ISBN 3-7466-8111-1

1. Auflage 2004
Aufbau Taschenbuch Verlag GmbH, Berlin

Umschlaggestaltung Simone Leitenberger
unter Verwendung eines Fotos von Hulton Getty
Druck GGP Media GmbH, Pößneck
Printed in Germany

www.aufbau-taschenbuch.de

Inhalt

Einleitung

Ein strahlender Julitag im Jahr 2000. Das stattliche »Haus Schlesien« leuchtet gelb auf einer Anhöhe im rheinischen Siebengebirge. Nach und nach trudeln alle ein: Hannelore und Renate, Theda und Dieta, Anneliese, Uschi und all die anderen begrüßen sich. Wiedersehensfreude beim Klassentreffen der ehemaligen 8 a des Breslauer Oberlyzeums von Zawadzky.

Wer kennt das nicht: Bei der Abiturfeier liegen sich alle voller Abschiedskummer in den Armen und geloben, den Kontakt nie abreißen zu lassen. Doch schon bald erscheint das alles nicht mehr so wichtig, lockern neue Lebenswege die alten Bindungen. Und irgendwann, beim fünf-, zehn- oder gar zwanzigjährigen Abiturjubiläum, sucht man ein wenig ratlos in den älter gewordenen Gesichtern die Schulkameradinnen von einst. Viele hatte man ganz anders in Erinnerung, einige sogar ganz vergessen. Und man spürt: Längst sind die einstigen Schulfreunde Fremde geworden.

Nicht so hier, im Sommer 2000 im Siebengebirge. Rund fünfzehn rüstige 75jährige haben im Innenhof des Anwesens mit seinen großen Kastanienbäumen Platz genommen bei Kaffee und Kuchen. Auftakt zu drei gemeinsamen Tagen. Die Stimmung ist ausgelassen, der Lärm beträchtlich. Kurze Bestandsaufnahme: Wer konnte anreisen, wer muß dem Treffen fernbleiben. Doch dann vertiefen sich die Frauen gleich in Gespräche. Und diese kreisen keineswegs nur um die »goldene Jugendzeit«, wie man vermuten könnte. Natürlich, die eine oder andere Anekdote aus unbeschwerten Schulzeiten wird zum besten gegeben. Aber darüber hinaus geht es um die Familie, um Tod und Krankheit, um Reisen und Urlaubserlebnisse, um Weltgeschehen. Die Anteilnahme ist herzlich und aufrichtig. Hier sprechen Frauen miteinander, die über Jahre Kontakt gehalten haben, nicht nur ehemalige Klassenkameradinnen. Sicher, bei einigen ist die Verbundenheit intensiver, sie sitzen zusammen beim abendlichen Glas Wein, finden sich beim Spaziergang am nächsten Tag. Andere hingegen bleiben distanzierter. Doch alle kennen die Lebenssituation der anderen, müssen sich nicht erst lange orientieren und herantasten. Der Grundstein für diese Vertrautheit wurde vor mehr als fünfzig Jahren gelegt.

Als sich im Frühjahr 1944 achtzehn Abiturientinnen in Breslau voneinander verabschieden, beschließen sie, über einen Rundbrief miteinander in Kontakt zu bleiben, eine Kladde, in der sie der Reihe nach über ihre Erlebnisse berichten und die sie dann an die nächste weiterschicken. Solche Gruppenbriefe sind damals durchaus üblich, doch die meisten gehen irgendwann verloren und geraten in Vergessenheit. Den jungen Frauen aus Breslau aber gelingt es, den Rundbrief durch die Wirren von Krieg und Flucht zu retten und ihn mehr als fünfzig Jahre lang bis in die Gegenwart kontinuierlich und intensiv zu führen. 33 eng beschriebene Bände existieren inzwischen mit rund 1300 Briefen und unzähligen Fotos. Das mag auf den festen Klassenzusammenhalt während der Schulzeit zurückzuführen sein und auf das Engagement und Organisationstalent der Initiatorinnen.

Doch der ursächliche Grund liegt tiefer. Der Rundbrief wird 1944 ins Leben gerufen, als die achtzehnjährigen Mädchen unmittelbar nach dem Abitur in den Arbeitsdienst geschickt werden, fern der Heimatstadt Breslau, fern der Familie und natürlich fern der Freundinnen. Er stellt die Verbindung zur alten Heimat her. Kurze Zeit später bricht alles zusammen, Mitte Januar 1945 wird Breslau von der Roten Armee angegriffen, die Mädchen flüchten auf abenteuerliche Weise in Richtung Westen. Renate Capelle nimmt den Rundbrief im Bombenhagel mit – eine kleine Sensation, bedenkt man, was bei einer solchen Flucht verlorengeht oder zurückbleiben muß. Gleichzeitig ein Hinweis auf die ideelle Bedeutung des Rundbriefs: der Versuch, ein Stück Heimat mit hinüberzuretten in eine ungewisse und unsichere Gegenwart. Das Bedürfnis nach Stabilität und Kontinuität inmitten von Chaos und Zusammenbruch. Die Sehnsucht der jungen Mädchen – später einer Gruppe junger Frauen –, etwas von der Sicherheit und Fröhlichkeit ihrer Kindheit und Jugend zu bewahren.

So bewußt, ja gewollt heiter ist auch der Ton, den sie in den Nachkriegsbriefen anschlagen. Heiterkeit selbst bei den elendsten Fluchtgeschichten. Sie wissen: Alle haben vergleichbare Schrecken erlebt, stehen vor dem Nichts, trauern um Angehörige, leiden erbärmlich unter Kälte und Hunger. Der Rundbrief ersetzt die fehlenden sozialen Kontakte der Flüchtlinge, die zusammengepfercht in Notunterkünften hausen und auf die Rückkehr in die Heimat hoffen. Er gibt ihnen Halt und versichert sie ihrer Identität, denn sobald er eintrifft, sind die Mädchen plötzlich wieder eingebunden in eine Gemeinschaft und nicht nur unerwünschte, umhergestoßene Fremde. Die Erinnerung an bessere Zeiten stärkt zudem den Glauben an eine gute Zukunft. So verbindet der Rundbrief die Schülerinnen von einst aufs neue miteinander.

Achtzehn Abiturientinnen hatten den Rundbrief begonnen. Ähnlich einer Vereinssatzung waren ihm »Goldene Rundbriefregeln« vorangestellt worden: Niemand solle den Brief länger als drei Tage behalten, wird darin gefordert, Anschriften und Namensänderungen müssen umgehend mitgeteilt und der Rundbrief in einer bestimmten Reihenfolge weitergeschickt werden. In den ersten Nachkriegsjahren ist das alles nicht möglich. Die auf der ersten Seite festgehaltenen Heimatadressen sind dick durchgestrichen, neue feste Wohnsitze haben die Frauen nicht. Karola, die den Brief noch während des Krieges bekommt, behält ihn umsichtig mehr als ein Jahr bei sich, bis ihr einige neue Anschriften bekannt sind und der Postbetrieb wieder in Gang kommt.

Zwei Jahre später haben siebzehn Frauen der alten Runde den Kontakt miteinander erneuert. Die letzte aus diesem Kreis wird jedoch erst mehr als zwanzig Jahre später in Amerika wiedergefunden. Im Lauf der Jahre treten andere Frauen hinzu, die der Klasse nur kurze Zeit angehört oder die Schule vor dem Abitur verlassen haben. Die gemeinsame Heimat und das gleiche Fluchtschicksal integrieren sie.

Ab 1952 vertiefen regelmäßige Klassentreffen die Vertrautheit. Wie überall auf solchen Veranstaltungen wird auch hier Bilanz gezogen: Zahl der Kinder, Reiseziele, berufliche Fortschritte sind Meßwerte für Erfolg und Wohlstandswachstum. In ihrem Leistungsdenken sind sich fast alle einig, ebenso in ihrem Rollenverständnis. Alle haben sie eine vergleichbare Erziehung mit ähnlichen Wertmaßstäben genossen. Ihnen gemeinsam ist nicht nur die geografische Heimat, sondern auch eine innere, emotionale. Das verbindet.

Dabei verändert sich die Gruppe im Lauf der Jahre. Nicht alle Banknachbarinnen bleiben eng verbunden; Sympathien und Vorlieben verschieben sich, neue Freundschaften entstehen, die außerhalb von Rundbrief und Klassentreffen intensiviert werden. Man verbringt Urlaube oder Sylvesterfeiern miteinander, übernimmt gegenseitig Patenschaften, besucht sich bei Krankheiten oder zu anderen Anlässen. So wird über die Jahre hinweg ein engmaschiges soziales Netz geknüpft – verdichtet und immer wieder stabilisiert durch den regelmäßig eintreffenden Rundbrief.

Insgesamt 34 Frauen waren zeitweise an diesem Schreiben beteiligt, heute sind es noch 28. Da liegt es in der Natur der Sache, daß der Rundbrief keinen intimen, dialogischen Briefwechsel beinhaltet, denn der Kreis der Schreiberinnen ist groß, und entsprechend lang dauert es, bis das Büchlein einmal die Runde gemacht hat. Zwar wird auch diskutiert, über Lebensansichten und Lebensweisen gestritten oder zu Berichten und Neuigkeiten direkt Stellung genommen. Oft aber zieht eine Schreiberin ihre persönliche Jahresbilanz, schildert ihre Alltags- und Urlaubserlebnisse, ihre berufliche und private Entwicklung.

24 Frauen kommen in diesem Buch selbst zu Wort, über einige erfahren wir aus den Briefen Dritter. Alle ihre hier festgehaltenen Erfahrungen, Erlebnisse, Nöte und Sorgen setzen sich zu einem Stück Zeitgeschichte zusammen, angefangen von Flucht und Vertreibung bis hin zur deutschen Wiedervereinigung und der Wiederbegegnung mit der einstigen Heimat. Keiner der Briefe wurde in Hinblick auf eine Publikation geschrieben, auch wenn die Frauen selbst sich des historischen Werts ihrer Briefsammlung schon früh bewußt waren. Denn der Rundbrief ist in all den Jahren längst zu einem Dokument geworden: für fremde Leser ein Dokument von Frauenleben und Frauenalltag der letzten fünfzig Jahre, von einzelnen Charakteren und Schicksalen. Für die Frauen selbst bedeutet es seit Jahrzehnten ein Stück Heimat.

1 Gerta Simon, Hermitz, 12. 3. 44

Liebe nicht unschöne Bürgerstöchter!

»Doch mit des Geschickes Mächten ist kein ew'ger Bund zu flechten, und das Unglück schreitet schnell!« Mit dieser Behauptung hatte Herr Schiller sehr recht. Das Unglück in Gestalt der Einberufung zum RAD. [Reichsarbeitsdienst] ist wirklich viel zu schnell geschritten. Nun habe ich also genau wie viele andere von uns meinen »bürgerlichen Menschen« abgelegt und trage die Einheitskleidung der treudeutschen, braven Arbeitsmaid. Schade, daß Ihr nicht hier seid, Euch an meinem Anblick zu ergötzen! Besonders die Wäsche ist einzigartig! Als man mir meine »Arbeitsstrümpfe« heraussuchte, mußte ich erst meinen entsetzten Geist sammeln, um zu kapieren, daß ich diese schlauchartigen, graugestrickten Ungetüme fortan über meine zarten Beinchen zu streifen habe. Die Ferse dieser aparten Beinbekleidung sitzt bei mir auf der Mitte der Fußsohle, und der ganze »graue Damenstrumpf« reicht bis knapp übers Knie. Die anderen, bereits eingesessenen Arbeitsmaiden erklärten mir, daß sei immer so beim RAD. Die Kleinste kriegt das größte Kleid, die Größte das kleinste. Ich erinnere nur an unsere Abizeitung: Wo bleibt da die Logik. Ein besonderes Kapitel im RAD ist auch das »Tö« (auf gut deutsch Toilette!). Leider ist sie nämlich oft verstopft, so daß der Hausdienst die ehrenvolle Aufgabe hat, es auszuräumen. So gibt es noch der schönen Dinge mehr, und ich kann nur sagen, daß diejenigen unter uns, die ein gütiges Geschick vorm RAD bewahrt hat, tagtäglich jubilieren sollen wie die Vöglein im Walde. Der einzige Lichtblick im Dasein der Arbeitsmaid ist die Post, und ich rufe alle Nichtarbeitsmaiden unseres Kreises, die »ein Herz im

Leibe haben«, auf, durch ihre zu Papier gebrachten geistvollen Ergüsse den anderen das Leben zu versüßen. Für Ruth [Matzner] (die ja meine Leidensgefährtin ist) und mich gibt es nur ein großes Gesprächsthema: die 3 Tage Urlaub, die uns vielleicht im Juli vergönnt sind. Ich glaube, der Zug kippt um, der uns beide wieder nach der Stätte unserer seligen Kindheit und Jugend zurückbefördern darf. Doch das ist ja leider noch ferne Zukunftsmusik, vorläufig dürfen sich unsere Gedanken nur mit Schuh-, Kamm-, Waschschüsselappell, Bettenbauen und ähnlichen Scherzen beschäftigen. Nun Schluß, denn morgen heißt es um ¾ 6 Uhr aufstehen zu den ach so beliebten Morgenübungen.

Nun hoffe ich, daß unser Rundbrief immer guten Kurs nimmt und recht schnell wieder zu mir zurückkehrt, angefüllt mit den fesselndsten Berichten aus Stadt und Land.

Nun gehabt Euch wohl und seid 1 000 000 000 000 mal gegrüßt von

Eurer Gerta

2 Ilse St., Ebersdorf, März 1944

Liebe Leidensgefährten und alle, die es zum Glück nicht sind!

Nachdem Herta diesen herrlichen Ort verlassen hatte [Brief 9], kam ich hierher. Beuthengrund war überfüllt, und so zog ich einen Tag später, am 4. 3., in dieses Musterlager ein. Das Lager an sich ist bestimmt sehr hübsch, ein modernes Haus. Aber was dazugehört, ist weniger schön, allen voran die Lagerführerin. Und so viel unnötige Arbeit! Z. B. mußte eine Maid (zum Glück nicht ich) einen leeren Marmeladeneimer gründlich ausscheuern. Als sie damit fertig war, durfte sie ihn in den Aschekasten werfen!

In unser »Kloster« ist jetzt ein männliches Wesen in Gestalt eines Kunstmalers eingezogen, der hier Anregungen für seine Arbeit sucht! Sonst ist das Leben hier eintönig, und man wird jeden Tag stumpfsinniger. Verschiedene Appelle gibt es wie bei Gerta, nur hat sie die Zahnbürste und Handtücher vergessen.

Eine kleine Unterbrechung war vorige Woche das Kino »Meine Frau Teresa«, das Dorfereignis überhaupt. Uns hat man erzählt, daß es vier Tage Urlaub gibt. Heute soll Frühlingsanfang sein. Das merkt man aber nur am Essen, einer sogenannten Frühlingssuppe, denn es schneit wie zu Weihnachten, und von den »hohen« Lerchen habe ich noch nichts sehen können. Entschuldigt mein Durcheinander, aber dies Geschreibsel kann ich nur in einigen Tagen zusammenbringen. Immer muß man auf der Hut sein, daß »sie« nicht angefegt kommt. Manche gehen nachts in den Duschraum oder in die Heizung, um zu schreiben, aber da ist mir mein Schlaf lieber, besonders da wir schon um ½ 6 aufstehen müssen. Die schönste Beschäftigung nach Schluß der Arbeitszeit ist Koks schaufeln. Man steht auf einem Kokshaufen gebückt im Keller (wo er bis unter die Decke geht) und schaufelt und schaufelt! Da nun heute schon der 3. Tag um ist, höre ich auf und grüße Euch alle sehr und wünsche Euch, daß es niemand zu schlecht hat!

Eure Ilse

3 Renate Capelle, Militsch, Frühjahr 1944

Liebe Freud- und Leidensgenossen!

Was bis jetzt hier in diesen einstmals bestimmt vergilbten Blättern steht, ist ja wenig erfreulich, und so will ich diejenige sein, die den Anfang einer freudiger verlaufenden Berichtlage macht! Bitte schließt Euch möglichst meinen Zeilen an. Ich bin also hier in Militsch als Bereiterin tätig und äußerst befriedigt und vergnügt. Früh muß man so gegen ½ 6 Uhr aufstehen, springt in Reithosen, stürzt Kaffee herunter (oder auch nicht) und taumelt, noch schlafumfangen, in den Stall der jeweiligen Schwadron. Besagte Schlafumfangenheit vergeht einem allerdings äußerst »vite«. Man sattelt und kämmt sein Roß und reitet ½ Stunde mit anderen Wachtmeistern unter Aufsicht des Rittmeisters. Dann ist für eine halbe Stunde Ruhe, in der eine andere Abteilung geht, und dann geht der Tanz wieder los. Ich reite meistens drei Pferde, eine Zahl, die sich, sobald die jungen Remonten kommen, auf fünf erhöhen soll. Na Prost!

Um 10 Uhr geht dann eine sog. »Sitzabteilung« für uns Damen, damit wir unseren Sitz verbessern. Da müssen wir uns also unter Aufsicht unseres geliebten Herrn Major und zum Vergnügen natürlich versammelter Wachtmeister ohne Bügel und Zügel wie die Windmühlenflügel bewegen und eine Stunde Gymnastik beim Reiten treiben. Also das reicht uns meistens, denn wenn wir diese Ziegenböcke ohne Sporen und Bügel angaloppieren, dann buckeln die quer durch die Bahn, und wenn wir Kopf drauf stehen.

Darauf kommt die Post, wir gehen essen, unsere Zimmer machen, die uns ein Bursche schon schön geheizt hat, und um 14 Uhr beginnt das Fahren. Dabei werden wir zunächst auf fürchterlichen Panjewagen mit dauernd vorn und hinten hochgehenden Pferden spazierengefahren, wobei wir fahren lernen sollen. Und um 18 Uhr ist voltigieren, was wahnsinnigen Spaß macht! Da galoppiert an der Longe ein ungesatteltes Roß herum, wir galoppieren nebenher und müssen aufspringen, abspringen, aufspringen und eventuell aufstehen und zu zweien sitzen.

Das ist der Tageslauf! Abends gibt es regelmäßig Wein irgendwo, denn so etwas gibt es hier noch, manchmal gar Sekt o. ä. Wenn man allerdings abends feiert mit Musik und Tanz (und das ist hier in unserer Amazonenzucht häufig der Fall!!), dann ist der Dienst natürlich toll! Wir hocken dann bleich und übernächtigt auf den Rössern und lassen uns matt in der Bahn herumtransportieren wie die Nachteulen. Und doch liegt das Paradies der Erde auf dem Rücken der Pferde!

Die Verpflegung ist Gott sei Dank blendend, denn wir

essen hier dauernd! Jedoch wird man dabei dank dem ziemlich anstrengenden Dienst nicht wohlbeleibt, so daß die Reitertaille nicht leidet. Der Dienst macht viel Freude, wir Bereiterinnen sind ein fröhliches Volk, das allerdings nach zwei Wochen Anwesenheit sämtliche gute Kinderstube vergißt und zu Männern wird. Damenwäsche, Kleider und Seidenstrümpfe sind nur noch nebelhafte Begriffe! Bei uns gelten Uniform, Stiefel und Pferde – mehr nicht.

Für alle, die es schlecht getroffen haben, noch ein Spruch, der sinnvollerweise über unserer Stabsreitbahn hängt: »Wirf Dein Herz übers Hindernis und springe ihm nach!«

Ich bin mit vielen Grüßen und einem kräftigen Hals- und Beinbruch und »Horrido« angesichts kommender Jagden

Eure Cappe

4 Gerta Simon, Hermitz, Juni/Juli 1944

Meine Lieben!

Durch einen unglücklichen Zufall hat unser treffliches Rundschreiben zwei Monate lang brachgelegen und wurde mir nun wieder zugesandt. Ich will ihm nun einen weiteren kräftigen Schubs geben, daß es so schnell wie möglich weiterrollt und hoffentlich nun keinen Aufenthalt mehr hat.

Nun sind es bald fünf Monate, daß ich ein mehr oder weniger (die Betonung liegt auf weniger!) braves Arbeitsmaidlein bin. Die anderen »Kolleginnen vom Reichsarbeitsdienst« werden ja wissen, was das ungefähr bedeutet und wie man sich dagegen zu schützen weiß. Es ist nämlich zur Zeit ganz passabel beim R. A. D., trotzdem ist man natürlich froh, wenn man dann zum K. H. D. [Kriegshilfsdienst] entlassen wird und somit einen Schritt weiter ist der goldenen Freiheit entgegen. Unsere geschätzte Führung hat aber manchmal andere Pläne, einen erst als Kameradschaftsälteste, danach als Jungführerin usw. an den R. A. D zu fesseln. Daher wird nun nichts unversucht gelassen, die

Führung von unserer Unfähigkeit als Kameradschaftsälteste zu überzeugen. Wenn der heißgeliebte Gong erschallt: Wer ist nicht da? Arbeitsmaid Gerta Simon. Wessen Spind fällt unangenehm auf? Der von Arbeitsmaid Gerta Simon. Wer ist sofort bereit, der Führung einen nächtlichen Streich zu spielen? Arbeitsmaid Gerta Simon!! So viel Blödsinn wie beim R. A. D. habe ich selten im Kopf gehabt. Ich habe nun schon die vierte Außendienststelle und bin allmählich so weit, daß ich gegen Dreck aller Art immun bin (siehe Frau Ziegert, »aktive und passive Immunisierung«), die mein Besen zutage fördert. Schön ist es auch, wenn man abwaschen will und neben dem Fleischtopf und der Bratpfanne in einem Töpfchen das Gebiß der Bäuerin erblickt. So könnte ich Euch noch viel berichten, aber ich muß allmählich schließen, weil wir gleich geweckt werden und wieder mal das große Gesetz vom R. A. D. gilt: Laß dich nicht erwischen.

Nun grüße ich Euch alle mit einem zünftigen »Sturheil« und wünsche Euch alles Gute!

Eure Gerta

5 Renate Winkler, Mährisch-Trübau, 23. 7. 44

Meine lieben mehr oder weniger Begeisterten!

Nachdem ich also mit Ach und Krach mein Latinum siegreich hinter mich gebracht hatte, begann der Katzenjammer im RAD im malerischen Großlager Mährisch-Trübau. Nach der zweiwöchigen Grundschulung hatte ich das »Vergnügen«, noch weiter sechs Wochen im Innendienst zu bleiben und 130 Menschen den Dreck nachzuräumen. Da wir aber eine sehr nette Lagerführerin hatten, kamen ab und zu auch schöne Stunden, wo wir die sehr schöne bergige Umgebung genießen und den RAD vergessen konnten. Am 4. Juni kam dann ein erfreulicher Wechsel meiner Tätigkeit: Zehn Maiden, alles Abiturientinnen, wurden für sechs Wochen nach Jewan bei Prag abkommandiert. Dort mußten wir in der Lagerschule Schülerinnen spielen, was uns bestimmt nicht unangenehm war. Denn wir waren täglich bei vier Lehrbesprechungen, erledigten den Mittagsabwasch und halfen das Abendbrot zurechtmachen. Zwischendurch hatten wir ca. fünf Stunden Freizeit. Die Jungführerinnen machten die ganze Dreckarbeit, und die Maidlein spielten feine Damen. Nach Beendigung des Lehrgangs blieben wir noch zwei Wochen mit zehn Jungführerinnen alleine dort (und noch einigen höheren) und lebten weiter wie die RAD-Fürsten.

Wir wohnten in 2- und 3-Bettzimmern in einem ehemaligen Luxushotel am Waldrand zur einen Seite, und an der anderen Front lag eine große Terrasse, von wo Stufen zum See hinunterführten. Jeden Tag waren wir mindestens ein Mal im Wasser und nutzten auch sonst den Luxus richtig aus. Als solchen empfindet man im RAD ein »Spültö«, Waschbecken im Zimmer, Balkon, Gardinen, »richtige Betten« mit Federung und Matratzen und ähnliche Späße. Dort in Jewan war immer viel los, und so lernte ich auch die Spitzen der gesamten RAD-Gesellschaft richtig kennen. Sportlich, wie ich nun einmal bin, habe ich dort auch das Reichssportabzeichen mit Eleganz gemacht. Leider dauert es noch eine Weile, bis ich es geschickt bekomme und damit angeben kann.

Ich hatte auch Gelegenheit, Prag kennenzulernen, die Oper (die mich allerdings etwas enttäuschte) und dort zu hamstern. Aber leider vergehen schöne Tage immer sehr schnell, und Trübau, das schwarze Ungeheuer, fing uns am 15. Juni wieder mit seinen Fangarmen ein. Das Unglück verschlug mich in eine ziemlich zweideutige, dreckige Außendienststelle, wo ich schuften muß wie ein Kümmeltürke. Den ganzen Tag muß ich auf dem Feld mit meiner Frau wetteifern. Ferner gehört zu meinen Spezialitäten das Schweinestallausmisten und Futterzubereiten. Ersteres ist nicht sehr appetitlich-frisch, aber ganz interessant. Unangenehm wird es erst, wenn meine Schweinchen in der Zwischenzeit durch ein verstecktes Loch das Weite gesucht haben und ich dann wutschnaubend hinter den dummen Viechern herlaufen muß, um sie mit allerhand Tücke wieder in ihre Behausung zu bringen.

Inzwischen haben wir eine neue, sehr strenge Lagerführerin bekommen, die sehr für Appelle ist und uns vor lauter Dienstbetrieb fast keine Freizeit läßt. Selbst der Sonntag gilt der Gemeinschaft ...

Ich hätte ja noch so viel zu berichten, aber leider keine Zeit. Ihr Leidensgenossinnen werdet das ja verstehen und die anderen »schäbigen Zivilisten« eventuell auch.

Seid mir alle recht, recht herzlich gegrüßt mit einem dreifachen Stur-Heil !!!

Eure Winkelinde

6 Gabriela Stockert, o. O., 9. 8. 44

Geliebte Kinder!

Damit Ihr nicht erst nach meinem Autogramm zu schielen braucht, sage ich es Euch gleich, was ich bin, na also ich bin die Brülla. Ihr erinnert Euch doch an die blendende Schölerin, deren Spezialitäten ernste Wissenschaften – wie Geschichte – waren? Also moi, je, kam gerade von Susi [einer Klassenkameradin] rundbrieflesenderweise, so daß mich ein Radfahrer beinahe um einige Jährchen ungetrübten Erdendaseins gebracht hätte. Nun sitze ich auf der Terrasse in der Sonne, was meinem Spiritus hoffentlich keinen großen Abbruch tun wird.

Meine Tätigkeit im RAD, die zuweilen doch sehr in Arbeit ausartete, dauerte (leider) nur drei Monate. (Das leider klammere ich lieber ein, um mir nicht den begründeten Zorn der noch Dienenden zuzuziehen.) Mein Herzchen ist eben zu klein für Überlastungen dieser Art. Aber schön war's doch, das lasse ich mir nicht nehmen, und Ende

August gondle ich zu Besuch in die Stätte meines Schaffens. Ich beglücke also Schreibersdorf mit meiner Anwesenheit, das 19 km von Ratibor und 11 von Troppau entfernt liegt, einen schönen See hat und sonst auch noch mehr landwirtschaftliche – seit meiner Abwesenheit jedoch noch andere Reize in Form von 300 Soldaten!!! – aufweist. Unsere Führung war tadellos und die Hauptsache: die Nahrung noch besser. Meinen »geistigen Zuwachs« vermißte ich im RAD genau so wie Ihr, doch muß ich sagen, es hat als »plus« meine Albernheit in diesem Verein noch mehr zugenommen, die nun den Höchststand erreichte. Auch empfingen wir Herrenbesuche, die aus der Luft – bitte wörtlich zu nehmen – zu uns kamen. Wenn ich Euch jetzt noch verrate, daß ein Fliegerhorst einige Kilometer von uns lag, dann wißt Ihr alles. Bereits früh um 5 Uhr umkreisten die Luftkutscher, je nach Temperament und Kragenweite, unser Lager, und mehr als einmal haben wir für unseren Fahnenmast schwarz gesehen. Wir, nach kurzem, jungfräulichen Zögern, raus aus den Betten und gewinkt ... mit Händen, Kopftüchern und Bettlaken; letzteres aber wurde bald als unpassend befunden und eingestellt. Aber da sieht man doch wieder, was ich Euch so anvertraue in meinem kindlichen Leichtsinn. Meine Außendienststelle, eine kranke Bäuerin mit fünf kleinen Kindern, lehrte mich, daß eine vielleicht aufkommende Übelkeit bei Dreck lediglich Charakterschwäche ist. [...] Meine fernere Zukunft soll sich zunächst in einer Herzkur widerspiegeln, wozu ich nicht die mindeste Lust verspüre, weil mir dann unser Obst im Garten flöten geht. Dann jedoch beabsichtige ich, der Menschheit durch meine Arbeit in der Apotheke zu dienen.

Und wie ich aus einem Schlager gelernt habe, geht alles zu Ende, sogar der RAD. Und daß wir uns alle bald einmal wieder persönlich beäugen können, das wünscht sich sehr

Eure Gaby

7 Ingetraut Raabe, Wagstadt, 19. 8. 44

Ihr Lieben, die Ihr die Freuden des zivilen und Leiden des uniformierten Lebens genießt! Jetzt sind es schon bald sechs Monate, daß ich in diesem Nest, das sich Wagstadt schimpft, stecke. (Zur Entschuldigung des Nestes sei gesagt, daß es ein Kino besitzt, was außerordentlich viel wert ist!) Wagstadts Lager ist ein Barackengroßlager, im Sommer dank der Blumen vor den Holzhäusern ganz nett, in den Monaten März–Mai abscheulich kalt und unfreundlich. Die Führung geht, bis auf die Wirtschaftsgehilfin, die ein Mistpfützenkrebs 1. Ranges ist, zuweilen bekommt auch die Lagerführerin mehr oder weniger leichte Anfälle, bei denen sie auf den Abiturientinnen herumhackt, aber sonst ist die Frau in Ordnung. Ein urköstlich Stückl ist unsere Verwalterin, mit der man allen möglichen Blödsinn treiben kann. So etwas macht das Leben hier etwas erträglicher. Dazu kommt, daß die Maiden aus meiner Kameradschaft sehr nett sind, so daß es abends immer viel Blödsinn gibt. Dafür ist die Stimmung am Morgen hunderprozentig mies, am liebsten würde ich bzw. unsere Ka[meradschaft] der F[ührerin] v[om] D[ienst] beim Wecken so verschiedene Hartgegenstände an den Kopf werfen. Da dies aber nicht geht, muß man sich wohl oder übel aus dem Bett wälzen und sich bei den Morgenübun-gen rumschubsen lassen. Aber wenn dann womöglich noch beim Singen ein Lied angestimmt wird, das mit der 3. Strophe von Eichendorffs »Heimweh« »Der Morgen, das ist meine Freude« beginnt, platzt mir der Kragen. Das wäre wirklich viel verlangt, wenn ich mitsingen würde! Ich muß gestehen, ich habe jeden Morgen ein solches Gefühl des Grauens in mir. Wenn ich dann erst einmal einen halben Tag bei meiner Bäuerin verbracht habe und es so langsam auf den Abend zugeht, erhellt sich mein Gemüt wieder etwas.

Meine Außendienststelle ist ganz nett, die Leute sind schon alt (70 und 72 Jahre), aber sehr nett. Die letzte Zeit war ich zusammen mit noch einer Abiturientin draußen, weil sie außer den Maiden keine Hilfe haben, das war natürlich viel besser als allein. Allmählich habe ich mich auch an den geradezu unvorstellbaren Dreck gewöhnt. Es macht mir schon nicht mehr viel aus, wenn ich sehe, wie die Bäuerin den Blumenkohl in der Schüssel zurechtmacht, in der sie sonst ihre mit Kuhstallmist behafteten Füße zu waschen pflegt, oder ich Betten machen muß, in denen Ohrwürmer und anderes Getier ihr Dasein fristen, man wird ja so stur. Ja, es ist schon so weit, daß man in aller Ruhe in der Ka kundtut, daß man wieder über und über mit Flohstichen bedeckt ist.

Einmal habe ich wirklich herrliche Tage im RAD verlebt, das war, als ich als Abgesandte des Lagers zur RAD-Kunstausstellung nach Prag geschickt wurde, um daselbst meine Eigenschaft als Chorsängerin bei der Eröffnungsfeier kundzutun. Von Prag bin ich restlos begeistert. Wir hatten sehr viel Freizeit, nur 2–4 Stunden Singen am Tag, die übrige Zeit bis 22 ½ Uhr frei, so habe ich sehr viel Schönes gesehen. Sogar meinen »Bildungshunger« konnte ich durch drei Theaterbesuche wenigstens etwas stillen. Wir haben in den zehn Tagen wirklich in Saus und Braus gelebt.

Nun will ich allmählich zum Schluß kommen und nur noch erwähnen, daß unser Lager, o Schreck o Graus, höchstwahrscheinlich den KHD bei der Luftwaffe verbringen muß, wir zittern jetzt schon alle. Ja, die Zukunftsmusik klingt wenig verlockend, noch dazu, weil der Urlaub für uns arme Maidlein für Kriegsdauer gesperrt sein soll.

Nun allen viele herzliche Grüße und alles Gute

Eure Inge

8 Traute Mochner, Wagstadt, [um den 26. 8. 44]

Ihr lieben der Schule »glücklich« Entronnenen!

Denn daß Ihr dies alle seid, davon singt ein jedes Eurer Kapitelchen ein trefflich Lied. Ich schließe mich natürlich keinesfalls aus, wie sollte ich nur, bin ich doch schon 6 Monate durch die Erziehung des RAD gegangen. Ich weiß mich also recht gut einzufügen in die Gemeinschaft, bin kein »Ich« mehr, sondern ein Nümmerchen von vielen. – Sollte ich sein, aber zum Glück hat man ja auch einen ganz schönen Dickkopf und ein hartes Fell.

Nun sind wir ja schon Gewohnheitstierchen geworden, wodurch uns überhaupt das Lebewesen Tier um vieles nähergerückt ist. So habe ich gestern mit der größten Seelenruhe ein Wänzchen aus meinem Bett gepflückt und es an meiner Spindtür langsam dahingemordet. Warum auch sollte denn Herr Floh hier allein logieren, Frau Wanze leistet ihm viel zu gerne Gesellschaft. Glück auf für die nächste Generation. Hoffentlich erleben wir die nicht mehr hier.

Jetzt muß ich aber etwas von unseren nächtlichen Besuchern erzählen. Also unser Lager liegt völlig ungeschützt jedem Vorübergehenden offen; ein Schild: Achtung, hier Reichsarbeitsdienstgelände! verfehlt sein Ziel natürlich vollkommen, im Gegenteil, es dient vielmehr als Lockmittel. Schlüssel für unsere Ka's existieren natürlich nicht, mich wundert bloß noch, daß an den Türen nicht dransteht: Eintritt jederzeit frei. Unser Ka-Schloß ist bei einem nächtlichen Angriff völlig herausgerissen worden. Mich persönlich läßt das alles ziemlich kalt, bloß die lieben Kameradinnen sind lausig hysterisch: Fenster zu, Klopfpeitsche heraus, kein Mensch wagt sich mehr auf Tö, ja selbst auf [die Blumen-]Rabatte wagen sich die weißbehemdeten Mädchen nur mit Zittern und Zagen, so daß Du allmählich angesteckt wirst von diesem Bammel. Allerdings ist es auch schon zu ernsthaften Ausschreitungen gekommen. Als wir einmal abends vom Kino kamen, waren Tschechen so freundlich, unsere Rücken mit Bierflaschen zu bedenken. Wir werden ihrer immer gedenken.

Unsere »zackige« Wirtschaftsgehilfin weckt uns immer mit äußerst klassischen Aussprüchen wie: Es tut mir leid, es ist so weit! oder: Steht auf ihr lieben Kinderlein!, was unsere Wut natürlich noch vergrößert.

Meine Außendienststelle ist ganz auf Draht. Die Personenvorstellung nimmt nicht allzuviel Platz fort, also schnell: Bäuerin, Tochter, Weißrusse. Erstere eine liebe, treue, gutmütige Seele, die Tochter ein fesches fremdländisch aussehendes Mädchen und letzterer für gewisse Zwecke wie z. B. Kirschenklauen sehr gut zu gebrauchen. Stellt Euch vor, ich habe das Glück, schon 15 Wochen auf dem gleichen Hof zu sein, eine ziemlich einzig dastehende Tatsache. Ja, ich Pechvogel habe auch einmal ein Glückssträhnchen erwischt. Vorigen Sonntag war wieder einmal das Gegenteil der Fall. Ein köstliches Unikum aus unserer Ka und ich verzogen uns ins Wäldchen, um dem Volkstanz zu entgehen. Wir kehrten zurück und mußten erfahren, daß das gesamte Lager Ausgang für Kinobesuch erhalten hat. Na, unsere Freude war unbeschreiblich.

Wißt Ihr, was mich vielgeplagtes Wesen überhaupt noch bei Laune erhält: Die Aussicht auf Sonderurlaub. Ich will nun nämlich Apothekerin werden und muß mich persönlich vorstellen.

Nun will ich Euch noch schnell unser Leib- und Magenlied verkünden (auf Melodie von: Mir geht's gut …): »Wir sind stur, was seid Ihr, seid Ihr auch so stur wie wir, ja wir sind auch so stur, denn wir liegen wie Ihr wißt schon 6 Monate im Mist, wo uns kein Mann mehr küßt, alle Tage ein Hasten und Laufen, nichts zu Fressen und auch nichts zu Saufen, wir sind stur …« Es singt sich ganz herrlich so richtig aus vollstem Herzen.

Also meine Lieben, haltet aus im Sturmgebraus, bis auf eine wonnigliche Wiederkehr und ein tolles Fest der ehemaligen 8a.

Eure Traute

9 Herta Simon, Sonnensteinbaude, 27. 8. 44

An all meine lieben Schicksalsgefährtinnen!

Mit verständnissinnigem und zustimmendem Lächeln lese ich alle Eure Berichte und muß immer wieder sagen: Ja, so ist's im RAD, dieselben Erlebnisse mit Appellen usw. habe ich auch.

Schon in den ersten Märztagen befreite mich ein gütiges Geschick aus dem Gefängnis Ebersdorf, in dem das arme Ilschen [Brief 2 und 16] immer noch schmachtet. Die Sonnensteinbaude hat ihm gegenüber viele Vorzüge, schon ihr Anblick läßt eher ein Ferienlager als ein RAD-Lager vermuten. Sie ist nämlich ganz im Baudenstil erbaut und befindet sich in einem prachtvollen Park, in dessen stille Plätzchen und Winkel man sich hin und wieder vom Lärm und Getöse des Alltags flüchten kann. Eine sehr nette Lagerführerin erleichtert uns auch unser Los und übertönt das nichtssagende Gestammel der wenig gebildeteten, aber um so mehr eingebildeten Unterführerinnen. Gegen die Gefahr der »geistigen Versumpfung« hat sich das sogenannte AV= Akademische Viertel zusammengeschlossen, bestehend aus zwölf tadellos netten Abiturientinnen. Wir halten zusammen wie die Kletten, allen krampfhaften Bemühungen der Führung zum Trotz, die uns auseinanderbringen will. Wir lesen zusammen Faust und andere schöne Bücher und pflegen regen Gedankenaustausch. Die jetzige Belegschaft ist auch viel netter, vor allem haben »wir Alten« jetzt den maßgebenden Ton.

Mit meinen Außendienststellen habe ich ziemliches Glück gehabt, erst arbeitete ich in einer Gärtnerei, dann bei freundlichen, allerdings etwas schmuddeligen Bauersleuten, und jetzt bringe ich im Musterbetrieb des leider besonders eifrigen Ortsbauernführers im Schweiße meines Angesichts die Ernte ein. So hat man bestimmt hier schon so manche nette Stunde erlebt, aber das ändert nichts an der Tatsache, daß das Ganze ein typischer RAD-Betrieb ist, dessen Ende wir sehnlichst herbeiwünschen. Langsam nimmt die erst unendlich scheinende Anzahl von Tagen ab, mit 250 begannen wir und sind schon bei 65. Meine ständige Hoffnung auf Urlaub, an die ich mich in trüben Stunden wie an einen Strohhalm klammerte, schwand immer mehr, bis sie nach dem unbarmherzigen neuesten Erlaß ganz zunichte wurde. Erbosen könnte uns auch die Tatsache, daß wir Abiturientinnen einfach mir nichts dir nichts ein Vierteljahr länger Arbeitsdienst machen müssen als die anderen, denn diese sind erst seit Juni da, und wir müssen mit ihnen bis zum November bleiben. Auf eine Anfrage hin haben wir uns zwar alle als Schulhelferin nach OS [Oberschlesien] gemeldet. (Stellt Euch mich als Lehrerin vor, da werde ich alle unsere ehemaligen Schulstreiche bereuen und ratlos vor der lärmenden Masse stehen!) Doch glauben wir, daß bei der augenblicklichen Lage nichts daraus wird, sondern daß wir am 1. November – es wolle ein gütiges Geschick – in unserem Heimathafen Breslau einlaufen. Das soll und wird vielen anderen Arbeitsmaiden unserer Klasse ein Trost sein, der Tag des glücklichen Wiedersehens rückt immer näher. Darauf freut sich ganz doll

Eure Herta

Weiß denn niemand Marias Anschrift?

10 Barbara Str., Breslau, Oktober 1944

Werteste Rundbriefbündlerinnen in Stadt und Land, in Zivil und schmucker Uniform!

Gestern habe ich den trefflichen Rundbrief mit Jubelgeheul empfangen. Seit meinem schmerzlichen Abschied ist ja nunmehr ein halbes Jahr verflossen. [...] Leider habe ich nicht das Glück, als Arbeitsmaid mit einer feschen Uniform würdig zu erscheinen. Die KHD-Ärztin brachte es doch wahrhaftig übers Herz, mich untauglich zu schreiben!

Das werde ich ihr nie verzeihen!!! Das Schicksal warf mich nach einiger Zeit in die Arme des Studentenwerks, das mir einen kriegsblinden Studenten übergab, den ich seitdem unter meinen Fittichen habe. Ihr glaubt vielleicht gar nicht, wie interessant das Jurastudium ist. Doch obwohl ich oft stundenlang in dicken, verstaubten Gesetzestexten lese, bin ich noch lange keine verknöcherte Juristin geworden und denke auch nie daran, eine zu werden. Kurz und knapp gesagt ist mein Kriegsblinder also Jurist, hat jetzt im Sommer zwei Semester studiert und gedenkt es bis Ende März mit mir auszuhalten. Mein Tagesablauf beginnt mit Vorlesungen, die meist erst Mittag mehr oder weniger interessant aufhören. Nachmittags pauken wir oder hören wieder Vorlesungen. Oft sind es nachmittags philosophische Kollegs. Viermal in der Woche hören wir auch abends noch ein mediz.-jur. Kolleg. Na und dann wäre noch der Sonntag, an dem ich oft früh noch bei ihm bin. Also das wäre der bisherige Lebenslauf meiner in Zivil steckenden Wenigkeit.

Zum Schluß meine Lieben daheim und in der Fremde 100 liebe Grüße von

Eurer Strecke

11 Ulla Thiele, Breslau, 10. 10. 44

Ihr lieben Schwergeprüften, lieber Zivilclub!

Zunächst muß ich mich bei Euch allen tausendmal entschuldigen, denn gewiß habe ich mir Euren ganzen Zorn zugezogen, da ich den Rundbrief nicht nur drei Tage, sondern 18 Tage gehabt habe. Aber das hat selbstverständlich, wie alle Versäumnisse und Verspätungen, bei mir seinen tieferen Grund. Ich war nämlich, hört und staunt, 5 ½ Wochen lang in Kärnten am Afritzersee. Nun möchte ich Euch Ärmsten aller Armen ja nicht zuviel vorschwärmen, aber ein wenig will ich doch erzählen.

Allein die Hinreise war schon urköstlich. Ich habe die

lange Strecke geteilt und bin zunächst bis Wien gefahren, wo ich 1 ½ Tage pausierte. Gut, daß ich mir noch alles Sehenswürdige betrachtet habe, denn als ich auf der Rückfahrt durchfuhr – ich hatte acht Stunden Aufenthalt –, war schon ein ganz großer Teil zerstört. Ich fuhr dann weiter über Klagenfurt bis Villach, von dort mit dem Omnibus bis Gastein-Afritzersee in den Gasthof Huber, wo ich meine Lagerstätte für die kommenden Wochen aufschlug.

Von der Landschaft bin ich so begeistert, daß ich gedenke, im nächsten Jahr wieder hinzufahren. Ich habe herrliche Ausflüge auf Almen, ins Nockgebiet und in die Karawanken gemacht. Früh am Morgen wurden Forellen gefangen und in der Nacht Krebse gefischt. Es war ein herrliches Leben. Ganz besonders begeistert war ich vom Wörthersee – diese Bläue des Himmels, Klarheit des Wassers und Größe der Berge ergaben ein wundervolles Bild. Auch das Essen war in Kärnten nicht zu verachten. Kurz, es war ein wonniges Leben.

Die Rückfahrt von dort nach hier war weniger schön, da wir fast dauernd Alarm hatten. Aber nun bin ich erstarkt und braungebrannt wieder hier gelandet und habe sogar schon den ersten Angriff auf Breslau mitgemacht. Auch ich habe mich des öfteren in den Dienst unseres Vaterlandes gestellt. Ich gehe nämlich schanzen! Die Arbeit ist zwar ziemlich schwer, aber dennoch besser, als bei einem dreckigen Bauern Mist zu fahren oder sonst etwas Stinkendes zu tun.

Nun wird meine schöne Zeit aber leider auch am längsten gewährt haben, denn am 1. November werde ich die Freude haben, zum RAD eingezogen zu werden. Dann werde ich im Dreck wühlen, und Ihr werdet bereits KHD-Maiden in irgendeiner Straßenbahn, Lazarett oder Post sein.

Ich drücke Euch allen die Daumen, daß es nun besser wird als bisher, und grüße alle sehr herzlich. Servus!

Eure Thöle

12 Renate Winkler, Breslau, 5. 11. 44

[...] Die unselige zweite Trübauer Zeit, verbunden mit Schweinejagden etc., währte zum Glück nur zwei Wochen. Dann wurde ich mit einigen »Blüten« des Lagers in ein Aufbaulager im Protektorat an der ostmärkischen Grenze versetzt. Unser »Logis« war, hört und staunt, ein phantastisches Schloß inmitten eines englischen Parkes (pfui, wie unpatriotisch!), und wir tummelten uns auf Parkettfußböden, und die »Elite« der Maiden erfreute sich an der Wachmannschaft des männlichen RAD, die zu 13 Mann unsere Bude unsicher machten. Zum Glück war ich während der ganzen Zeit dort im Außendienst, und zwar bei sehr netten und vor allem sehr sauberen Bauern. Es waren deutsche Siedler aus Rumänien, die sich über unser Kommen unbeschreiblich gefreut haben und uns sehr nötig brauchten, weil die Tschechen ihnen nicht halfen. Ich wurde also – bitte ernst zu bleiben – zur Idealistin und machte mit Begeisterung Ställe sauber, lud Garben auf den Wagen und tummelte mich wochenlang auf der Dreschmaschine, bis sämtliche Ohren-, Nasen- und Rachenkanäle voller Staub waren. So stieg ich wie alle anderen begeistert Stufe um Stufe hinab, um nach sieben Monaten die Zivilebene wieder zu erreichen. Aber wie es nun einmal im Leben ist: Erstens kommt es anders und zweitens als man denkt: Meine Mutter wurde plötzlich sehr krank, und so wurde ich vorläufig entlassen und habe etwas umgeschaltet: Ich bin Hausgeist in meinen heimatlichen Gefilden, d. h. Familie W. ist in punkto Essen ganz von meinen »Fähigkeiten« abhängig, ebenso in punkto Bügelfalten. Krankenpflege übe ich genug im eigenen Hause, ich brauch also gar nicht mehr ins Lazarett, wohin man mich in den KHD stecken wollte (auf Kriegsdauer). Wie lange ich dem »Weiberkommiß« also noch entronnen bleibe, entzieht sich vorläufig noch meiner Kenntnis, aber dieses Jahr sicher noch.

Wir wer'n uns wiedersehn! (Mais quand?)

Eure Winkelinde

13 Gerta Simon, Prag-Reuth, Ende Dezember 1944

Liebe Rundbriefgemeinde!

Stellt Euch vor, zum Heiligen Abend erhielt ich zum dritten Mal unseren Rundbrief, der wieder einmal manches Schmunzeln, das sich öfters in lautes Gelächter steigerte, bei mir auslöste. Ja, ich habe nun am 1. 11. den acht Monate langen Schauplatz meiner Heldentaten verlassen, um ihn mit einem anderen zu vertauschen. Meine RAD-Zeit war bestimmt recht neckisch, wenn man die anfängliche, natürlich schwere Eingewöhnungszeit hinter sich hatte. Aber stellt Euch vor, ich mußte trotz meiner Abwehrmanöver, die ich in meinem zweiten Brief beschrieb, doch in den sauren Apfel beißen und K[ameradschafts] Ä[lteste] werden. Als man mir meine Verpflichtungspapiere überreichte, die ich unterschreiben sollte, ergriff ich haßerfüllt ein Streichholz und entfachte ein lustiges Feuerchen, so daß bald nur noch die Asche dieser verhängnisvollen Dokumente als klägliches Häuflein und sichtbares Zeichen meiner Weigerung übrigblieb. Aber leider erklärte man mir hohnlächelnd, daß ich trotzdem, auch gegen meinen Willen, zur K. Ä. befördert würde, was dann infamerweise auch bald geschah.

Nun bin ich hier in Prag-Reuth, dem angeblich größten Lazarett Europas, gelandet. Wie Ihr aus dem beiliegenden Bild erseht, mußte meine ach so wüste Mähne, die schon im RAD trotz wiederholter Mahnung kein braves Schwänzchen wurde, unter der Schwesternhaube verschwinden. Wir sind hier 110 Maiden, die zum größten Teil wie Schwestern eingesetzt sind. Ich arbeite auf der chirurgischen Abteilung und habe zwei Zimmer ganz allein zu betreuen, die Arbeit macht mir natürlich große Freude, wenn sie auch sehr anstrengend ist und einen auch sehr oft in schwierige Situationen bringt. Der Betrieb in der Unterkunft ist dafür um so unerquicklicher, der einzelne geht so richtig in der trägen, durchschnittlichen Masse unter. Aber die Hauptsache ist ja die Schwesterntätigkeit, die mich sehr befriedigt. Auch ist es herrlich, in die »Goldene Stadt« zu fahren, die wirklich von einmaliger Schönheit ist.

Viel betrüblicher ist aber, daß es keinen Weihnachtsurlaub gibt, nun bin ich schon zehn Monate von zu Hause fort, ohne einen einzigen Tag Urlaub. Ich hatte mir immer schon ausgedacht, um die Weihnachtszeit zu Hause ein Klassentreffen zu veranstalten, und sah schon vor meinem geistigen Auge all die Ehefrauen, zahlreichen Bräute (allen übrigens recht herzliche Glückwünsche), Arbeitsmaiden, Apothekenstiftel, Pferdebändiger zusammenströmen und von ihren Erlebnissen berichten seit der Zeit, da sie alle noch zusammen auf der Schulbank hockten und je nach Veranlagung mehr oder weniger begeistert den sinnvollen Ausführungen unserer geschätzten Pauker lauschten. Mais ces temps sont passés, und so müssen wir uns halt damit begnügen, unsere Gedanken und Erinnerungen, Zukunftspläne und Erlebnisse diesen geduldigen Blättern anzuvertrauen und sie möglichst schnell weiterzuschicken, damit man recht oft den Genuß Eurer köstlichen »Bräfe« erlebt.

Nun wünsche ich Euch wieder alles, alles Glück für das Neue Jahr, in dem wir uns doch hoffentlich endlich mal wiedersehen, und grüße Euch herzlich

Eure Gerta

14 Maria von Loesch, Lorzendorf, 31. 12. 44

Ich will das neue Jahr nicht mit einem schlechten Gewissen beginnen, deshalb führe ich den Rundbrief, der mich heute endlich erreichte, gleich fort.

Es kommt mir so vor, als seien Jahrzehnte vergangen, seit wir alle zusammen waren und uns so wichtig vorkamen mit unseren Abiängsten. Ich will aber gleich von mir beginnen, denn es ist ja wirklich ziemlich viel Zeit vergangen, seit Ihr etwas von mir hörtet.

Ich kam also genau wie Ihr am 1. 3. zum RAD in ein finsteres Nest in Oberschlesien. Unsere Lagerführerin war sehr nett und klug. Ich habe oft mit ihr Probleme gewälzt. Meine Tätigkeit dauerte nur 14 Tage, dann wurde ich krank. Nachdem ich sechs Monate im Lager gelegen hatte, ohne daß etwas getan wurde, packte mich meine Mutter ein und brachte mich nach Bethesda in Breslau. Dort bekam ich erst einmal eine Bluttransfusion, die mich rettete. Außerdem lauter andere Schikanen, die mich bald wieder gesund werden ließen. Diese Krankengeschichte ist insofern wichtig, weil ich dadurch meinen Bräutigam kennenlernte, der zur selben Zeit mit meinem Bruder zusammen in einem Lazarett in Breslau lag. Die beiden besuchten mich täglich. Zu Pfingsten habe ich mich richtig verlobt, falls Ihr es noch nicht wißt. Ich wurde dann vom RAD entlassen und von allen sonstigen Geschichten befreit und sollte mich erholen, das habe ich gründlich getan. Zuerst war ich bei einem Onkel in Oberösterreich. Von dort aus fuhr ich nach Berchtesgaden, wo ich mit meinem Verlobten eine herrliche Zeit hatte. Er bekam dann Urlaub, den wir in Bansin a. d. Ostsee, in Mecklenburg und Pommern wunderschön genossen haben. Während er an der Ostfront war, lernte ich bei meiner Großmutter Haushalt, d. h. ich habe mich mit Pferden und Hunden eigentlich mehr beschäftigt. Inzwischen sind nun die Würfel gefallen, und unsere Hochzeit ist für den 12. 1. 45 bestimmt. So ganz kann ich mich selbst noch nicht in der Rolle als züchtige Hausfrau mit Einkaufstasche denken. Aber lernen werde ich es schon. Zu meinem Trost bekomme ich zwei ganz junge Langhaarteckel geschenkt. Wenn Ihr in die Nähe von Stettin kommt, besucht mich bitte. Wir haben eine fürstliche Wohnung mit einem Gastzimmer, das auch jederzeit zur Verfügung steht. Besichtigt können leider nur die Ruinen von Stettin werden und dann natürlich unsere Dackel und der Garten, der einen wunderbaren Blick auf die Oder hat. Mein späterer Mann ist im Augenblick beim Stettiner Gen[eral]komm[ando] und kommt wegen seiner schweren Verwundungen auch nicht heraus [an die Front]. Wenn das Klassentreffen steigt, müßt Ihr rechtzeitig schreiben.

Mit vielen Wünschen für Euer aller Zukunft bin ich Eure Maria

15 Liselotte Benedix, Breslau, 7. 1. 45

(Bei der Brandwache)
Ihr Lieben!

Leider kann ich Euch von meinem mehr oder weniger bewegten Dasein keinen so fesselnden Bericht schreiben wie fast alle, die diesen Seiten schon ihre Freuden und Leiden anvertraut haben. Ich wünsche Euch allen nur: Möge ein gütiges Geschick Euch vor einem Pöstchen in der Studentenführung bzw. dem Studentenbund bewahren. Am 7. 4. 1944 bekam ich also die Einladung, mich in Breslau bei meinem zukünftigen Ausgleichsdienstchef vorzustellen. Am 8. bin ich dann auch dagewesen und seitdem in Diensten eines Herrn Dipl.-Volkswirt, der im Verband südostdeutscher Wohnungsunternehmen in der »Abteilung Statistik« angestellt ist, sich nebenbei von seiner natürlich sehr billigen Ausgleichsdienststudentin hat die Dr.-Arbeit zusammentragen lassen und ehrenamtlich der Beauftragte der Verwaltungsleitung »Mitte« für die Gaugebiete Nieder- und Oberschlesien ist. Damit hat er die Aufsicht über die Geldverwaltung aller studentischen Kameradschaften und ANSt.-Gruppen [Arbeitsgemeinschaft nationalsozialistischer Studentinnen]. So bin ich also zu einer braven Buchprüferin = Schnüfflerin geworden, was mir absolut nicht liegt. Als ich die Doktorarbeit soweit in Schwung gebracht hatte, wurde ich plötzlich untauglich, politisch nicht einwandfrei, unkameradschaftlich usw., sodaß mir die Kassenverwaltung der ANSt.-Gruppe Universität anvertraut wurde!!! Inzwischen ist mein vielleicht 28jähriger »Chef«

zum Konsul von Albanien!! aufgrund seiner Verdienste um das Land und seiner Arbeit (die, ich möchte sagen, zu 50 % ich gemacht habe) ernannt worden, wozu ich ihm aus innerem Einverständnis herzlich gratuliert habe!

Da ich bei allem nicht voll beschäftigt gewesen wäre, bin ich von meinem rührend besorgten Chef noch stundenweise an den Verband südostdeutscher W. U. abgegeben worden, wo ich Herr der Fotokopierabteilung bin, also Leiter, Arbeiter usw. Die Arbeit ist herrlich und macht wirklich viel Freude.

Als Erfreuliches will ich meinem schüchternen, nüchternen Bericht noch etwas über die Schanztage hinzufügen. Nach langen Anstrengungen habe ich also erreicht, daß ich wenigstens am Dienstag und Freitag jeder Woche schanzen gehen durfte. Stellt Euch die Sache so ähnlich vor wie einen Wandertag, nur eben mit dem Betrieb. Und daß auch die Kinderstube leidet, wenn ein Verein von 20 keuschen Jungfrauen stets zwischen Oberbergamt und Autobahn sehr fleißig seiner Arbeit nachgeht, die fast nur noch aus merkwürdigerweise noch zu Hause gebliebenen, mehr oder weniger kranken, alten und jungen »Herren« besteht, ist wohl auch verständlich. Ob allerdings zu entschuldigen, das wage ich nicht zu beurteilen.

Euch allen wünsche ich für die Zukunft alles, alles Gute. Daß wir uns möglichst bald als »Freie« wiedersehen, wünscht sich von Herzen

Eure Benne

16 Ilse St., Langenbielau, 13. 1. 45

Endlich bekam ich den Rundbrief, auf den ich schon sehr gewartet habe. Als ich ihn im März das 1. Mal erhielt, steckte ich ganz im Anfang meines RAD-Dienstes im schrecklich-schönen Ebersdorf. Schrecklich durch die Führung und manches andere, schön durch die Umgebung, von der man aber leider nicht viel mehr hatte als den Anblick. Mit der Zeit habe ich mir ein dickes Fell zugelegt und die 8 Monate überstanden. Meine Außendienststellen waren mittelmäßig, Dreck, Hitze und nochmal Hitze, zerkratzte Arme und Beine, Mistgeruch usw., wie Ihr es ja auch alle kennt. Manche Bauern nutzten uns auch ziemlich aus. Im Lager wohnten wir nicht allein, sondern hatten noch Untermieter, die uns sehr beschäftigten: Wanzen. Trotz 2x ausräuchern blieben sie da. Zeitweilig war ich so zerstochen, daß ich wie ein Masernkranker aussah. Und diese lieben Tierchen haben uns nach Langenbielau begleitet, damit wir nicht gar zu große Sehnsucht nach Ebersdorf bekommen!

Seit dem 2. 11. bin ich hier in Langenbielau im KHD in einer Fabrik. Stumpfsinn und Stumpfsinn, Krach und Hitze! Das ist die Beschreibung meiner Arbeit. Wir wohnen in einer ehem. Fabrik, von der nur die Außenwände stabil sind. Alles übrige ist Pappe und ein bißchen Holz. Man sieht sogar das Licht von den Frauen, die über uns wohnen, denn im 1. und 3. Stock ist Frauenwohnheim, im 2. Stock hausen wir. Damit wir nicht zu große Sehnsucht nach dem Lagerleben haben, wenn wir entlassen werden, hat man uns Abiturientinnen weiter verpflichtet, entweder Sonderführerin oder Flak. Ich komme zur Flak. Wann, wissen wir noch nicht. Wenn ich das nächste Mal den Rundbrief bekomme, habe ich vielleicht schon einen abgeschossen!

Weihnachten hatten wir 3 Tage Urlaub, der erste nach 10 Monaten! Ich sah Herta und Inge, die auch auf Urlaub waren. Herta und ich hoffen, zusammen zur Flak zu kommen, da wir zu einer Lagergruppe gehören. Gegen Typhus sind wir jetzt geimpft worden, so daß uns nichts passieren kann. Nun noch etwas für alle, die studieren wollen: Es wird bald eine Fernimmatrikulation auch für uns möglich sein. Ein großer Trost ist es jedenfalls, daß es keine ungelernten Arbeiter mehr geben soll. Sonst bin ich vielleicht uralt und immer noch »ungelernte Arbeiterin«!

Nun wünsche ich Euch allen ein gutes Neues Jahr, in dem wir uns hoffentlich alle noch sehen werden

Eure Ilse

17 Renate Capelle, Militsch, 20. 1. 45

Ihr Lieben, die Ihr einst zur 8a gehörtet!

Heut, am 20. Januar, schreibe ich zwischen gepackten Klamotten. Ihr wißt ja alle, was los ist in O/S und Breslau – seit zwei Tagen und zwei Nächten Vollalarm – wir sitzen ohne Radio, ohne Licht, ohne Telephon – Militsch wird seit heut Nacht evakuiert, schlafen können wir fast kaum noch! Heut früh wurden sämtliche Geschäfte geöffnet, und wir kauften nun »ohne« [Lebensmittelmarken], was nur zu bekommen war, angefangen von Wein, Zigaretten bis Wurst und Käse! Zwischendurch wurde eifrig geritten – kurz: das Leben ist momentan pêle-mêle (das einzig gerettete Fragment der ehemalig geliebten Franz.-Stunde!!) und »nagt an Körper«. Bis vor drei Tagen allerdings verlief es »wonnigsam«! Wir ritten, fuhren, machten allen anderen Dienst, verlebten in der Freizeit herrliche Stunden. Nebenbei betätigte ich mich noch ein bißchen geistig, um dem fortschreitenden Verfall zu entgehen. Vielleicht könnt Ihr das Ergebnis im Frieden in einem Buchgeschäft erhalten – es war ja immer mein Traum, wie Ihr wißt!

Bis heute machten wir uns keinerlei Sorgen, wir pfiffen auf den Pessimismus, aßen viel. Nach vielen vergeblichen – Gott sei Dank! – Versuchen verschiedener Seiten, mich in Ehefesseln zu schlagen, lebe ich herrlich unbeschwert. Aus diesem obengenannten Grunde habe ich mich auch gänzlich »verseuchen lassen von dem Rauschgift Jazz« – oh, verurteilt mich nicht, Ihr strengen Richter, um Opern zu hören, fehlt mir momentan die »Versammlung«. Außerdem kann man nach Opern nicht tanzen, und das tun wir hier häufig, um unserem »Fahrgestell« den nötigen Ausgleich zu bieten.

Entschuldigt, daß ich das Buch nicht nach der Reihenfolge weiterschicke, aber ich fürchte, Breslau ist auch im Räumen [begriffen] und zu unsicher! Es wäre schade um dieses köstliche Dokument.

Laßt es Euch ergehen wie ich mir; frönt Euren Genüssen, vor allem, verlernt das Lachen nicht, alles andere kommt später von allein!

Mir geht's gut, ich bin froh, ich wünsche es Euch ebenso, es grüßt Euch mit horrido-joho und so

Eure Cappe

18 Gerta Simon, Prag-Reuth, 28. 1. 45

Gerade habe ich Cappes neckischen Erguß in mich aufgenommen und will nun rasch einen kurzen Gruß hinzufügen, ehe ich unser glücklich den Russen entkommenes »scriptum« weitersende. Ja, das neue Jahr hat uns Schlesiern ja noch nichts Gutes gebracht, aber man darf die Hoffnung nicht aufgeben und muß, wie Cappe ja schon riet, auf den Pessimismus pfeifen. Wenn unsere Heimat bloß deutsch bleibt und unsere Angehörigen leben, dann nimmt man den wohl schmerzlichen Verlust alles dessen, was man besessen hat, in Kauf. Nun hoffe ich, daß Ihr, die Ihr Breslau und Schlesien verlassen mußtet, bald wieder zurückkehren könnt und die anderen, fern der Heimat, beruhigende Nachricht von dem Verbleib ihrer Lieben haben und wir uns schließlich doch noch mal im lieben Breslau wiedersehen. Falls irgendwer von irgendwem aus unserer Rundbriefgemeinde eine neue Anschrift erfährt, teile er sie uns bitte möglichst bald mit und vermerke sie in diesem Brief. Nach Breslau und Umgebung dieses Buch aus verständlichen Gründen vorläufig nicht schicken.

Mir persönlich geht es weiter gut. Auf der Station gibt es weiter viel Arbeit durch die vielen Lazaretttransporte aus Oberschlesien. Mit meinen beiden Stuben verstehe ich mich glänzend, und wir machen manchmal richtig Jux zusammen, natürlich darf unsere Stationsschwester, die eine gestrenge Nonne ist, nichts davon merken. Sonst verstehe ich mich aber prima mit ihr, sie ist eine rührende Seele, die wirklich aufopfernd für die Kranken sorgt. Die Arbeit macht mir auch immer noch große Freude, und vor allem an den Verbandstagen lernt man viel.

Über meine Kameradschaft bin ich immer noch wenig begeistert, aber Gott sei Dank habe ich ja eine treue Seele hier, auch eine Breslauer Abiturientin, mit der ich durch dick und dünn gehe, so daß sich das Zusammenleben mit all den zum größten Teil weniger erfreulichen Pflänzlein leichter ertragen läßt. Man merkt halt immer mehr, daß man kein Herdentier ist, sondern ein Einzelwesen, aber das ist sehr unpraktisch in diesem Haufenbetrieb hier, und je stärker und dickfelliger man ist, desto besser kommt man durch. Sicher geht es Euch ähnlich, und ich wünsche Euch, daß Ihr gleich mir auch eine oder mehrere Gleichgesinnte findet. Denn geteiltes Leid ist ja bekanntlich halbes Leid.

Nun wünsche ich Euch wieder alles, alles Gute, und seid recht lieb gegrüßt von

Eurer Gerta

19 Karola Kl., Heidelberg, 25. 9. 45

Ihr lieben Wiedergefundenen! Ein Jahr lang Pause. – Und nun bin ich dabei, unserem Rundbrief erneut einen kräftigen Schubs zu geben, auf daß er in möglichst rascher Folge bei seinem Eintreffen an den einzelnen Stationen je nach Veranlagung Freudentänze oder ein Lächeln seliger Jugenderinnerung auslöst. Natürlich muß dabei meine Heldentat (Rettung des Rundbriefs über Kriegs- und Nachkriegsstürme) auch gebührend gewürdigt werden. Soweit die Wiedereröffnung des Reigens.

Nun will ich Euch den Bericht über meinen Bildungsgang seit meinem Weggang aus unserem schönen Breslau geben: Zuerst ging es nach Kassel, wo ich ausgerechnet im Bahnhofsdienst eingesetzt wurde. Abgesehen von meinen Kolleginnen, hat mir die Arbeit trotz der Alarme und der Bomberei Freude gemacht. Aber schon nach kurzer Zeit hieß es abermals umziehen. Diesmal nach Bad Wildungen, in das Euch allen wahrscheinlich zur Genüge bekannte »möblierte Zimmer mit Küchenbenutzung«. Zu unserem Glück dauerte der Zustand nur ein halbes Jahr, bis die Amerikaner uns nebst Wirtin und allen Hausinsassen rausschmissen. Seitdem wohnen wir in einem halben Finnenhaus (kleines Holzhäuschen). Ich nenne es immer »Villa Streichholzschachtel«. Es war noch nicht ganz fertig, als wir einzogen, und wir haben fast ein Jahr gebastelt, bis wir es zurecht hatten und die Möbel wieder halbwegs instand waren, die uns die Insassen eines benachbarten Russenlagers freundlicherweise eine Woche lang, als wir Ausgangssperre hatten, zu Kleinholz geschlagen hatten. Aber was erzähle ich da, das ist ja gar nichts gegen das, was die meisten von Euch durchgemacht haben und durchmachen. Ich muß mich fast schämen, daß es mir so gut geht. Erstens meine Begeisterung für unsere Streichholzschachtel nebst kleinem Gärtchen, das dieses Jahr entstanden ist unter Muttis fachmännischer Pflege. Und zweitens habe ich das unwahrscheinliche Glück, an der Marburger Uni zum Medizinstudium zugelassen zu sein. [...] Im August hatten wir dann unser erstes teilweises Klassentreffen – wann steigt wohl das vollständige? Die beiden Simonesen [die Zwillingsschwestern Gerta und Herta Simon] und »Thöle« und Stockerten und ich. Die ersten drei kamen aus Karlsruhe, Stockert und ich sind in Heidelberg zusammengetroffen.

Euch allen alles, alles Gute! Hoffentlich treffen wir uns mal irgendwo!!

Für diesmal nehmt tausend Grüße von Eurer

Karola

20 Gabriela Stockert, Heidelberg, 26. 10. 46

Liebe Minderbelastete und Mitläufer!

Kinder, wer heute noch lebt, ist wirklich selbst schuld! Aber ich bin mir wirklich gern dieser Schuld bewußt und hoffe, daß Ihr auch Euern »Sturm und Drang« behalten habt. Eigentlich wollte ich mir diesmal eine Art Gliederung im Kopfe machen wie und was ich Euch schreiben soll! Das ist nicht so einfach. Aber der beste Schritt zu einem Bericht ist damit getan, daß ich mir einen Tag ausgesucht habe, an dem ich alles rosenrot sehe. Und da Ihr die Freuden und die Hilfsbereitschaft der Mitvegetierenden ebenso ausgiebig als Flüchtlinge auskostet, lasse ich den erfreulichen Teil in meinem Bericht flachfallen. Sollte mir hin und wieder die Galle doch hochkommen, will ich schnell furchtbar dick auftragen.

Also, am 20. Januar mittags ein Uhr verließ ich mit meiner Mutter, meinem Onkel und einem Koffer die Ahornallee 37. Wir hatten ein fabelhaftes Schlafwagencoupé natürlich, speisten im Mitropa-Wagen und gondelten durch die Tschechei. In Eger angelangt, landeten wir genaugenommen in einem Eiskeller, und das Schicksal meinte es so gut mit uns, daß es uns so schlecht behandelte. So fuhren wir weiter nach Marktredwitz, ja, und dort gingen wir erst mal ins Kino. Und da es so kalt war – und wir den Schlafwagen noch in zu guter Erinnerung hatten, beschlossen wir, ein paar Tage in diesem Ort zu verweilen. Es wurden dann etwa 450 Tage daraus. Je länger wir das Frühstück am Morgen hinauszogen, desto günstiger für den armen Bauch. Am 20. April, an Führers Geburtstag !!!, wurden wir befreit durch die Amerikaner. Dann kam der Sommer. Es war herrlich in dem Riesenschwimmbad, die Sonne brachte einige Sonderzuteilungen.

Dann übte ich mich mit meiner Mutter in Englisch, und bald war das Küken weiser als die Henne – glaubte es. Meine Weisheit brachte ich gleich an und verdingte mich, besser: wurde bei den Herren Siegern verdungen, als »interpreter«. Wenn ich heute noch an das Essen denke, möchte ich weinen. Wenn ich damals gestorben wäre, dann hätte der Arzt nur »zu viel Candy« als Todesursache feststellen können. Aber auch nach fetten Zeiten kommen wieder magere, die dann um so schwerer zu ertragen sind. Ich hörte vom Tode meines Vaters, mein »Boß« kam nach Japan, und meine Mutter ließ mich nicht mehr mit dem Auto den ganzen Tag rumgondeln. (Wir besuchten die Fabriken zwischen Bayreuth und Hof.) Im September durfte ich noch einmal »Kind sein« mit Diphterie. Als ich mich so langsam wieder draußen sehen lassen konnte, ohne daß alles vor meinen Bazillen ausriß, gab ich in einem Estenlager Englischkurse. Kinder, ich machte mich als Paukeuse! Im Winter wurschtelten wir uns so durch, I won't mention it – forget it! Seit April befinde ich mich mit meiner Mama in Heidelberg, direktement am Neckar, selbstverständlich sind wir mit unserem »Palast« zufrieden, wenn nur die blauen Flecke nicht so fatal wären, die man sich bei der Enge der Behausung holt. Meine Mutter schneidert auch noch in dem Räumchen, und wir sind so glücklich wie Diogenes. Ich habe ein Radio, Herz, was willst Du mehr. Ab und zu lerne ich auch etwas. Latein ist wonniglich, wir lesen bzw. stochern im »Cicero« herum. Mathematik boykottiere ich! Mein Vorsemesterexamen steigt im März. Ich denke, so ab Februar werde ich arbeiten müssen. Und dann will ich irgend etwas mit Sprachen anfangen, Giftmischerei »fare well!« Geld weg, alles weg, und bloß die Aussicht, Pillen verkaufen zu dürfen als Angestellte ist nichts für mich! Da mach ich mal auf Philologie jetzt – mal sehen, wie es endet. Ich habe da meine bestimmten Pläne, die aber noch nicht spruchreif sind.

Mein Radio spielt gerade »It's been a long, long time …« Das kann man wohl sagen, und hoffentlich nicht mehr zu lang, bis wir unser nächstes Klassentreffen veranstalten können. Ich denke, es wird das beste sein, ich schicke dieses kostbare Buch zunächst an den »spiritus rector«, der doch hoffentlich weiter die Organisation – nach wie vor in demokratischer Weise – führen wird!

Herzlichst wie immer

Eure Brülla

21 Herta Simon, Karlsruhe, 1. 11. 46

»Lerge«, wo bist Du?! Wie oft ist dieser bange Ruf schon erklungen, seit wir alle unser liebes Breslau, unser Kinder- und Jugendparadies verlassen mußten, um als Flüchtlinge in alle Ecken unseres armen, zerstörten Vaterlandes verschlagen zu werden. Welch eine Freude war es jedesmal, wenn der sprichwörtlich gewordene Ruf Widerhall fand, was ja erfreulicherweise schon oft der Fall war. Es ist doch eigentlich ein gutes Zeichen, daß unsere Klassengemeinschaft auch ohne die segensreiche Führung der »Kasche« [die Deutschlehrerin Dr. Kaschmieder] den Krieg überstanden hat und durch keine noch so schwere Bombe zerschlagen wurde. Auch weiterhin soll sie durch nichts erschüttert werden und sobald als möglich durch ein zünftiges Klassentreffen bekräftigt werden. Bis dahin müssen wir uns weiterhin mit dem Rundbrief begnügen, der uns durch das tatkräftige Handeln Karolas erhalten blieb.

Nun will ich aber dort beginnen, wo ich meine Wirkungsstätte im KHD zu Wünschelburg verließ, mein bescheidenes Ränzlein schnürte und Schlesien den Rücken kehren mußte, ohne Breslau wiederzusehen. Auf dem Gut meines Onkels in Oberbayern fand ich nach einigen Wochen die ganze Familie wieder und verlebte den Sommer in diesen gesegneten Gefilden. Dann sahen wir uns aber doch nach einer neuen Bleibe um, denn wie Ihr ja alle wißt: Eigener Herd ist Goldes wert! Nach erheblichen Bemühungen gelang es dann meinem Vater in seiner alten Heimat, dem Badener »Muschterländle«, Niederlassungsgenehmigung zu bekommen und eine bescheidene (mit dem Wirkungskreis in Breslau natürlich nicht zu vergleichenden) Existenz aufzubauen. Dabei haben wir ihn dann nach Kräften unterstützt und eine uralte, von Trümmern umgebene Bruchbude in eine menschliche Behausung verwandelt. Das einzige Glanzvolle daran war der Name »Kaiserstraße«. Das paßte wie die Faust aufs Auge, weshalb wir unsere neue Wohnung auch »Kaiserpalast« tauften. Heute ist es genau ein Jahr, daß wir hier sind.

Ich hatte mir's in den Kopf gesetzt, wenn irgend möglich zu studieren. Zuerst versuchte ich in Heidelberg mein Glück. Aber dort wurde zum ersten Mal unser ehrlich erkämpftes Abi angezweifelt, alle Reifeprüfungen, die nach 1942 abgelegt wurden, wurden kurzweg für ungültig erklärt. Wollte ich meine Pläne nicht aufgeben, so mußte ich noch mal die Schulbank drücken, so lächerlich mir das auch vorkam. Wenn ich das geahnt hätte, als ich damals erleichtert meinen Caesar zuschlug, um ihn möglichst lang ruhen zu lassen. Inzwischen raucht mein Kopf über dem alten Tacitus, denn jetzt brauche ich sogar das große Latinum. Von Januar bis Mai 45 bin ich also in Karlsruhe noch einmal in eine richtige Schule gegangen Es ist aber alles gut abgelaufen, und das ganze Abenteuer hat bei einer feuchtfröhlichen Feier ein lustiges Ende gefunden. Dann kamen weitere Kämpfe, bis ich endlich die Zulassung für eine Universität, nämlich Freiburg, bekam. Seit Juni 1946 studiere ich also Germanistik und kann den ganzen Tag nach Herzenslust studieren (oder auch nicht). […] Es ist ein wirklich schönes Gebiet, das ich mir erwählt habe. Von der Nähe gesehen, verliert die Studentenromantik heutzutage auch manche Illusion. Ihr solltet mich mal »auf Bude« sehen mit rauchendem Kopf (leider das einzige, was raucht, da kein Ofen da ist)! Die vielbesungene studentische Freiheit ist längst »Geschichte« geworden, Semesterschlußprüfungen sind an der Tagesordnung. Das sind aber alles nur kleine Schönheitsfehler, ich bin wirklich froh, daß ich studieren kann. In meiner Freizeit mache ich den Schwarzwald unsicher und erklettere »in gewohnter sportlicher Frische« den Feldberg, nicht ohne mich unserer Ausflüge ins Riesengebirge schmunzelnd zu erinnern.

Nun will ich aber endlich meiner besseren Hälfte [Zwillingsschwester Gerta] das Wort geben, die z. Zt. mit gewohntem Schwung den Kochlöffel führt und das Essen mit Humor und guter Laune würzt. Also »Der Nächste bitte«!

Recht herzlich grüßt Euch alle

Eure Herta

22 Ulla Thiele, Karlsruhe, 3. 11. 46

»Der Nächste bitte!« Das sollte eigentlich Gerta gelten, aber sie gab mir den Vortritt, da sie noch Hausmütterchen spielen muß. Ich bin noch eine ganz frischgebackene Karlsruherin, am vorigen Sonntag erst angekommen. Bis hierher war der Weg gefahrvoll und lang, aber nun ist's geschafft. Am 29. 1. 45 verließ ich mit noch zwei Mädchen aus dem Heim Breslau zu Fuß. 3 Wochen lang blieben wir in Goldberg/Schlesien, bis uns auch dort der Russe zu nahe auf den Hals kam, und flüchteten weiter bis Dresden. Dort machten wir eine der Schreckensnächte mit und begaben uns, um sicherer zu sein, in ein kleines Nest bei Dresden. Aber auch dort war des Bleibens nicht lange, und wir begaben uns in das furchtbare Nest Zeitz, Provinz Sachsen. Dort blieb ich allein, da die beiden anderen weiter zu Verwandten zogen. Kein Geld, keine Arbeit, kein Garnichtsmehr. Arm und verwaist – ich tat mir selber leid. Nun hört und staunt. Um mir – nach dem Einmarsch der Amerikaner am 13. April 1945 – etwas Geld zu verdienen, gab ich englische Stunden!! Ich machte mich großartig als Sprachlehrerin! Die gute Boyn würde schon bei dem Gedanken daran ihr seidenes Tüchlein von den Schultern verlieren! Aber es war nötig, denn ich wagte mich bald bei keinem Bäcker oder

Fleischer vorbei – überall Schulden, Schulden! Kinder, das ist ein grausliger Zustand. Nach einiger Zeit konnte ich dann wieder hocherhobenen Hauptes durch die Straßen wan-deln – alles war bezahlt! Nach vielem Suchen fand ich im Herbst meine Mutter in Zwickau wieder, woraufhin ich per pedes – hin und zurück 128 km – hinsauste. Ich habe mich in der Zeit überhaupt zum Lang- und Dauerstreckenläufer ausgebildet. Tja, was macht der Mensch nicht alles, wenn er kein money hat! Im Januar 1946 wurde ich zahnärztliche Helferin bei einem Breslauer Zahnarzt Dr. Netter. Toll, was ich alles gelernt habe! Zähne ziehen, Einlagen machen, Pülverchen mischen und bei Operationen nicht mehr grün oder blaß zu werden.

Zwischendurch machte ich noch Exkursionen nach dem englischen Gebiet und ins polnische, wo ich nur durch einen großen Glückszufall mit meinem Leben und heiler Haut davonkam. Da wir nun eine nahezu nur russische Praxis hatten, wurde auch dort die Arbeit für mich sehr schwierig (alle, die im russischen Gebiet sind, werden sich das lebhaft vorstellen können). Da auch Herr Dr. Netter nicht im russischen Gebiet bleiben will, begab ich mich im Juli dieses Jahres wieder auf die Wanderschaft in den Westen mit der festen Absicht, mir dort irgendwo den Zuzug zu erkämpfen (die nordische Kämpfernatur läßt sich nun mal nicht verleugnen!). Die russisch-englische Grenze, die englisch-amerikanische Grenze und die amerikanisch-französische Grenze, alle passierte ich ohne Papierchen. Zuzug aber gabs nirgends!

Endlich in Karlsruhe verhalfen mir die Simonesen dazu. Also, ich war selig! Nun bin ich, wie Herta, »möblierte Dame« in der Schumannstraße Nr. 11. Leider ein Eispalast, da ich keine Feuerung habe. Ich lerne schneidern, mache nach zwei Jahren meine Gesellenprüfung und gehe dann nach München auf die Modeschule, um Theaterkostümbildnerin zu werden. A orms Oastel bin i noch immer, aber es wird schon wieder werden. Ich bin gespannt auf Eure

Berichte. Hoffentlich steigt recht bald mal wieder ein Klassentreffen! Bis dahin laßt es Euch recht gut gehen

Thöle

Übrigens habe ich mir einen neuen Namen zugelegt: Ulla-Marina, so etwas kommt von schwarzen Grenzübergängen ohne Papiere, da muß man sich auf dem schwarzen Markt neue besorgen, die leider von den alten etwas abweichen.

23 Ursula Standke, Gemstadt, 7. 11. 46

Ihr lieben Flüchtlinge!

Mit einem Jubelschrei nahm ich gestern dieses ach so wertvolle Dokument in Empfang. Wie schön ist es, daß diese Blätter ihre Reise quer durch Deutschland fortsetzen können, hoffentlich doch mit einem »Interzonenpaß«!

Meine Wenigkeit ist nach einigen Zwischenlandungen und einer tollen Flucht quer durch das Sudetenland, Erzgebirge und Thüringen mit Pferd und Wagen hier in Gemstadt gelandet. Am 15. Mai entschloß ich mich, kurz nach dem Einmarsch der U. S. Army, hier in einem Altersheim für schlesische »Flichtlinge« in der Küche zu helfen. Kurz entschlossen setzte ich mich mit meinem Köfferchen auf einen Lastwagen, ans Eisenbahnfahren war überhaupt nicht zu denken, und nach einigen Stunden sah ich die Türme des Bamberger Domes auftauchen. Meine Verwandten und meine Schwester ließ ich tieftrauernd in Vierzehnheiligen bei Lichtenfels zurück. Die Eltern waren zu dieser Zeit noch in Schlesien und kamen erst im August 45 hier an. Hier angekommen, mußte ich mich am Gartenzaun festhalten, als ich das sogenannte Altersheim sah. Drei kleine einstöckige Häuschen, primitiv ist gar kein Ausdruck, kann ich Euch sagen. Aber ... ich habe mich an alles gewöhnt. Die Umgebung versöhnte mich und der wirklich schöne Garten. Lustig und fröhlich ging es bei uns zu, eine Breslauerin war noch mit mir in der Küche, daß den alten Herrschaften beinahe das Trommelfell platzte. Sonst war ja alles schön und gut, aber Kinder, mein Zimmer. Eine richtige Bruchbude. Auch das sollte sich ändern. Voriges Jahr zog ich in das hiesige Pfarrhaus. Jetzt bin ich Alleinherrscherin in meinen vier Wänden und werde sehr verwöhnt. Seit einem halben Jahr bin ich »selbständig« und studiere hier in Bamberg. Mein Endziel ist med. techn. Assistentin. Nun reise ich jeden Morgen mit Sturmschritten nach Bamberg, 3 km hin, 3 zurück, häufig kommt es vor, daß ich diese Tour auch noch am Nachmittag zurücklege. Also auch ich habe mich zu den Langstreckenläufern gesellt. Noch etwas, denkt doch, was ich Wißbegierige lerne: Stenographie. Es ist grausig, all die Kürzel zu lernen und flott draufloszuschreiben, aber in der Hochschule kann ich es doch recht gut gebrauchen.

Für heute verabschiede ich mich von Euch und wünsche Euch von Herzen alles erdenklich Gute

Eure Standken

24 Barbara Str., Klein Pelsen, 25. 11. 46

Meine lieben Gefährtinnen ferner Tage!

Vorige Woche erreichte der Rundbrief auch unsere einsame Insel, und Ihr könnt Euch kaum vorstellen, wie sehr ich mich gefreut habe, endlich etwas von Euch zu hören! Wir können glücklich sein, daß uns dieses Dokument erhalten blieb, denn es allein vermag uns die Zeit des Wartens auf ein Wiedersehen zu verkürzen.

Nun sind schon über 1½ Jahre vergangen, seit sich die letzten Splitter unserer ehemaligen Klasse gesehen haben, und wie ereignisreich und schwer war die letzte Zeit. Wie gern möchte man jetzt Vergangenes zurückholen, doch es bleibt uns nur die Erinnerung, aber diese ist uns gewiß. Keiner von uns wird seine und unser aller Heimat vergessen können, wenn er vielleicht auch jetzt seine trüben Gedanken zu verscheuchen und sich durch Arbeit abzulenken sucht. Ich weiß, daß hinter Euren doch an und für sich recht humorvollen Ergüssen ein gutes Teil Überwindung steckt. Wir wollen uns ja das Leben gegenseitig nicht schwer machen, wir wollen uns ein neues Leben zimmern, und dazu brauchen wir aufmunternde Worte. Darum möchte ich auch das letzte Jahr nur streifen.

Ende Januar 1945 mußten wir unsere liebe Heimat verlassen und fuhren zunächst nach Großenhain. Kurz vor dem Zusammenbruch wurde G. geräumt. Mit dem Flüchtlingstreck kamen wir zu Fuß nach Klein Pelsen. Der Weg war unbeschreiblich, wozu also noch beschreiben, wenn er unbeschreiblich war? In Kl. P. kamen wir, nachdem wir etliche Wochen in einem Kinderlandverschickungslager zusammen gehaust hatten, in einem mehr als kleinen Zimmer unter, das wir auch heute noch bewohnen. Unsere Einrichtung besteht aus zwei übereinanderstehenden Militärbetten, einem Spind, diversen Stühlen und Tischen und, als Prunkstück, einem Kanapee, das von unseren hiesigen Bekannten, natürlich auch alten Breslauern, trotz seines gebrechlichen Zustandes, neidvoll bestaunt wird. [...]

Wir können uns eher noch an die veränderten Verhältnisse gewöhnen und uns ein neues Leben schaffen, aber woher sollen unsere Eltern die Kraft nehmen, nach einem zerstörten Leben ein neues aufzubauen? Mein Vater hat unter dieser Zeit unsagbar gelitten. Die Sehnsucht nach meinem Bruder und seiner geliebten Heimat und das erdrükkende Gefühl, als Flüchtling unbegreiflicherweise verachtet zu werden, haben ihm allen Lebensmut genommen. Im März dieses Jahres mußten wir ihn in fremde Erde betten. Uns tröstet nur die Hoffnung auf ein Wiedersehen und die Gewißheit, daß er die Schwere des jetzigen Lebens überwunden hat.

Als man mich damals vor die Frage der Berufswahl stellte, wählte ich mir den Beruf der Lehrerin aus, d. h. von

»wählen« kann ja nicht die Rede sein, es blieb mir einfach nichts anderes übrig, denn Ihr wißt ja, daß ich mich früher nie dafür interessiert hatte, sondern ganz im Gegenteil stets »anti« eingestellt war. (Antieinstellungen sind ja jetzt so beliebt!) Ab Ende April dieses Jahres nahm ich an einem russischen Kursus teil und fing bereits Anfang Oktober mit dem Unterricht an. Es ist manchmal nicht so einfach, ohne genügende Vorbildung und vor allen Dingen ohne pädagogische Anleitung zu unterrichten. Dazu keine Bücher, keine Hefte, wenig Kreide, alles fehlt! Selbst die Köpfe scheinen auf Ebbe zu stehen. Nicht zuletzt diese ungezogenen Gören, die einer geplagten Pauköse das Leben schwer machen. Es würde sich alles leichter ertragen lassen, wenn man etwas Abwechslung hätte, aber in unserer Kemenate erklingt keine Melodie, kein gutes Buch füllt unseren Spind.

Zuletzt noch etwas an die beiden Langstreckenläuferinnen Uschi und Ulla [Briefe 22 und 23]: Ich sei, gewährt mir die Bitte, in Eurem Bunde die Dritte, und ich glaube, das Recht dazu erworben zu haben: Viermal wöchentlich lege ich 22 km pro Tag zurück, die übrigen Tage je 4 km. Schlanke Taille ist gesichert, das dazugehörige Schuhwerk dagegen bis zur Unkenntlichkeit entstellt.

Für jede Zeile ist von Herzen dankbar eine Euch herzlichste Heimatgrüße sendende

Strecke

25 Erika Herbich, Görlitz, 5. 12. 46

Ihr lieben alten Schlesier!

Übermorgen sind es gerade zwei Jahre her, als ich auch zu diesem Dokument meinen Senf dazugab. Und was ist in dieser Zeit alles geschehen! Recht erschüttert haben mich die 3. und 4. Seite dieses Rundbriefs, über unseren Heimatadressen ist ein dicker Strich. Alle seid Ihr nun so zerstreut, und wir sind nur schwer geduldete Flüchtlinge. Aber dieses

Buch beweist uns, daß wir doch zusammengehören, und seine Rettung trotz Flucht usw. soll uns aufmuntern, mehr denn je zusammenzuhalten. Ich will Euch nun heute doch noch schlesische Heimatgrüße senden, denn trotzdem Görlitz jetzt offiziell zum Bundesland Sachsen gehört, es bleibt doch ein Stück von Schlesien. Für uns ist Görlitz die erweiterte Heimat, unsere alte Kreisstadt und zugleich Vaterstadt meiner Mutter. Wir wohnen hier in ihrem Elternhaus, es gibt aber gerade dadurch viel Ärger mit den Verwandten, Behörden und Untermietern. Es ist ein Einfamilienhaus mit einer Küche und einem Keller, und nun wohnen sechs Familien hier, alles Flüchtlinge. Das sagt wohl alles. Meine Mutter und ich leben also hier allein in zwei Zimmern und führen ein oft eintöniges Leben. Das Essen ist mit zwei »sonstigen« Lebensmittelmarken äußerst bescheiden, wir frieren jämmerlich, schlafen bzw. liegen deshalb sehr viel. Ich spiele nebenbei noch ein bißchen Lehrerin, gebe Nachhilfestunden und lese viel. Aber richtig arbeiten gehen tun wir nicht, wir sind beide »erwerbsunfähig«. Meiner Mutter geht es mit ihrem Herzen nicht gut, der seelische Kummer ist zu groß, und bei mir ist wieder in den Wintermonaten mein Bein böse und eitert. Mein Vater und meine Schwester sind bei Hamburg, ein Zusammenkommen ist uns wegen der Grenzsperre noch nicht geglückt. Wir waren zwar schon zwei Mal mit Sack und Pack unterwegs, einmal saßen wir bereits vier Tage im Umsiedlerlager Leipzig. Der »schönste« Tag davon war mein Geburtstag, da erfuhren wir nämlich, daß wir wieder zurück müssen. Am 2. Juli waren wir dann wieder hier in Görlitz, völlig erledigt, und am 3. 7. ging ich früh völlig müde, abgestumpft und ohne Angst in die Schule und bestand mein Abitur mit »ausreichend«. Ich ging seit Mitte März noch einmal in die Penne, denn mein Reifevermerk galt nicht.

Nun will ich Euch noch schnell von der Flucht erzählen: Am 11. 2. verließen wir Rauscha im Lastauto, trafen in Löbau meinen Vater und fuhren mit ihm und dem Lazarett weiter über Pirna nach Aue im Erzgebirge. Dort wurde mein Vater gleich in die Nähe Hamburgs versetzt, und seitdem sahen wir ihn nicht mehr. Wir drei lebten vier Monate lang unter schrecklichen Verhältnissen in Aue, waren nach dem Umbruch lange Zeit im Niemandsland, und so blieben wir von den Russen unberührt. Ende Juni sperrte man uns Flüchtlingen die Lebensmittelmarken, wir mußten zurück ins Ungewisse. Das war eine Fahrt, 8 Tage lang, 60 km zu Fuß, ich teils mit dem Rad, bis es mir Russen wegnahmen. So landeten wir im Juli 45 hier in Görlitz. Rauscha, nur 40 km entfernt, ist für uns unerreichbar, unser Haus soll jetzt im Oktober abgebrannt sein. Was wird uns das kommende Jahr bringen, ob wir uns mal wiedersehen? Ich wünsche Euch nun allen für 1947 alles Gute, daß Ihr in der neuen Heimat festen Fuß faßt, aber unser schönes Schlesien dabei nicht vergeßt.

Eure Erika

26 Ingetraut Raabe, Wittenberg, 2. 1. 47

Ihr Lieben in Ost und West, Nord und Süd!

Seit dem 19. 8. 44, wo ich das erste und letzte Mal unser Klassendokument in den Händen hielt, hat sich unheimlich viel ereignet, Trübes und Heiteres in bunter Mischung, aber, und das will ich gleich von vornherein sagen, meine gute Laune und meinen Humor habe ich wiedergefunden!

Nach der RAD-Zeit in Wagstadt kam ich zum KHD nach Kremsier ins Lazarett. Es war eine urköstliche Zeit, einen idealeren Kriegsdienst konnte es gar nicht geben. Ich war zusammen mit noch einer Abiturientin in der Standort-Apotheke eingesetzt. Wir waren die einzigen weiblichen Wesen und wurden äußerst zuvorkommend behandelt. Ich könnte Bände erzählen von unserem Feldapotheker, der im Nebenberuf Tenor war und uns Sonderkonzerte gab im Dienst, von Sonntagsdiensten, an denen tüchtig geschnäpselt wurde (Eierlikör!), von Bratkartoffeln, die während des mittäglichen Alarms angefertigt (in Salbentiegeln und mit Oleum olivarum) und in schönster Eintracht verspeist wurden, von meinem herrlichen Weihnachtsurlaub in Breslau, der nur leider viel zu kurz war, von der Rückfahrt im Fronturlauberzug, in dem mich der Küchenchef zum Essenausgeben zu Hilfe holte u. ä. Scherze.

Im März 1945 wurde ich entlassen und fuhr nach Wittenberg, wohin meine Mutter mit meiner Großmutter und meinen beiden Brüdern geflohen war. Mein Bruder war inzwischen auch beim RAD gelandet. Ich trat Dir in die Fußstapfen, Gaby [Brief 6], und fing als Praktikantin hier in der Löwenapotheke an. Es gefiel mir sehr, ich war vor allem glücklich, endlich wieder bei meinen Angehörigen zu sein. Dann kam eine schlimme Zeit. Am 20. April verlor ich beim letzten Bombenangriff meine Mutter und Großmutter, wie durch ein Wunder wurde mein achtjähriger Bruder gerettet. Mit ihm flüchtete ich in ein kleines Nest an der Elbe, wo eine Schwester meiner Mutti evakuiert ist. Dort erlebte ich den Einmarsch der Russen. Drei Wochen saß ich auf einem Heuboden, durfte mich keinen Schritt rauswagen. Nicht einmal aufs Klo konnte ich, sondern wanderte die Treppe runter in den Kuhstall. An der hintersten dunklen Wand hatte ich mir ins Heu ein Loch gemacht, und dahinein legte ich mich, wenn Gefahr im Anzug war, und deckte mich ganz mit Heu zu. Einmal hätte ich bald einen Herzschlag bekommen, zwei Soldaten kamen auf den Boden, um Heu für die Pferde zu holen. Ein paar Schritte vor mir machten sie halt. Ich wagte nicht zu atmen, hielt sogar still, als mir eine Maus übers Gesicht lief, wo ich sonst schon schreie, wenn ich so ein Viech sehe. Aber ich hatte doch zu viel Angst, man könnte mich den Pferden als Futter hinwerfen, und ich müßte im Bauche eines Gaules elendlich umkommen.

Nach Wittenberg konnte ich nicht zurück, meine Stelle war durch die sich überstürzenden Ereignisse besetzt worden. So wurde ich Dienstmädchen in einer Fleischerei. Von da aus wurde ich zur Demontage in ein ehemaliges Rüstungswerk verpflichtet. Kinder, war das stur, unbeschreiblich!! Nach sechs Wochen wurde ich davon erlöst, indem ich arbeitsunfähig wurde. Eine freundliche Arbeitskollegin warf mir beim Säubern eines 100-Liter-Kessels den schweren Deckel auf die linke Hand, daß gleich alle Finger bis zum Knochen aufgeplatzt waren und zwei Fingernägel das Weite suchten, da habe ich zum ersten Mal die Engel singen hören. »Frau Hand kapuuut!« Wie ein Lauffeuer war es bei den Russen rum, und ich war der vielbestaunte Held des Tages. (Da war ich aber stolz!) Als ich vom Arzt wieder als geheilt entlassen wurde, bekam ich Diphterie und wurde ins Wittenberger Krankenhaus eingeliefert. (Praktisch, wie ich nun einmal bin, wollte ich alles hintereinander weg haben.) Man entließ mich, und jetzt endlich konnte ich mich den geliebten Gefilden der Apotheke wieder zuwenden. Ich wurde auch wieder eingestellt und bin heute daselbst tätig. Ans Studium kann ich auch noch nicht denken, aber kommt Zeit, kommt Rat.

Weihnachten 45 kam mein Bruder aus der Gefangenschaft, er geht jetzt wieder zur Penne. Wir bewohnen zusammen ein Zimmer. Nach bzw. früh vor dem Dienst versorge ich unseren kleinen Haushalt, bin Mädchen für alles, wasche, bügle, nähe, koche, im Sommer war ich Ähren lesen, Kartoffeln stoppeln, Pilze suchen. Ihr seht, die Räbin ist recht vielseitig geworden. Wenn's mir mal zuviel wird, fluche ich mal kräftig, und dann ist mir wieder wohler.

Meine besten Grüße und Wünsche begleiten dies Buch, lebt so wohl wie ich, und laßt es Euch recht, recht gut gehen.

Eure Giftmischerin Inge

27 Ruth Matzner, Heygendorf, 29. 1. 47

Geliebte Gefährtinnen!

Gestern wurde mir beim Mittagessen, das ich im feudalsten Gasthaus des Dorfes einnehme, das köstlichste aller Schriftstücke, der Rundbrief, überreicht. Jetzt will ich aber mal der Reihenfolge nach erzählen. Nachdem man mich nach der RAD-Zeit von Gerta getrennt hatte, traf ich mit Ingetraut im Lazarett Kremsier zusammen. Ich kam auf die Heereszahnstation. Dort verbrachte ich eine höchst angenehme und vergnügliche Zeit. Aber trotzdem lockte die Entlassung, und am 28. März 1945 traf ich mit meiner Mutter in Gnadenfrei zusammen, aber nur, um nach einigen Tagen gemeinsam mit ihr weiterzuwandern. Diesmal nach Dresden, das damals schon wüst aussah. Dort ließ man uns gnädigerweise ein halbes Jahr die Trümmer bewundern. Als man aber entdeckte, daß ein Massensterben der Flüchtlinge an Verfettung in Kürze zu befürchten war, während die Dresdner immer mehr an Gewicht abnahmen, entzog man uns die Lebensmittelkarten und verschrieb uns als Arznei eine Fußwanderung mit Gepäck ins Blaue. Wir waren jedoch nicht ganz von dem Erfolg dieser Kur überzeugt und blieben erst noch mal zwei Monate, die wir uns recht und schlecht durchschlugen. Dann zogen meine Mutter und ich auf gut Glück los. Unsere Irrfahrt endete in Stolberg, einem kleinen, sehr romantischen Städtchen, das im Südharz liegt. Leider fand ich dort aber keine passende Beschäftigung, und ich mußte mich damit begnügen, Holzpferde, Kühe, Schweine u. ä. edles Getier recht farbenfreudig anzustreichen. Nachdem mich diese Viecher aber sogar in meinen Träumen bedrängten, entschloß ich mich, mich lieber auf Lehrerin dressieren zu lassen. Ich fuhr also völlig ahnungslos zum Schulamt, in der Hoffnung, erst mal irgendeinen Lehrgang mitzumachen und mir die ganze Sache näher anzusehen. Leider war man von meinen Fähigkeiten so überzeugt, daß man mich sofort in einem weltentlegenen Nest einsetzte (3 Std. von der nächsten Bahnstation entfernt). So begann ich hier im Mai 46 meine geistaufreibende Tätigkeit, die nicht viel von der Bärbels abweicht [Brief 24]und sich auf Vorkauen von kleinen Einmaleins, Ding- und Tätigkeitswörtern beschränkt.

Da ich wegen der Papierknappheit nicht mehr Seiten ruinieren will, beschließe ich meinen Bericht, Hoffentlich gibt es bald einmal ein Klassentreffen, bei dem alle vollständig zusammen sind.

Bis dahin die herzlichsten Grüße von Eurer Ruth

28 Liselotte Benedix, Langelsheim, 20. 2. 47

Soeben habe ich die spannenden Berichte von Euren Erlebnissen der letzten zwei Jahre studiert und unser köstliches Dokument mit einem tiefen Seufzer beiseite gelegt, alldieweil ich nun an der Reihe bin. Ja, ja, so einiges kann man wieder darin lesen, aber noch keiner hat die großartigen Verwalter unserer lieben Heimat auch nur eines Wortes gewürdigt! Da will ich nun ein kleines Berichtle hinzufügen von den Zu- und Umständen, die da so herrschen. Und das kam so:

Am 21. 1. 45 mußte ich auf Drängen meiner Eltern unseren Heimatort verlassen und fuhr nach Saalberg, wo ich bis zum 1. 2. auf meine Eltern wartete. Gleich nach ihrer Ankunft fuhren wir drei noch einmal in die Festung [Breslau], um Sachen zu holen, und kamen gerade noch im letzten Augenblick heraus, ehe der Ring geschlossen wurde. Im Mai erlebten wir dann auch in Saalberg den Russeneinzug. Gleich die ersten Anordnungen befahlen die Abgabe von Schußwaffen, Radios, Photoapparaten, Ferngläsern, Schreibmaschinen, Autos, Motorrädern, später Fahrrädern, Edelmetallen, Preisen und Medaillen, ja sogar Sportschuhen usw.!! Schon Anfang Juni kamen dann unsere lieben Freunde. Alle Villen, Häuser, Höfe, Felder und Wälder gehörten ihnen, ebenso alles Versteckte, was gefunden wurde. Sie waren die Herren, und wir durften für sie arbeiten. In unserem Ort machten sie sich gleich durch den berühmten »Adolf-Hitler-Marsch« beliebt, den später fast die meisten schlesischen Ortschaften machen mußten. Morgens gegen 8 Uhr wurden wir von der bewaffneten Miliz aus unserem »feudalen« Flüchtlingszimmer rausgeworfen, um gemeinsam mit allen Dorfbewohnern mit den notwendigsten Sachen in ein Lager bei Görlitz zu marschieren!! Nachdem wir ungefähr 15 km getrieben worden waren, kamen Russen, entwaffneten die Polen und schickten das Dorf wieder nach Hause! Kurze Zeit mußte ich bei Freund Iwan im Füllner-Werk, Bad Warmbrunn, demontieren. Kindeles, da habe ich organisiert, fürs ganze Dorf gleich mit.

Nachher habe ich mich in die Landwirtschaft begeben und da von früh bis spät gearbeitet wie ein Pferd. Als Dank durften wir dann schon gleich im Herbst mit der Hungerkur beginnen. So machte ich mich selbständig und wurde von Polen begehrte und geschätzte Oberschafschermeisterin und Wollverarbeitungsinstitut des Dorfes, oder einfacher gesagt »Spinnerin«. Der Erlös reichte natürlich zum Leben für drei Personen nicht aus, so daß man nebenbei stets Sachen verkaufen mußte. So ging Stück für Stück der durch alle Plünderungen durch Russen und Polen geretteten Sachen durch den Magen, obwohl man wußte, daß man sich's nie wieder schaffen konnte. Zwei Mal flogen wir aus unserem Zimmer, und nun ist es schon wieder ein Jahr her, daß wir in einem kleinen, einsamen Häuschen bei einem alten Herrn mit einer noch älteren Wirtschafterin wohnten.

Fast regelmäßig alle vierzehn Tage wurden wir nun überfallen, weil das Haus noch keinen polnischen Besitzer hatte. Der erste Einbruch gelang den Herren durch ein Fenster. Mein Vater und ich bekamen Prügel. Bei den Aus- bzw. Aufräumungsarbeiten im Hause wurden sie Gott sei Dank gestört und flüchteten. Damit begann dann unser Ausbau zur Festung. Alle Fenster wurden mit Brettern und Stacheldraht vernagelt, der Weg zu unserer Waldkapelle (Tö) durch ein Stacheldrahtverhau gesichert, alle Türen abends mit Balken zugestemmt. Jede Nacht wurde im Hauptgefechtsstand (Küche) Wache gehalten, wenn dicke Luft war, kam um Mitternacht Wachablösung. Nach einem nächtlichen Feuerüberfall, bei dem meine Mutter und unser Hauswirt Streifschüsse erhielten, wurden die Parterrefenster und unser Alarmgefechtsstand (Vorkeller) mit Sandsäcken verbarrikadiert.

Zwei Mal mußte ich unsere Festung verlassen, einmal war ich in Warmbrunn, plötzlich hinter mir die gefürchtete, unverkennbare Stimme: »Komm mit!« Ich war »geschnappt« und mußte einen Tag arbeiten. Das andere Mal mußte ich nach Hirschberg, um mein bis dahin gehütetes, geliebtes Radio zu verkaufen. Das war weit schlimmer und gefährlicher als hier das Betreiben von Schwarzhandel. Glücklich hatte ich mein Geld in der Tasche: »Komm mit!« Gott sei Dank wurde ich nicht ausgezogen, sondern brauchte wieder nur einen Tag zu arbeiten, aber fragt nicht, was. Inzwischen war draußen Frühling geworden, und noch nie habe ich das Erwachen der Natur so erlebt wie in diesem kleinen Märchenparadies unseres geliebten Riesengebirges. Nur dieses ständige Bedrohtsein ließ einen nie zur Ruhe kommen. Im Schlaf hörte man fast jedes Geräusch von draußen, mir hat oft das Herz doller geklopft, als wenn Spatta mich in Geschichte aufrief.

Im April 46 hatten wir nun endlich die Nase voll von der Dramatik und packten unsere Reste, weil wir erst dann den Ausweg über Kohlfurt erfuhren. Am 28. April ereilte uns dann das dicke schwarze Ende. Wir wurden von der Miliz geschnappt, wurden ausgezogen bis geht nicht weiter, durften wieder anziehen, was wir anhatten, und durften am nächsten Tag, um fast alle Kleidungsgegenstände erleichtert, weiterziehen. Bei den Kontrollen wurde dann noch der Rest vom Rest wegkontrolliert, so daß wir wenigstens so ähnlich wie Plutokraten in Kohlfurt frisch entlaust und frisiert unseren Güterwagen 1. Klasse frei nach Germany besteigen konnten. Unser Schicksalsbach, die Neiße, wurde überquert, die russische Zone durchreist, alles im Wagönle, es war höchst amüsant und reizvoll, Männlein, Weiblein usw. Wie wir uns vorkamen im Lager, Post, Telefon, Radio, keine Schießerei, keine Plünderei!

Nach 1 ½ Jahren hinter dem Eisernen Vorhang erfuhren wir dann in Braunschweig, daß mein Bruder wohlbehalten in Lübeck ist, Ihr könnt Euch das Glück nicht vorstellen! Uns hat man dann gleich nach drei Lagern in dieses reizvolle Harzer-Käse-Nest verfrachtet, wo wir uns nun im 3 Personen-2 Betten-1 Zimmer-System denkbar wohl fühlen, gleich allen anderen, die Flüchtlingsfreuden mit uns teilen. Leider erst jetzt habe ich erfahren, daß ich eine Zeitlang mit Ruth das gleiche Los als Spielzeugbemaler geteilt habe. Nebenbei habe ich mich etwas um Stenographie gekümmert und will jetzt allein etwas Englisch arbeiten. Vielleicht gelingt es mir, mal eine andere Stelle zu bekommen. Aber Ihr könnt euch ja vorstellen, wie es damit in solch einer dörflichen Weltstadt bestellt ist, und wie »leicht« Zuzugsgenehmigung zu haben ist, steht ja schon hier drin. Leb wohl, studierte, möblierte Dame.

Mit allen guten Wünschen für die Verwirklichung all Eurer Pläne grüßt Euch herzlichst

Eure Benne

29 Ilse St., Hildesheim, 27. 2. 47

Eben habe ich den köstlichen Rundbrief erhalten und mich sehr über ihn gefreut. Aber mit Schrecken habe ich festgestellt, daß ich an der Reihe bin, ein neues Buch zu stiften! Aber ich bin leider nicht in der glücklichen Lage, eines zu besitzen, und zu kaufen gibt es solche Wunderdinge nicht. Um das Papier auszunützen, schieße ich gleich mit meinem Bericht los. Mitte Februar 45 wurde ich aus dem KHD entlassen und fuhr hierher zu meiner Großmutter. Meine Mutter und meine Schwester, die nacheinander hier eingetrudelt waren, begrüßten mich. Wir erlebten noch einige Angriffe auf Hildesheim, die die schöne alte Stadt vollständig zerstörten. Mein Vater, der noch in Schlesien geblieben war, kam Ende Mai zu uns, so daß die ganze Familie beisammen ist. Ich war in unserem 15-Personen-Haushalt Mädchen für alles: ich kochte, wusch, erzog (?) Kinder, 5 an der Zahl (meine Vettern und Cousinen), räumte auf und spielte Waldarbeiter, mit Säge und Axt bewaffnet, um Holz für den Winter zu bekommen, sammelte Ähren, Beeren und Bucheckern. Seit Oktober gehe ich wieder zur Schule, zur HH, Höheren Handelsschule, um mal was anderes zu tun. Wie ich mir als Schulmädchen vorkomme! Es lohnt sich schon wegen der Schulspeisung, und vor Weihnachten bekommen wir sogar Schokolade! Es sind ganz nette Mädchen in meiner Klasse, teilweise sogar älter als ich, was mich etwas beruhigt. Denn man ist schon so alt und kann noch nichts. Neben der Schule versorgen meine Mutter und ich den Haushalt, der aber jetzt auf 8 Personen zusammengeschrumpft ist. Im übrigen frieren wir alle erbärmlich, ich schlafe bei -8 Grad! Aber wir haben es immer noch gut im Vergleich mit vielen anderen Flüchtlingen. So, das wär's von mir. Ich habe ein ruhiges Leben gehabt im Vergleich mit vielen von Euch. Ich wünsche Euch allen ein gutes Jahr, in dem sich Eure Pläne verwirklichen und wir alle uns mal sehen werden.

Eure Ilse

30 Maria von Loesch, Dahmsdorf, 23. 4. 47

Ihr Lieben!

Eigentlich langweilt es mich sehr, dort anzufangen, wo ich in diesem Brief aufgehört habe. Ich finde es so viel wesentlicher, mit der Gegenwart fertigzuwerden, und meine Flüchtlingsgeschichte habe ich schon so oft erzählt. Um den Charakter einer Chronik nicht zu zerstören, werde ich also in Kürze berichten. Ihr müßt letzteres verzeihen, aber ich bin ja schon seit über zwei Jahren eine vielgeplagte Ehefrau und Mutter, d. h. Mutter erst seit 16 Monaten.

Unsere Hochzeit fand tatsächlich noch am 18. 1. 45 in meiner Heimat unter dem Feuer der Russen statt. Wir mußten am selben Tag fliehen. Alles kam ganz überraschend, und die Panik war zum Teil schrecklich. Mein Mann und ich fuhren zunächst mal nach Stettin in 3 Tagen (unsere Hochzeitsreise!). Nach 10 Tagen, in denen ich unsere Wohnung in Stettin eingerichtet hatte und wir jede Stunde, es waren immer nur 4 am Tag, in der wir zusammensein konnten, genossen hatten, schickte mich mein Mann mit meiner Cousine zusammen, 4 Hunden und etwas Gepäck in unserem Auto aus Stettin heraus. Wie durch ein Wunder – oder vielmehr dieses Wunder waren Cognac und Zigarren – kamen wir durch alle Sperren hindurch (wir hatten keine Papiere und mußten uns Benzin z. T. klauen) und landeten auf dem Gut meines Cousins bei Hannover. Dort ließ mich mein Mann nach 3 Wochen wieder nach Stettin zurückholen, das inzwischen evakuiert war. 14 Tage lang konnten wir zusammen sein. Jeden Abend gaben wir ein Fest. Wir waren das einzige Zivilhaus, das Gas und Licht hatte und Wärme, und diese Vorzüge teilten wir mit den Offizieren des Stabes. Meinen Mann sah ich auch nur zu diesen Feiern. Es war wirklich ein Tanz auf dem Vulkan, denn Stettin wurde schon beschossen. Schließlich fuhr ich dann zu meiner Cousine in Mecklenburg. Dort holte mich noch einmal der Bursche meines Mannes ab und brachte mich in die Nähe von Stettin, wo der Rest lag. Mein Mann war damals Kommandant des Generalstabes und hatte sechs wundervolle Pferde, auf denen ich Abschied vom Leben von einst nahm. Leider bekam der General meine Anwesenheit in dem längst geräumten Gebiet heraus, und ich mußte schnell wieder nach Mecklenburg zurück, um meinem Mann nicht Schwierigkeiten zu machen.

Ende April kamen die Russen auch nach Mecklenburg. Ich floh mit einer Schwester meiner Mutter, deren 5 Kindern und 2 Mädchen und einem polnischen und französischen Mann in 2 Wagen nach Holstein. Unterwegs machten meine Pferde schlapp, und wir wurden so von Tieffliegern beschossen, daß wir uns trennen mußten. Ich fuhr nun auf Landwegen mit einem Wagen und den beiden meuternden Männern mit 6 Pferden nach Holstein, während sich meine Tante mit den Kindern an eine Wehrmachts-Zugmaschine hängte. Dank einer Pistole und meinem kleinen Hund ist mir auf dieser scheußlichen Fahrt nichts passiert. 2 Std. bevor der Elb-Trave-Kanal von Engländern gesperrt wurde, fuhr ich herüber. Am nächsten Tag traf ich auf der Straße meinen Mann. Er packte mich gleich ein, und wir entgingen den Endzukkungen des Krieges durch eine dolle Fahrt unter Tieffliegerbeschuß in der Gegend Flensburg. Den Treckwagen mit Pferden, auf dem sich übrigens nichts von mir befand, lieferte ich vorher an Ort und Stelle ab. An der dänischen Grenze erholten wir uns erst einmal und zivilisierten uns, was sehr schwer war, weil der LKW mit unseren Sachen in Brand geschossen war und wir außer Waschzeug nur das besaßen, was wir anhatten. Mein Mann war nur einen Tag lang im Gefangenenlager, dann konnten wir versuchen, neu anzufangen. Bei Bekannten von Bekannten wurden wir hier in Dahmsdorf aufgenommen. Den Sommer über war mein Mann dauernd in Süd- und Westdeutschland unterwegs mit seinem Auto, um leider erfolglos dorthin evakuierte Maschinen zu suchen. Ich lernte inzwischen Haushalt, was sehr nützlich war.

Im November 45 gründeten wir unseren selbständigen Haushalt. Wir haben unsere kleine, nette Wohnung inzwischen sehr gemütlich, vor allem mit nur eigenen, neuerworbenen Sachen und Möbeln eingerichtet. Mein Mann ist ein Organisationstalent, und ich habe inzwischen Nähen gelernt und damit etwas Schönheit gezaubert. Am 12. 1. 46 wurde unser Sohn Konstantin geboren, der jetzt ein dicker, großer Junge mit einem dichten blonden Schopf ist. […]

Ich freue mich wirklich, daß Ihr alle so tapfer und mutig Euer neues Leben beginnt und vor allem den Humor noch behalten habt. Aber ich muß noch etwas von mir berichten. Vor einem Jahr fand mich meine Mutter, die inzwischen von den Russen aus Österreich ausgewiesen worden war und nun mit meiner 12jährigen Schwester zu uns kam. Ein halbes Jahr lebten wir zusammen, bis meine Mutter eine sie sehr befriedigende Stelle als Flüchtlingsfürsorgerin und kirchl. Helferin in einem Lübecker Lager fand. Meine kleine Schwester ist seitdem ganz bei uns und wird hier im Haus privat unterrichtet. Meine Mutter mußten wir mit der Nachricht empfangen, daß mein Bruder in den letzten Kampftagen mit 17 Jahren gefallen ist. Wir erfuhren seinen Tod ein Jahr nach dem Kampf. Vorher hatten wir aus angeblich zuverlässigen Quellen gehört, daß er in amerikan. Gefangenschaft und nach Afrika geraten sei und fest daran geglaubt. Das letzte Jahr konnten wir aus Platzmangel kein Mädchen haben. Seit kurzer Zeit bin ich nun entlastet und kann wieder lesen, schreiben und nähen, wozu ich sonst bei all der nötigen alltäglichen Arbeit nicht kam. Meine kleine Schwester hat mir immer sehr brav geholfen, und wir haben unsere Freude daran, wie nett sie sich von einem verwöhnten Prinzeßchen zu einem vernünftigen Mädchen entwickelt.

Mit sehr guten Wünschen für Eurer aller Zukunft und wirklich »vorzüglichster Hochachtung« bin ich

Eure Maria

31 Gabriela Stockert, Heidelberg, 10. 6. 47

Hallo, hallo, hier ist Sender Heidelberg!

Nachdem der Postbote nun seit Wochen mit konstanter Bosheit an meinem Kästlein vorbeispazierte, ohne ihn auch nur eines Blickes, geschweige denn Briefes zu würdigen, kam endlich der große Tag des Rundbriefes. Wißt Ihr, ich bin so ziemlich frivol geworden in den letzten zwei Jahren, aber als ich dieses Dokument in Händen hielt, war mir doch a bissel feierlich zumute. Dank der Retterin! »Möge dieses Buch weiter gut durch alle Zonen rutschen«, das soll beinahe ein Gebet sein.

Inzwischen habe ich also längst nicht mein 2. Vorsemester mitgemacht, sondern mich statt dessen jämmerlich durch den Winter durchgefroren. Mit Mutti zusammen in einem Bett gab es nie genug Schlaf, und erst im Frühjahr sind wir wieder zum Leben auferstanden. Nun bin ich in einer Dolmetscherschule (Englisch), und wenn die Sonne nicht gar zu schön scheint, geh ich auch hin! Wir haben zwar noch immer nicht den Zuzug hier und stehen mit allen Behörden im Kampf ... doch bin ich sehr vergnügt, nichtsdestotrotz. Neulich las ich einen sehr schönen Satz, den möchte ich gern niederschreiben. Wenn ich mich gar nicht so recht fühle, denke ich daran: »Das Leben ist mir nicht so viel wert, um mich deswegen übel zu befinden.« Das gibt mir direkt Kraft und Schwung.

Ehrlich gesagt hoffe ich, nicht mehr allzulange in Deutschland zu bleiben. Wenn ich nach Schlesien nicht mehr zurückkehren kann, dann will ich lieber fort ins fernste Ausland, denn hier in Süddeutschland ist es wie in einem Narrenhaus. Nie waren mir und meiner Mutter die lieben Landsleute fremder.

Aber warum habe ich das jetzt hingeschrieben, wo ich mir doch vornahm, nur Erfreuliches Euch mitzuteilen?

Nehmt nun die herzlichsten Grüße von mir; auch meine Mutti wünscht Euch alles Gute und erinnert sich gern, wenn einige von Euch (Gertas Paukclub, wißt Ihr noch?) zu uns kamen.

Allerherzlichst

Eure Gaby

32 Ulla Thiele, Karlsruhe, 12. 6. 47

Ich sitze wie fast täglich im »Kaiserpalast« bei Simons, um mal wieder meine Sorgen loszuwerden – da werden sie heute durch die wirklich große Freude getilgt, daß der Rundbrief da ist! Alle von Euch haben so viel erlebt, und Schweres überwiegt das Schöne zumeist; doch sind trotzdem weiter alle guter Laune – das find ich so schön. Ich kann von mir leider recht wenig berichten. Ein Schneiderlehrlingsdasein ist nicht leicht – viel Schelte, trennen, putzen, scheuern und karges Lob, noch karger als Kalorien! Aber es muß halt durchgestanden werden. Wie lange ich noch lernen muß, ist ungewiß, ob noch 1 oder 2 Jahre. Finanziell ist alles arg, arg schlecht, und sich mit grausligen Wirtinnen herumschlagen auch nicht schön. Aber den Kopf behalte ich schon oben.

Seid bis zum nächsten Mal alle sehr herzlich gegrüßt
Eure Ulla

33 Elisabeth von Schickfus, Elben bei Kassel, 3. 11. 47

Liebe alte Klasse!

Susi war so nett und hat mir den Rundbrief auch geschickt, weil ich ihr ein Loch in den Bauch gefragt hab nach Euch. Und ich bin so nett und krakle auch gleich mit rein. Hoffentlich seid Ihr mir nicht böse! Ich bitte die »Hohe Leitung« hiermit feierlichst, mich aufzunehmen in Euren Bund. Alle kennen mich zwar nicht mehr, denn ich bin mit Versetzung nach 7a zu Euch ins Leben gestartet. Das war so:

Erst war ich ½ Jahr zu Haus und habe den 4 Morgen großen Gemüsegarten als Obergärtner mit drei alten Frauen bearbeitet. Von Ostern 43 bis Januar 45 war ich Landwirtschaftslehrling bei Zobten. Am 30. Mai 43 hab ich mich schnell mal zwischendurch mit einem Freund meines Vaters, Karl-Wilhelm v. K., verlobt. Im August 44 wollten wir heiraten, aber die Urlaubssperre machte im letzten Moment einen dicken Strich durch diesen Plan. Dann kam der Treck am 8. Februar 45 auch für uns. Mein Vater war irgendwo an der Front, mein Karlchen verschollen, ich hatte schon ¼ Jahr keine Nachricht mehr. Nach dem Dorftreck sind wir Geschwister mit meiner Mutter dann erst mit Wehrmacht, dann per Bahn weiter in die Nähe von Dresden getreckt. Da fanden wir unsere jüngsten Geschwister wieder vor und zogen gemeinsam nach Burgscheidungen bei Naumburg/Saale. Dort überrollten uns die Amis, und wir unternahmen wieder, kurz vor den Russen, einen achttägigen Treck im Juni 45 mit geborgtem Ackerwagen und Ackerpferden bis hierher, in die alte Heimat meiner Mutter. Mein jüngster Bruder war grad ein Jahr alt. Vielleicht kennen einige von Euch das Trecken mit Babies, prost! Immerzu bei jedem Halt Windeln wechseln und Päpschen kochen usw. Ich war Kutscher. Meine Pferde waren Flachland gewöhnt und paßten nicht zueinander, das war vielleicht ein Theater die Berge rauf! In Kassel selbst hat uns die rührende Straßenbahn den Wilhelmshöher Berg rauf vorgespannt. Dann hab ich geschafft, mal eine ganze Kolonne von 12 LKWs mit Negern 10 Minuten aufzuhalten, indem ich quer zur Straße stand mit meinem Gefährt. Die Pferde wollten nicht bergauf und ich nicht bergrunter!

Von Burgscheidungen aus hab ich übrigens noch meine Landwirtschaftsprüfung gemacht. Aber vorläufig nützt es mir wenig, erst wenn wir wieder nach Schlesien kommen. Hier war ich erstmal ein Jahr Landarbeiterin, mein Vater kam aus Gefangenschaft hierher und wurde Verwalter von einem 300 Morgen großen Hof. Karlchen fand ich auch wieder, und zwar als Gefangenen in England, von wo er im Februar dieses Jahres entlassen wurde, und wir heirateten im Mai nach vierjähriger Verlobungszeit. Uns geht's fabelhaft gut hier im Gegensatz zu mancher von Euch, aber dafür gab's bei uns leider einen sehr traurigen Dämpfer mit dem Tod meines kleinsten Bruders an Diphterie. Wir vermissen unseren kleinen Sonnenschein natürlich sehr. Von derselben ekligen Krankheit hab ich leider auch noch einen Herzknacks weg. Aber ansonsten geht's mir natürlich gut.

Inzwischen hat sich meine Malerei verbessert. Kinderporträts bevorzugt! Hier ist's landschaftlich entzückend, aber völlig unbeleckt von jeder Kultur. Mit großem Neid las ich Hertas Erzählung von ihrem Studium. Hier ist's halt nur ländlich sittlich. Und das Verständnis und die Liebe zu den Flüchtlingen ist auch hier mächtig! Entschuldigt bitte mein Durcheinander, aber wir sind grad mitten im Umzug in eine bessere Behausung, ein alter Schafstall, den wir uns diesen Sommer unter viel Mühe und dank der guten Organisation von meinem Karlchen ausgebaut haben. Kann mich nicht jemand mal besuchen? Karola als einzige hat's bisher geschafft, das war sehr nett von ihr.

Alles Gute wünsch ich Euch, und daß ihr alle wieder aufwärtskommt. Werdet bloß nicht Lehrerin! Mir graut vor Euch! Ich hab sooo Sehnsucht nach Schlesien, Ihr auch? Hoffentlich geht's bald wieder nach Haus, ich will heim, mir reicht's!

Viele liebe Grüße von Eurer alten Lisabeth, gen. Schicke

34 Erika Herbich, Braunschweig, 3. 12. 47

[...] Bei uns hat sich im letzten Jahr allerhand ereignet. Nach den furchtbaren Wintermonaten, während denen ich viel im Bett lag, da sich unsere Zimmertemperatur nur um 0° bewegte, gingen wir im April über die grüne Grenze Richtung Westen. Wir gaben in Görlitz alles auf, um endlich wieder zu viert ein Familienleben zu führen. Einen Teil der Möbel meines verstorbenen Großvaters und unsere Kisten gaben wir durch den Spediteur auf, erhielten sie nach vielen Monaten z. T. beschädigt wieder, außer den beiden größten und daher wertvollsten Kisten. Die werden nun wohl doch verloren sein. Aber wir sind nun in der glücklichen Lage, in eigenen Möbeln wohnen zu können.

Gerade am 55. Geburtstag meines Vaters trafen wir in Bleckede, Kreis Lüneburg, an der Elbe ein, das Wiedersehen war natürlich groß. Aber mein Vater wurde bald stellungslos, der Arzt, den er vertrat, kam zurück. Und wir bekamen keine Wohnung und mußten 14 Wochen im Hotel bzw. Gasthaus wohnen. Endlich, Mitte Juli, wurden uns zwei schöne Dachkammern am Ende eines Rumpelbodens bei einem Fleischermeister zugewiesen. Wie »wohl« wir uns da fühlten, könnt Ihr Euch ja denken! Wir durften nur die vielen »schwarzen« Rinder und Schweine sehen und Bratendüfte riechen und bekamen unsere paar Gramm genauestens abgewogen. Unser Blick war nach Norden, also ohne Sonne, aufs Schlachthaus, Mistgrube und Klo nach Fallprinzip. Und dann die heißen Sommermonate mit Fliegen und »guten Gerüchen«! Jedenfalls uns reichte es, es war für uns ein selten schrecklicher Sommer. Dazu waren wir stets allein, mein Vater hatte Vertretungen bei Braunschweig, und der Bleckeder selbst war die schlimmste Menschensorte. Es war ein völlig verkommenes Klatschnest. Schön war nur das Baden in der Elbe. Ende September bekam mein Vater endlich seine Niederlassungsgenehmigung für eine eigene Praxis in Braunschweig. Sehr schwer war es, noch einen LKW zum Umzug zu bekommen. Am 1. November glückte es uns dann, nachdem wir 14 Tage zwischen gepackten Kisten und Koffern gehaust haben.

Hier fangen wir nun an, uns einzuleben, und auch die Praxis läuft langsam an. Leider haben wir noch nicht die Genehmigung für Kassenpraxis. Ich will meinem Vater in der Sprechstunde helfen, noch kann ich mir das zwar nicht vorstellen. Im Augenblick bin ich jeden Tag auf Achse, denn das Einkaufen und die meisten Gänge sind meine Aufgabe. Durch meinen Schwerbeschädigtenausweis habe ich viele Vorteile, Lebensmittel und Kohlenzulage. Wir müssen sehr froh sein, daß es wieder langsam bergauf mit uns gehen kann, obwohl noch alles äußerst bescheiden und beengt ist. Wir haben mit Praxis nur drei Räume und keine Küche. Trotzdem hoffe ich, daß wir bald ein kleines Klassentreffen veranstalten können mit Ilschen und Benne. Die Stadt wird mir überhaupt mehr Anregungen geben, aus meiner Sturheit bin ich jedenfalls wieder aufgewacht! Schöne Konzerte habe ich schon gehört. Mein selbstverdientes Geld in Bleckede durch Nachhilfestunden wird mir noch manchen Theaterbesuch erlauben.

Herzliche Grüße in alter Verbundenheit von

Eurer Erika

35 Elisabeth von Schaubert, Bad Pyrmont, 3. 1. 48

Liebe alte Klasse!

Jetzt spricht eine Nichtabiturientin, nehmt Ihr mich in Euren Bund auf? Am Tage, als Euer Rundbrief kam, hättet Ihr »Schwester Elisabeth« sehen sollen, sie saß auf der Treppe, bestaunte die Bilder, las und hatte ihre Umwelt vergessen, bis alle meine Männer um mich herum standen, ebenso Eure Bilder begutachteten, bis meine Oberschwester dem Spuk ein Ende machte und mich zum Dienst zurückrief. Aber schlecht war der Dienst an diesem Tag, das weiß ich ganz bestimmt. Und nun soll ich Euch mein Ergehen in den letzten Jahren erzählen! Seid nicht böse, wenn das im Telegrammstil geschieht, aber sonst ist meine Zeit nicht ausreichend und das Buch voll.

Am 20. 1. 45 Treck mit einem Teil meiner großen Familie. Mein Vater blieb zurück und machte die Festungszeit in Breslau mit. Wir zogen vier Wochen quer durch Schlesien und Sudetenland und landeten schließlich in der Nähe von Eger. Da wurde der Treck aufgeteilt, wir bekamen Wohnung im ehemaligen Franzosenlager, erlebten den Einzug der Amis und anschließend der Tschechen. Als die Verhältnisse unerträglich wurden, unsere letzten Pferde durch die Tschechen beschlagnahmt wurden, gingen wir schwarz über die Grenze, und nach fünfwöchigem, zermürbendem Existenzkampf bezogen wir ein kleines Haus, ganz einsam, im Wald mit etwas Land, aber ohne elektrisch Licht, Wasser am Ziehbrunnen usw. Der Winter war, wie viele von Euch ihn auch erlebt haben, Holz schlagen, hacken usw. Im Frühjahr 46 kamen meine zwei kleinen Brüder aus der Ostzone, wohin sie von Niesky aus geflohen waren, zu uns und lösten mich bei meinen Pflichten ab, ich flüchtete also aus der Einsamkeit und gleich bis hierher nach Pyrmont. Ich war froh, als ich Bayern im Rücken hatte. Hier kam ich als Schwester in ein Kriegsversehrtenheim und fühle mich sehr wohl.

Im Herbst 46 kehrte mein Vater leidlich gesund aus russischer Kriegsgefangenschaft heim. Schwer war es für uns, als wir ihm den Tod meines zweiten Bruders mitteilen mußten, der 17jährig bei Dessau schwer verwundet starb. Und dann riß der Tod noch einmal eine Lücke, als im Februar 47 mein ältester Bruder an einer Tetanusvergiftung starb. So ist unser großer Geschwisterkreis auch sehr viel kleiner geworden. Mein Vater hat unterdessen eine Anstellung am Finanzamt in Schwandorf, außerdem baut meine Mutter mit meinem Bruder eine kleine Siedlung auf, und wir sind inzwischen schon »Großgrundbesitzer« von zehn Morgen Land, einem Pferd, einer Kuh und etlichem Kleinvieh.

Das wären ganz kurz umrissen die Ereignisse der letzten Jahre, es gäbe ja noch unendlich viel zu erzählen, und ich wünsche mir nichts mehr als eine richtige Plauderstunde nach altbekanntem Muster.

Seid alle ganz lieb gegrüßt von Eurer Schaubi

36 Barbara Str., Leipzig, 28. 1. 48

Meine liebe Klasse!

Seit meinem letzten Erguß hat sich sehr viel und vor allen Dingen Erfreuliches ereignet! Denkt nur, wir haben endlich, nach fünf Jahren Ungewißheit, Nachricht von meinem Bruder. Ein Heimkehrer war mit ihm zusammen und hat es uns vor einigen Tagen mitgeteilt. So wissen wir doch endlich, daß er lebt und daß wir weiter die Hoffnung haben können, daß er wieder heimkommen wird. Allen, die noch einen lieben Menschen in Gefangenschaft wissen, wünsche ich das gleiche große Gück! Hätte Vati es nur noch miterleben können, wie sehr hat er darauf gewartet!

Seit Anfang September studiere ich an der Dolmetscherschule Leipzig ... Russisch! Allen Vorurteilen zum Trotz fühle ich mich äußerst wohl und finde das Studium wundervoll. Doppelt so schön wäre es natürlich, wenn Mutti die Zuzugsgenehmigung bekäme, aber das ist natürlich unmöglich! So müssen wir uns von Ferien- zu Ferientagen vertrösten. Einmal werden wir auch für immer zusammenbleiben können, auf diese Zeit freue ich mich so sehr, daß ich um so lieber arbeite (bzw. schufte), je öfter ich daran denke. Die gestrige Nachricht hat mir natürlich noch mehr Schwung gegeben.

Den allgemeinen Glückwünschen schließe ich mich an und füge noch eine Portion Herzlichkeit hinzu. Wißt Ihr schon, daß Cappe in Amerika ist? [Brief 105] Frl. Schlösser schrieb es mir, sie hatte nur noch nicht die genaue Adresse!

Mit recht lieben Heimatgrüßen bleibe ich immer

Eure Strecke

37 Traute Mochner, Büchenbach, 10. 4. 48

Ihr lieben Wiedergefundenen!

Erlaubt Ihr mir überhaupt noch, aus meiner 3 ½ jährigen Versenkung aufzutauchen? Oder bin ich in Eurer Erinnerung schon zum Gespenst geworden? Gerta, unser unermüdlich tätiger Klassengeist, hat mich zuallererst aufgegabelt, und als ich von ihr erfuhr, daß Ihr andern alle wiedergefunden und der Rundbrief schon längst seine Überlandreisen wieder aufgenommen hat, da war für mich ein unerhörter Festtag.

Im Herbst 44 trennten sich nach dem RAD Ingetrauts und meine Wege. Mir blühte die allseligmachende Mune [Munitionsfabrik], zum Schluß in Landshut/Riesengebirge. Das »wonnige« Leben dort wurde durch die im Frühjahr 45 immer weiter vordringenden Russen immer »trostvoller«, so daß die ersten Maiden übern Stacheldraht auskniffen (worauf unser ganzes Lager über fünf Wochen nicht einen Schritt rausgelassen wurde). Einige Ausreißer wurden gefischt und nunmehr hinter doppelt und dreifache Drähte gesetzt. Um der Kasch alle Ehre zu machen und »germanisch« durch das Leben zu gehen, hielt unsereiner natürlich aus und wurde dann endlich am 31. März entlassen. Hier in Franken, wo meine Eltern waren, war die Amifront in direkter Nähe, und ich verspürte keine Lust, ihr in die Arme zu laufen. So blieb ich also noch in Schlesien und hatte das Vergnügen, Russen- und Poleneinmarsch sieben Monate lang über mich ergehen zu lassen.

Im Juni hielt es uns nicht länger im Riesengebirge, so nah und doch fern der Heimat, und wir tippelten, bis zur Bewußtlosigkeit auf den Schienen entlanglaufend, nach Breslau. In diesen vier Monaten ungefähr, die nun folgten, habe ich Breslau erst richtig lieben gelernt. Stellt Euch vor, unser Häusel stand! Nie hatte ich damit gerechnet! Von dem Geringsten, was ich wiederfand, nahm ich mit größter Dankbarkeit Besitz (das Notwendige und Wertvolle hatte natürlich Beine gekriegt). Und nun machte ich mich mit Feuereifer daran, den unbeschreiblichen Dreck fortzukarren. Leider hieß es jeden Tag bis zum Nachmittag Schutt räumen (Sonnenplatz, Gräbschner- und Kürassierstraße sind also durch meine Hilfe »für die Polen« schön gemacht worden), so daß der Abend immer schrecklich kurz war. Denn nun ging es erst auf Essensuche in die Küchen der zerschossenen Häuser. Wißt Ihr, früher hat man den Kindern immer mit ängstlichem Flehen eingeschärft: »Wenn du was auf der Straße zum Essen findest, wehe dir, du klaubst es auf. Du stirbst daran.« Mag ja mal früher so gewesen sein, aber die heutigen Erdenbewohner sind nicht so schnell von ihrem Planeten wegzulocken. Das haben wir damals zur Genüge erlebt. Da gab es Russenbrotrinden, halb verfaulte Kartoffeln, einzelne Erbslein, ein Gemisch von Haferflokken und Glasscherben, unsere Auswahl war ungeheuerlich, denn wir waren ja so anspruchslos.

Bei unseren Exkursionen machten wir drei (wir hausten nämlich drei alleinige Mädchen ohne Beschützer) uns auch mal nach der geliebten Schule auf. (Vorderer Teil, wo das Sekretariat war, total ausgebrannt, bloß noch Mauern. Teil über Lehrerzimmer völlig erhalten). Mit größtem Vergnügen und tiefster Genugtuung begaben wir uns in das ehedem so heilige Zimmer. Doch die Geister der ehemals darin herrschenden und waltenden Persönlichkeiten durchwehten es noch immer und hefteten ihm einen feierlichen Geruch an. Trotz alledem stöberten wir voller Respektlosigkeit darin herum. Abiprotokolle nebst Knochenteilchen eines ehemals uns im Biologiezimmer anwackelnden Skeletts usw. Interessanteste Dinge im Tohuwabohu. Dann gings hinein, und 1, 2, 3 hatte ich die schönen altdeutschen Madonnen (am Treppenaufgang) in meinem Rucksack verschwinden lassen. Alles ansonsten noch Brauchbare nahm das gleiche traurige Ende. Ein merkwürdiges Gefühl war es, wenn ich, wie in einst so seligen Jugendzeiten, den ganzen Flur entlangschlittern wollte, plötzlich in der Mitte doch lieber stoppte, um nicht ins Nichts hineinzusegeln.

Eine köstliche Szene gab es auch mal, als eine junge Polin ein Frl. Mochner zu sprechen wünschte. Ich wühlte gerade im Garten in dem aus dem Fenster geworfenen verdreckten Zeug, um etwas Brauchbares zu fischen, und glaubte schon voll Freude, jemand Bekanntes käme. Doch da stürzte auch schon eine erregte Person unbekannterweise mit fuchtelnden Armen auf mich zu und empörte sich, daß ich ihr Zimmer erbrochen und ihre Möbel gestohlen hätte, und legte mir einen netten Tanz hin. (Das Zimmer hatte meiner Großmutter gehört.) Ich faßte mir an den Kopf, der mich glücklicherweise klar und nüchtern daran erinnerte, daß man eben als Deutscher rechtlos war. – Mittlerweile wurde es in unserer Siedlung wieder sehr sauber und wohnlich, und langsam begannen sich die Polen einzunisten. Es war immer ein herrliches »Machtgefühl«, wenn ich vor meinem Zimmer stand und die Polskis drinnen Waffen suchten, im Grunde genommen aber bloß die wertvollsten anderen Dinge wegklauen wollten. Einmal holten wir sogar den russischen Posten vom Wochenendhaus des Kommandanten, das ein Stück weiter war, zu Hilfe. Ein wundervolles Durcheinander. Diese Russen waren glücklicherweise nämlich recht harmlos, das einzige, womit sie uns belästigten, war das In-die-Luft-Geschieße während der Nacht, das sie zum Vergnügen betrieben. Der Kuhhüterrusse hielt uns immer politische Vorträge, leider jedoch auf russisch, nur durch Zeichnungen unterstützt. Aber trotz seiner Freundlichkeit haben wir ihn nicht mal rumgekriegt, daß er uns hat die Kühe für uns melken lassen.

Eines Tages saßen wir dann eben auf der Straße und fanden im Bräunergässel (sprich lieber Mäuslegässel) einen Unterschlupf. Eifrige Kinobesucher wissen vielleicht, daß sich dort die Süd-Lichtspiele befanden und dort überhaupt eine wonnige Gegend war. Die Fenster hatten wir mit Brettern vernagelt, oben waren sie vergittert, so daß wir in unserm »Zimmer« vor Helligkeit fast die Augen schließen mußten.

In diesem Gäßlein nun hatten wir alle Tage Alarm. Bloß rannte man nicht wie üblich in den Keller, sondern in die höchsten Höhen, um eventuell dann über Dächer zu türmen. Mit Stürzen, Trillerpfeifen und sonst allem Möglichen, was nur Geräusche machte, vollführten wir immer ein Höllenkonzert; es war dies das Abschreckungsmanöver unserer Gegend, dadurch erschien nämlich ab und zu mal 'ne Streife, die human tat und das gröbste Gesindel wegbugsierte. Manchmal konnten wir trotz der miesen Lage nicht anders, als unser Festprogramm zu belachen.

Um nicht zu verhungern, ging ich dann in eine Polenküche. Dort wollte man mich bald zur Kellnerin »befördern«, ich zog es jedoch vor, als Aschenputtel in der Küche die mistigsten Arbeiten in Angriff zu nehmen. Die »Oberköchin« war zwar eine Deutsche, aber trotzdem ein Oberdrache. Sonntags, wenn die Polinnen auf der Gartenstraße in ihren gestohlenen Seidenfähnchen und mit ihren farbenfrohen Antlitzen hochmütig entlangspazierten, schleppte Traute mit Kopftuch und dreckiger Schürze von »Miksch« [Süßwarenladen] bis zur Zimmerstraße mit einem alten Griesgram riesige Wassertonnen oder säuberte im runden Häuschen am Sonnenplatz ein Zigarettenlädchen. Es waren wirklich merkwürdige Zeiten.

Endlich beschlossen wir doch, unser Trutzlied »auf bleibet treu und haltet fest« zu verraten und erreichten »under the most beautiful circumstances« Pirna bei Dresden. Ich blieb dann noch einen Monat in Sachsen. Dann machte ich mich mit meinem Rucksack auf nach Bavaria. Kurz vor der Grenze hatte ich mich einer Frau angeschlossen, doch sie wurde auch mein Verhängnis. Die russischen Grenzbaumstämme hatten wir gerade überquert, als ein braunes Etwas angeschossen kam. »Ade, du schönes Bayernland«, dachte ich. »Wenn ich Glück habe, werde ich nun von den Russen ›zurückgeleitet‹. Doch das Etwas entpuppte sich als Ami, und meine Beruhigung war ungeheuer. (Derartige freundliche Gefühle für diese Knaben blieben freilich einmalig.) Der Ami schleppte uns zum Grenzhäuschen, das so eng war, daß mein Rucksack anbrannte. Die Frau hatte alle Papiere in Ordnung und durfte weiter, mich aber wollte man unbedingt zurückjagen. Mir war hundselend zumute.

Und so versuchte ich, mit meinen englischen Brocken die beiden zu erweichen. Aber alle Komplimente wie »I didn't think the English so heartless« schienen nichts zu fruchten. So ergötzten sie sich bald eine halbe Stunde lang an meinen quälenden Bemühungen, bis sie tatsächlich bestätigten »to be not so heartless«. So langte ich im Januar 1946 hier an.

Nach einem halben Jahr faulen Nichtstun, während dem ich wie nie in meinem Leben von allen verwöhnt wurde, regte sich in mir ein »was tun?« Und jetzt kommt's! Ich bin nämlich das geworden, was Strecke halb verfluchend hinter sich gelassen hat, von dem Lisabeth jedem dringend abgeraten hat. Meine Ausbildung [zur Lehrerin] habe ich in einem einjährigen Abiturientenkurs in Erlangen genossen. Leider war da nicht nur die Jugend anwesend, sondern es existierten auch betagte Familienväter, so daß eine große Gemeinschaft aus uns 50 nicht wurde.

Laßt mich nicht abermals 3 ½ Jährchen warten, bis ...

Herzlichst Eure Traute

38 Gabriela Stockert, Stuttgart 7. 6. 48

Ihr Lieben!

Bei mir hat sich nichts geändert, seit ich das letzte Mal einschrieb, und trotzdem werde ich etwas für Euch Neues berichten. Natürlich geht es um ein »männliches Wesen«, das diese grundlegenden Umwälzungen innerhalb und außerhalb meiner Person verursachte. Seit vorigem September bin ich verlobt, habe aber keiner Seele etwas gesagt, weil mich alle auslachen. Also raus mit der Sprache: Ich habe keinen weiteren Platz gefunden auf der Erde als ... Honolulu auf Hawaii! Und mein guter »future husband« ist Chinese, lebt aber auf Hawaii und ist von amerikanischer Staatsangehörigkeit! (Jetzt ist es raus!) Wenn ich doch Eure Gesichter sehen könnte! Im Winter werden wir heiraten. Er geht erst im nächsten März heim, und es ist ja erst zwei

Monate vorher erlaubt, deutsche Mädel zu heiraten. Ihr könnt Euch vorstellen, daß alles noch sehr ungewiß ist bei uns. Sollte Herr Stalin mir in Form eines Krieges einen Strich durch die Rechnung machen? Schlesien habe ich ja abgebucht, und da ich unter den hiesigen Deutschen niemanden habe und auch keine weiteren Verwandten mehr, bin ich in keiner Weise hier verpflichtet! Natürlich trenne ich mich nicht von meiner Mutter! Ich kann Euch noch nicht sagen, wie alles weitergehen soll für mich, wenn ich erst mal die »Nächte Hawaiis auf den Trauminseln« erlebe. Wahrscheinlich werden wir uns beide gleich einen »job« suchen, denn von nischt ist ja bekanntlich nischt. Er hat zwei Semester Medizin, und ob wir in der Lage sein werden, weiter zu studieren, ist sehr fraglich. Wer meldet sich also als erster bei mir an, verhungern werdet Ihr nicht, pineapple gibt's wie Sand am Meer. Wenn Ihr per Flugzeug kommt, schafft Ihr's in 30 Stunden, also mal so für ein längeres Wochenende? Kinder, wenn doch die ganze Welt in Frieden leben könnte. Beweise, daß es geht, ist ja die Uni in Honolulu. Da studiert der Hawaiianer neben dem Weißen und dem Neger, aber in der Politik geht es scheinbar nicht, dabei ist bestimmt genug Platz für alle auf dieser Welt.

Ich liege gerade in der Sonne – »er« klaut Kirschen irgendwo, und ich bilde mir ein, die Welt ist schön und ohne Sorgen. Ich freue mich wirklich, wie Ihr Euch so unverdrossen durchs Leben kämpft, und gratuliere herzlichst allen Müttern, frischgebackenen Ehefrauen und allen Prüfungskandidaten.

In alter Treue grüßt Euch alle Eure Gaby

39 Herta Simon, Karlsruhe, 21. 6. 48

Liebe alte Klasse!

Es trifft sich bestens, daß der Rundbrief bei uns eintrudelte. Weil ich gerade zu Haus bin, kann ich gleich einschreiben, und die Route Freiburg wird gespart. So kann die Geschwindigkeit des wertvollen scriptums noch erhöht werden. Herzlich begrüße ich die Wiedergefundenen! Kinder, was haben wir alle erlebt! Wenn das jemand in den sorglosen Schulzeiten prophezeit hätte. Der neueste Schreck ist ja die Währungsreform. Seid nur nicht zu verschwenderisch mit Eurem Vermögen von 40 M Kopfquote! Besonders traurig ist ja, daß die Ostzone jetzt noch mehr abgeschnitten ist. Hoffentlich entwickelt sich doch alles noch rosiger, als es im Augenblick aussieht.

Von mir persönlich gibt es folgendes zu erzählen: Im Frühjahr legte ich in einem hiesigen Gymnasium das Große Latinum ab. Anschließend unternahm ich zur Abwechslung eine kürzere Bayernreise und konnte für ein paar Tage den Bücherstaub mit der kräftigen Bergluft vertauschen. Im April begann dann das neue Semester. Ich habe allmählich einen netten Kreis gefunden, mit dem ich dann neben der Arbeit allerhand unternehme. Im Baueinsatz war ich dieses Mal beim Dachdecker tätig, verwundert Euch bitte nicht, nur als Handlanger, halsbrecherische Gewandtheit war nicht erforderlich.

Euch allen tausend liebe Grüße von

Eurer Herta

40 Gerta Simon, Karlsruhe, Ende Juni/Anfang Juli 1948

Meine lieben Auf- und Abgewerteten!

Je schlechter die Zeiten, desto wertvoller wird uns dieses scriptum werden; denn wenn aus finanziellen Gründen die Korrespondenz außerhalb des Rundbriefs auch ziemlich eingeschränkt werden muß, so bleibt doch die Verbindung erhalten, wenn man etwa alle sechs Monate von der ganzen Klasse auf einmal Post bekommt. Ich habe inzwischen meine ersten Sprünge in die Praxis des edlen Paukerhandwerkes getan in Gestalt eines Schulpraktikums in der 5. Klasse einer Jungenschule im übelsten Viertel von Karlsruhe! Manchmal gingen mir die Süßen ja ziemlich auf die Nerven, aber im großen ganzen konnte ich ihrer so einigermaßen Herr werden. Ich erinnerte mich noch mal mit gemischten Gefühlen an Bernwardts Lieschen, wenn sie nach vergeblichen Bemühungen um Ruhe schließlich fragte: Was würden Sie an meiner Stelle tun? Damals ahnte ich ja noch nicht, daß ich tatsächlich einmal »an ihrer Stelle« stehen würde! Ansonsten steht in Karlsruhe wie wohl überall alles unter dem Zeichen der Währungsreform. Es dauerte schon ein Weilchen, bis mein mathematisch schwach begabtes Hirn begriff, daß es keine Menschenfreundlichkeit, sondern nur recht und billig war, wenn mir die Bäckersfrau auf einen neuen 50-Pf-Schein ein Brot und dazu eine Mk überreichte!

Zu den Nachrichten aus dem Rundbrief kann ich nur sagen, daß sie immer sensationeller werden, Gaby hat in dieser Hinsicht bestimmt den Vogel abgeschossen. Liebe Brülla, ich nehme Deine Einladung nach Honolulu dankend an und freue mich schon darauf, mit meinen Zöglingen einen Schulausflug nach Hawaii zu machen! Jedenfalls herzlichen Glückwunsch Dir zur Verlobung, den anderen zu Söhnen und Töchtern, Euch allen herzlichen Dank für die tadellose Einhaltung der Rundbriefregeln, insbesondere in bezug auf Tempo und Illustrationen.

Von vielen Seiten kommen Vorschläge für ein Klassentreffen zu mir, ich habe den Gedanken natürlich schon des öfteren erwogen, glaube aber, daß es im Augenblick noch unmöglich ist. Aber aufgeschoben ist nicht aufgehoben; wenn man politisch und finanziell mal etwas klarer sieht, muß die Sache unbedingt klappen, bis dahin müssen wir uns halt noch gedulden.

Nehmt einstweilen mit meinen herzlichsten Grüßen vorlieb!

Eure Gerta

41 Ursula Standke, Wildflecken, 5. 8. 48

Ihr Lieben!

Fein, daß der allerseits freudig begrüßte Rundbrief auch wieder einmal zu mir gelangt. Leider konnte ich ihn nicht programmgemäß schnell weitergeben, da wir mitten im schönsten Umzug waren. Endlich haben wir es geschafft: eine eigene, wenn auch bescheidene Wohnung, was tut's, wir haben endlich unsere Ruhe! Es sind zwar nur zwei Zimmer mit Küche und Bad, aber für unsere Ansprüche genügt es, und wir fühlen uns pudelwohl. Seit 1. März arbeite ich hier im D[isplaced] P[ersons-]Lager als Praktikantin in der Röntgenabteilung, und mir gefällt es blendend. Mein Plan, an die Lehranstalt für med. techn. Assistentinnen zu gehen wie Schaubi, ist ja durch die Währung[sreform] flötengegangen, und so liebäugel ich mit dem Gedanken, als Lehrschwester in eine Klinik zu gehen. Kommt Zeit, kommt Rat. Vorläufig habe ich ja eine Bleibe. Und Arbeit gibt's zur Genüge, denn das Lager ist sehr groß, und wir haben dementsprechend viele Patienten. Sonst leben wir ein ruhiges »Läben«. Ab und zu wird eingebrochen, denn wir wohnen in unmittelbarster Nähe des Lagers, aber wir hoffen, daß man uns nicht belästigen wird, da wir im 1. Stock wohnen. Seht, man hat's doch wirklich nicht leicht auf dieser buckligen Welt.

Traute hat sich ja nun auch endlich gefunden, und die treulose Stockerten will uns verlassen und gleich nach Hawaii. Ich wünsche der holden Braut alles Gute und, wenn es soweit ist, einen guten Rutsch nach Honolulu. Wie wär's mit einem Klassentreffen auf Hawaii, liebe Gaby?

Allerherzlichste Grüße und weiter alles Gute

Eure Standke

42 Renate Winkler, Berlin, 19. 9. 48

Liebe Ost- und Westbewohner!

Nachdem ich nun ein Semester ruhmreich hinter mich gebracht habe und die Ferien dazu benutzt habe, Kalorien für das zweite zu sammeln, hatte ich nichts Eiligeres zu tun, als Hals über Kopf mein Logis zu wechseln, was in einer 4-Mächte-Stadt gar nicht so einfach ist. Ich muß schon sagen, an Langweile braucht man hier nicht zu sterben. Vermutlich ist Euch aus Zeitungen und Radio bekannt, wie wir uns mit -zig Währungen hier bespaßen und nebenbei fleißig demonstrieren. Im übrigen ist es ein herrlich nahrhaftes Gefühl, wenn die »Kalorienbomber« über unseren Köpfen brausen. Des Abends geistert man dann mit Kerze durch die Gegend (weil wir so viel Strom haben!), was sehr lustig ist, da ich stets an die bekannte Darmol-Reklame denken muß. Mein neues Zimmer ist so nett, dito die Wirtin, daß ich nun sehr glücklich bin und so eher schmunzelnd das Unbequeme ertrage. Auch der Unterricht wird etwas durch die Stromsperren beeinflußt, aber trotzdem sind wir weiter vergnügt dabei, und auch das zweite Semester sieht mich ebenso enthusiastisch wie das erste.

Vor der Währungsreform »scheffelte« ich mit graphischer Arbeit mein Geld zusammen. Damit ist es aber im Moment Essig. Also handwerkern wir wieder! Die Schneiderei wird mir wohl noch öfter helfen, zumal, wenn ich auch mal auswandern sollte, was ich nach Beendigung meiner Ausbildung mir erträume.

Wer besucht mich denn nun mal in meinem neuen Heim? In der Hoffnung, daß vielleicht doch einer von Euch den Mut dazu aufbringt, grüßt Euch allesamt herzlich Eure fliegerumbrauste, strombeknapste, demonstrationsumgebene, handwerkbegeisterte, zeichenwütige

Winkelinde

In der U-Bahn traf ich neulich Uschi Stütz, die Euch grüßen läßt. Sie ist biolog.-chem. Assistentin in der Uni.

43 Ingetraut Raabe, Waldniel, 6. 9. 48

Ihr Lieben!

Ihr habt ja keine Ahnung, wie sehnsüchtig ich auf unser scriptum gewartet habe.

Es wurde mir schon von Bärbel als köstlich angekündigt, und sie hat auch nicht zuviel gesagt. Kinder, was hat sich in dem halben Jahr wieder alles ereignet.

Auch in meinem Leben hat sich etwas geändert: mir ist der Rutsch vom Osten in den Westen geglückt, und Bizonien zählt nun eine Seele mehr. Manchmal kann ich es fast selbst nicht glauben, daß es trotz der vielen Schwierigkeiten geklappt hat. Die Reise war ein Kapitel für sich, da die Durchgangslager gesperrt waren. Aber aufgrund meiner Zuzugsgenehmigung ließen mich die Russen in Marienborn wenigstens durch den Schlagbaum. Wenn ich mit all dem Gepäck schwarz über die Grenze hätte gehen müssen, oh weh! So betrat ich englischen Boden ohne einen Pfennig Geld. Das Ostgeld hatte mir der Russe abgenommen, und Westmark besaß ich nicht. Das war vielleicht ein komisches Gefühl! Andere konnten mit dem Autobus nach Helmstedt fahren, und ich durfte tippeln! Zum Glück hatte ich in Helmstedt eine Adresse, wo ich mir Reisegeld leihen konnte. Mehr tot als lebendig kam ich dann hier in Waldniel nach drei Tagen an. Waldniel ist eine Kleinstadt in der Nähe von Mönchengladbach und Düsseldorf, landschaftlich hübsch gelegen. Ich bewohne im Apothekenhaus ein nettes kleines Mansardenzimmer, zu dem noch eine winzige Kammer, meine »Küche«, gehört. Äußerst günstig ist, daß ich keine Miete zu zahlen brauche, mußte allerdings den Nachtdienst übernehmen. Aber man kann ja hier mit Geld so herrlich viel anfangen, daß ich mich dafür schon mal nachts stören lasse. Könnt Ihr Euch vorstellen, daß ich mir anfangs wie im Märchen vorkam? Als ich zum ersten Mal in der Stadt war, habe ich bestimmt vor jedem Schaufenster ¼ Stunde gestanden. Der Unterschied zwischen den Zonen ist aber auch zu kraß. Ein Glück, daß ich nicht in einer Großstadt wohne, sonst wäre bestimmt schon am 5. jedes Monats Ebbe in meiner Kasse. Jedenfalls fühle ich mich äußerst wohl und habe kein bißchen Sehnsucht nach Wittenberg. Jetzt möchte ich nur noch meine Geschwister rüberholen. Ich habe festgestellt, daß unser Rundbrief auch künstlerisch immer wertvoller wird. Wie reizend Lisabeth ihre kleine Tochter gezeichnet hat, und Winkelinde macht dem Lettehaus alle Ehre. Ich muß oft an den Refrain eines Gedichtes in unserer Abizeitung denken, wo es dann immer hieß: »Hurtig ging's ein Stückchen weiter auf der gold'nen Bildungsleiter.« Ja, wir haben doch alle schon ein paar Sprossen erstiegen.

Nun laßt Euch von Herzen alles Gute wünschen!

Herzlichste Grüße

Eure Inge

44 Ruth Matzner, Sangerhausen, 8. 12. 48

Meine Lieben!

Wie sehnsüchtig habe ich diesmal schon auf unser geliebtes Werk gewartet. Ich war wegen seiner Verzögerung schon sehr in Sorge und genieße es jetzt in vollen Zügen. Traute hatte ja auch eine ganze Portion Mut, da so alleine in Breslau herumzustürmen. Ich sehe sie förmlich in unserem ehemaligen Konferenzzimmer herumstöbern, das hätte mir allerdings auch mächtig Spaß gemacht! Jedenfalls freue ich mich sehr, daß die Langersehnte nun wiedergefunden ist.

Jetzt habe ich Euch aber auch noch einige Veränderungen bei mir mitzuteilen. Bis Leipzig habe ich es allerdings nicht gebracht, wohin mich meine Phantasie das letzte Mal schon flattern ließ. Immerhin habe ich wieder einmal den heimatlichen Hafen verlassen und betätige mich im Sangerhäuser Krankenhaus auf dieselbe Weise wie Schaubi und Uschi Standke. Ich bin hier allerdings auch nur Praktikantin, darf aber doch schon viel allein machen, und ich habe immer das besondere Glück, daß ein ganzer Schwung Unfälle kommt, wenn ich Dienst habe, russische Kapitäne oder so etwas, und der ganze hohe Stab steht aufgeregt dabei und guckt zu. Das ist dann immer eine besondere Freude. Aber jedenfalls macht alles viel Spaß, und ich finde es mächtig interessant und möchte am liebsten auch med. techn. Assistentin werden. Aber natürlich hat mir, wie auch vielen von Euch, die Währungsreform die Sache sehr ekelhaft gestaltet. Ich werde aber trotzdem einmal mein Heil versuchen, mehr als wieder eine Enttäuschung kann es ja nicht werden.

Den beiden jungen Müttern die herzlichsten Glückwünsche und Euch allen weiterhin alles Gute wünscht Euch

Eure Ruth

Leider hatte der Rundbrief sein Winterquartier bei mir aufschlagen müssen. Ich bekam ihn zurück, da die Zonengrenzen nur noch für einfache Briefe passierbar waren. Meine Hoffnung, ihn einer Bekannten mitgeben zu können, scheiterte auch, so war ich einfach machtlos. Nun höre ich gerade, daß Einschreiben vom Westsektor Berlins wieder nach der Westzone befördert werden können. Vielleicht ist es Winkelinde möglich zu helfen. Hoffentlich glückt es.

45 Elisabeth von Schickfus,
Elberberg, 20. 4. 49

Ihr lieben alten Breslauer!

Was war der Rundbrief für mich ein nettes Osterei! Ich bin Strohwitwe und war gerade dabei, Trübsal zu blasen. Mein Mann ist jetzt in Frankfurt und hat eine Stellung beim Amerikaner. Wenigstens hat er jetzt die Zeit der Arbeitslosigkeit überwunden, und wir sind froh, daß endlich ein Anfang zu unserer Unabhängigkeit gemacht ist, wenn er auch noch sehr schlecht ist. Vorläufig kann ich noch nicht mit meinem kleinen Mädchen nach Frankfurt, weil Familie keinen Zuzug kriegt. Vielleicht findet sich auch noch eine andere Stellung, ich bin schon sehr gespannt, wo ich mal meine Zelte aufschlagen werde und wer von Euch dann am nächsten ist. Ich selbst habe auch große Pläne für die Monate Juni-Juli. Ich will in Düsseldorf bei einem guten Porträtmaler Stunden nehmen, um mal mit meiner Kunst weiterzukommen, ich bin etwas auf einem toten Punkt angekommen, ich brauche jetzt Anleitung und Anregung im Malen. Quartier und Maler habe ich schon gefunden. Seht Ihr mich nicht schon im weißen Kittel vor der großen Staffelei beim Aktzeichnen in einem riesigen, schönen Atelier? Ich wage noch nicht ganz, mich darauf zu freuen, weil es noch etwas unsicher ist. [...] Unsere Einsamkeit ist zwar landschaftlich ganz entzückend mit seinen schönen Mischwäldern, wir wohnen 50 m vom Wald entfernt und auf einer friedlichen Insel, aber man bekommt mit der Zeit Bunkerkrankheit: Immer dieselben lieben Gesichter. Paar gute Bücher und ein einmaliger Theaterausflug nach Kassel sind die einzige Abwechslung. Niemand Gleichaltriges in der Nähe, nur alte Tanten und Onkels. Jahrtausende sehen auf uns herab vom Elberberg, wo die Verwandten wohnen!

Euch allen Glück auf! Besonders herzliche Grüße an die lieben Verheirateten, in Freundschaft

Eure Elisabeth

46 Renate Winkler, Berlin, 14. 11. 49

Ihr lieben alten Seelen!

Nun hört Euch wieder etwas Winkelindesches an. Zunächst muß ich sagen, daß meine Begeisterung zum Klassentreffen grenzenlos wäre, wenn ich das Geld dazu hätte, Ost gegen West = 6, 20:1, das ist indiskutabel. Punkt Geld ist auch der Anlaß, daß ich in zehn Tagen umziehe, und zwar nach Berlin W 30. Vor zwei Stunden habe ich tief Luft geholt und meiner Wirtin gekündigt. Kinder, ich danke meinem Schöpfer, wenn der Tag heran ist, an dem ich mir meine eigenen vier Wände leisten kann! – Übrigens habe ich inzwischen auch als Mannequin erfolgreich gewirkt, das hat Spaß gemacht. Rezept: Man wohne in einer lange blockierten Stadt, werde entsprechend schlank, keep smiling und alles andere kommt von selbst. [...] Schickt das Rundbrieflein recht bald wieder an Eure olle, Euch alle samt Anhang herzlich grüßende

Winkelinde

47 Elisabeth von Schickfus, Elberberg, 25. 12. 49

Liebe alte Klasse!

[...] Hier läuft die kleine Landwirtschaft von meinem Vater immer so sachte weiter und ich mit. Mein Karlchen ist jetzt beim Ami in Gießen, weil die Luftbrücke in Frankfurt, wo er vorher war, aufgehört hatte. Und wir hoffen weiter auf eine Veränderung, die es uns endlich möglich machen soll, eine eigene Wohnung zu haben. Karlchen kommt einmal im Monat über Sonntag her und hat augenblicklich Weihnachtsurlaub.

Von Mitte Juni bis Anfang August war ich in Düsseldorf. Ich hab da intensiv bei Portraitmaler Henrich in seinem riesengroßen Atelier gemalt und viel, viel Freude daran gehabt. Eine Kohlezeichnung nach der anderen, Stilleben, ein Totenschädel von allen Seiten, dann kamen Portraitzeichnungen und in den letzten 14 Tagen mein erstes Ölbild. Ich hab meinen letzten Pfennig für Farben und Pinsel ausgegeben. Gewohnt habe ich in Kaiserswerth in der Diakonissenanstalt im Altersheim bei einer rührenden alten Tante von mir in einem Haus mit 25 alten Schwestern zusammen. Da mußte ich mir sogar das Zigarettenrauchen abgewöhnen, zu Eurer Beruhigung hab ich aber grade eine in der

Hand, sogar eine weihnachtliche aktive. Sonst drehen wir hier aus Tabak und Blättchen der Sparsamkeit halber nur mit der Hand welche.

Vor dem Klassentreffen Ostern habe ich noch Sorgen, erstens, ob ich meiner Mutter das Kind geben kann, es geht ihr jetzt nie sehr gut, zweitens die finanzielle Frage. Meine Bilder kann ich hier beim besten Willen nicht verkaufen. Und was bis dahin wird? Ich weiß nicht recht. Ich würd Euch alle aber allzugern mal wiedersehen.

Euch allen viele liebe Grüße und alles, alles Gute für das heilige Jahr 1950. Wer hätte Lust zur Pilgerfahrt nach Rom für 14 Tage? Ich wahnsinnig, aber 340,– DM!!! Für Flüchtlinge unmöglich! Wißt Ihr eigentlich, daß Flüchtlinge drei Reisen im Jahr verbilligt mit der Bundesbahn fahren dürfen? Ich weiß nur nicht, ob nur in der amerikanischen Zone. Erkundigt Euch mal!

Herzlichst Eure Elisabeth

48 Uschi Strogies, Bodenwerder, 31. 7. 51

Meine Lieben!

Ich habe mich ja so gefreut, als Gisela mir die Briefe schickte. Denn wenn ich auch nicht bis zuletzt mit in der Klasse war, so sind es doch die nettesten und unbeschwertesten Schuljahre gewesen, die man miteinander verbracht hat. Und ich denke so oft daran zurück – Breslau! Eure ganzen Schriften hab ich doch sofort wiedererkannt, Erikas erweckten die dankbarsten Erinnerungen, sie ließ mich immer so mitleidig Mathe abschreiben ... Es war so eine herrliche Zeit, für mich besonders unvergeßlich, da ich doch nie, wie die meisten von Euch, durch Studium, Kurse usw. mit Gleichaltrigen zusammengestoppelt war. Ich bin so begeistert, von Euch allen zu hören – im Grunde genommen haben sich alle wenig verändert. Ich bewundere Euch sehr, was Ihr beruflich alles so leistet.

Seit Breslau hatte ich mich mit meiner kleinen Monika immer irgendwie so durchgeschlagen. Mein Bruder, der Gott sei Dank gesund aus dem Krieg gekommen ist, hatte meiner Mutter, meiner kleinen, jetzt 17jährigen Schwester und mir mit dem Kind ein Unterkommen in Stadtoldendorf/Weserbergland besorgt. Das war 1948. Stadtoldendorf ist ein reizendes Kleinstädtchen, wo ich meinen Mann dann kennenlernte. So hatte ich da ein hartes, aber auch ein sehr geselliges und nettes Leben. Hart insofern, als ich ja Geld verdienen mußte, und wenn man nicht viel gelernt hat und mit einem kleinen Kind nicht 100 % arbeitsfähig ist, so ist das auch ein Kunststück. Aber es ging uns nie schlecht, und da meine kleine Süße immer gesund und munter war, fand ich das Leben ganz nett.

Mein Mann ist als Expedient bei einem Baustoffunternehmen. Es geht uns gut, wenn es auch nicht der ideale Beruf für meinen Mann ist. Aber da er auch erst 48 aus englischer Gefangenschaft kam und keine andere Ausbildung als die eines U-Boot-Oberleutnants hatte, war es auch nicht so leicht für ihn, hier in Deutschland anzufangen. Aber wir werden auch hier weiterkommen. Aussichten sind vorhanden.

Ich wünsche Euch allen nur Gutes und freue mich schon aufs nächste Mal

Eure Uschi

49 Ingetraut Raabe, Essen, 21. 9. 51

Kinder, unser Rundbrief wird wirklich immer köstlicher! Ich habe fast zuviel gekriegt bei dem Gedanken, er könne hopsgegangen sein. Aber bei dem Zuwachs unserer »Familie« ist die Verzögerung natürlich leicht zu erklären und selbstverständlich zu entschuldigen. Ich begrüße also die Neuhinzugekommenen besonders herzlich und finde es einfach prima, daß sie wieder aufgetaucht sind.

Seit April bin in nun in einer Apotheke, wo es mir wirklich bestens gefällt und ich natürlich mit viel größerem Schwung an alles rangehe. Im September haben der Meinige und ich mit viel Vorfreude und Unternehmungslust und wenig Geld eine Reise nach Sylt gemacht, und zwar per Anhalter, prima billig! Gaby, hast Du, als Du in Westerland warst, mal was von der Blidsel-Bucht vor List gehört? Da waren wir. Der ganze Ort bestand nur aus zwei Häusern. Man wohnte zwar wirklich primitiv, aber eben wieder billig, außerdem waren wir doch den ganzen Tag draußen. Ein Strand, einfach herrlich! Auf der Rückfahrt machten wir in Hamburg Station und besuchten Maria. Ich habe mich so riesig gefreut, sie wiederzusehen und ihre Lieben kennenzulernen, daß ich mir kaum einen schöneren Abschluß meiner Ferien denken könnte. Außerdem kann ich Marias Begeisterung für Hamburg gut verstehen. Es ist wirklich eine wundervolle Stadt.

Sonst ist also alles in bester Ordnung. Nur mein Bruder macht mir augenblicklich bißl Kopfzerbrechen. Er hat plötzlich keine Lust mehr, seine kaufm. Lehre weiterzumachen, ist bockig und versagt in der Berufsschule. Und da ich sein Vormund bin, muß ich versuchen, den Dickschädel zur Vernunft zu bringen, und das ist bei 16jährigen Jungs oft geradezu problematisch.

Ob Winkelinde noch in Berlin hockt? Der Meinige hat sich bei den ihm bekannten Redakteuren schon umgehört, aber nichts zu machen. Na, wenn wir mal später nach Schlesien zurückgehen, will er dort die BNN (Breslauer Neueste Nachrichten) aufmachen, und dann kommst Du mit als Moderedakteurin! Das sind Luftschlösser, gelt?

Auf das Klassentreffen in Braunschweig freue ich mich schon riesig und habe meinen eineinhalb Männern schon angekündigt, daß sie sich nächstes Jahr ihre Ostereier ohne meine Hilfe suchen müssen.

Euch von Herzen so viel Gutes, wie Ihr gerade noch ertragen könnt, ohne überzuschnappen!

Eure Inge

50 Renate Winkler, Berlin, 28. 12. 51

Liebe Klein- und Großstädter!

Und um gleich mit der Tür ins Haus zu fallen: Ich bin letzteres geblieben. Stellt Euch vor, was ich für Glück entwickelt habe: Kurz vor dem Examen hörte ich durch eine gute Bekannte, daß im Deutschen Verlag (Ullstein) eine »modische Kraft« gesucht würde. Also hing ich mich ans Telefon, verabredete einen Termin, und der Angriff hatte Erfolg. Allerdings sitze ich nun nicht, wie ich es mir ursprünglich erträumte, in der Moderedaktion, sondern in der Schnittmusterredaktion. Für Ferien nach dem Examen blieb keine Zeit mehr übrig, es mußte gleich begonnen werden. Natürlich bin ich sehr froh, daß ich auf diese Weise in Berlin bleiben kann, obwohl die Gehälter hier minimal sind, es sei denn, man sitzt auf einer Behörde als wichtiger »Sachbearbeiter«. Meine Kolleginnen hier sind durchweg sehr nett, die Arbeit macht auch viel Spaß, und so bin ich jeden Tag wieder aufs neue froh. Kommt dazu noch mein Verlöbnis – und Ihr könnt Euch vorstellen, wie vergnügt mir's im Gemüte ist.

Daß das lang geplante Klassentreffen nun endlich steigt, ist wirklich ganz groß, aber leider, leider kann ich nicht kommen, da es mir geldlich zur Zeit noch vollkommen unmöglich ist. Weder meine Familie noch die meines Verlobten sind durch den Krieg bzw. die Nachkriegszeit so weit verschont geblieben, um uns das »Haushaltgründen« wesentlich erleichtern zu können, und darum heißt es eben Stück für Stück langsam zusammenstoppeln. Ich wünsche Euch jedenfalls recht viel Spaß zu Ostern und hoffe, einen kleinen Bericht vom Ablauf der Feiertage zu erhalten.

Laßt Euch alle samt Euren Kindern allerherzlichst grüßen und bei Bedarf beglückwünschen von

Eurer Winkelinde

51 Herta Simon, Karlsruhe, Ostern 1954

An alle, die uns in diesen frohen Tagen des 2. Klassentreffens noch fehlten!

Es begann am Gründonnerstag am späten Abend. Die Zwillinge standen vorm Haus und riefen mit vereinten Kräften »Erika!« Die Haustür war verschlossen und Erika auf dem Weg ins Bett. Sie hatte die Hoffnung fast aufgegeben, daß an diesem Tag noch jemand käme. Nun gab's ein frohes Begrüßen, das nicht eher aufhörte, bis alle anderen Angekündigten da waren. Traurig war's, daß Winkelinde im letzten Augenblick wegen Krankheit ihres Vaters noch durch Telegramm absagen mußte. Im Triumphzug holten wir unsere Ostzonesen ab, die sächselnde Bärbel, die wir volle zehn Jahre nicht mehr gesehen hatten, und die gute Matzner Ruth. Die Braunschweiger Omnibusschaffner kannten uns bald, wir bildeten den besten Osterschmuck des Braunschweiger Stadtbildes. Selbst der imposante Löwe wurde in den Schatten gestellt! Ja, und wie verlief das Treffen? Unsere Hauptbeschäftigung war erzählen, nochmal erzählen, essen und schlafen. Es gab ein herrliches Nachtlager mit Betten, Couchen und Luftmatratzen. Jeder sollte einen chronologischen Bericht über seinen Lebenswandel seit der ersten Zusammenkunft [1952] geben, aber wir sind noch nicht annähernd fertig damit, weil jeder einen ganzen Roman erlebt hat.

Ich will nur schnell die Haupttatsachen meines Romans berichten. Seit Ende März trage ich mit mehr Würde als Anmut den Doktorhut!! Alle Prozeduren habe ich gut überstanden. Nun genieße ich die Ferien vom Ich und werde kommenden Dienstag auf die Menschheit losgelassen. Drückt die Daumen, daß es Karlsruhe und eine Mädchenschule sein wird. Neugierig bin ich auch, mit welcher Klasse ich anfangen werde. Aber von Schulfreuden und Sorgen im nächsten Bericht. Das nächste Mal seid Ihr hoffentlich alle dabei.

Herzlichst!

Dr. Hertel

52 Maria von Loesch, Meckelfeld, 1. 6. 54

Es ist wirklich eine große Freude, von Euch allen wieder zu hören. Ihr imponiert mir sehr, sowohl die, die es schon zu äußeren Würden und Titeln gebracht haben, als auch diejenigen, die mit der Zeit sich ihren eigenen Lebenskreis geschaffen haben. Was soll ich Euch nun von mir erzählen? Wir sind weiter vorangekommen. Seit einem Jahr besitzen wir sogar wieder Grund und Boden. Was das für mich als Landkind bedeutet, werdet Ihr Euch kaum vorstellen können. Ja also, wir haben wieder unseren eigenen, acht Morgen großen Park mit alten Eichen, Buchen, Teichen und Wiesen. Unser Park liegt ganz in der Nähe unserer jetzigen Wohnung, war ganz verwildert und verschönt sich jetzt zusehends. Einen Reitplatz und einen kleinen Parcours um den Teich haben wir uns angelegt. Im Laufe des nächsten Jahres hoffen wir, unser eigenes Haus fertig gebaut zu haben. Es wird sehr schön, liegt ganz auf einem Hang mit wunderschönem Blick über Hamburg und die nähere Umgebung. Das wäre also unsere große Leidenschaft im Augenblick. Die Lobpreisungen auf meine Kinder kann ich Euch nicht ganz ersparen. [...]

Kommt uns mal besuchen!

Eure Maria

53 Gabriela Stockert, Heidelberg, 7. 12. 54

Ihr Lieben alle!

Ich glaubte schon, daß ich »ihn« nie mehr bekommen würde! Heute sind es genau 1½ Jahre; es hat sich viel und wenig ereignet – wie man es nimmt. Aber erst einmal zu Euch: Ich war platt vor Verwunderung über alle Examen, Verehelichungen und sonstige tapfere Taten. Nehmt alle meine herzlichsten Glückwünsche entgegen!

Was erzähle ich Euch, und wo fange ich an? Es ist wohl

kaum zu glauben, aber ... es ist noch immer derselbe, inzwischen vom Jüngling zum Mann gereifte Richard, der die 1. Geige bei mir spielt. Im August '53 fuhr ich mit Mutti und Richard nach Italien – an die Riviera. Es war unbeschreiblich schön. Viele von Euch kennen sie ja. Mutti fühlte sich nach der Reise wieder wohler. Ich muß mich jetzt sehr um sie kümmern. Sie ist nun doch nicht mehr die jüngste, und das Heidelberger Klima ist sehr ungesund.

Es bietet sich mir im Februar eine neue Stelle, die mehr Geld einbringen würde. Es ist auch ein anderes Gebiet. Vom Personalfach würde ich dann in eine Übersetzerstelle für Englisch und Französisch mit shorthand überwechseln. Es ist bestimmt interessant, diesmal wäre es bei der U. S. Marine. Mein Steno ist auch eingerostet, muß ich wieder flottmachen. Drückt mir die Daumen, denn 50 Märkchen gehen nicht zu Fuß, und außerdem hat man auf dem Gebiet, ich meine mit zwei Sprachen, mehr Aussichten bei der deutschen Industrie. Ich weiß noch nicht, wann und ob ich diesen Sprung wage. Ich muß mich finanziell noch mehr verbessern, ich will meiner Mutter ja etwas mehr bieten können auf ihre alten Tage. Vorigen Winter und bis zum Sommer waren wir bescheiden und knapp, denn Richard wollte auf ein Auto sparen. Wir schafften es auch mit vereinten Kräften. Ich lasse alles Unerfreuliche weg, und so sieht mein Bericht doch etwas beschwingter aus.

Im Sommer 54 sparten wir auf meine Fahrschule und auf eine schöne Urlaubsreise. Wir sind dann im September an die französische Riviera gefahren, ganz groß im eigenen Wagen. Allerdings ist es ein 49/50er Mercedes aus 2. Hand. Wie das auch nicht anders sein konnte, wir hatten Pech, und kaum war im vorigen März der Wagen abgezahlt, gab's eine 600 DM-Reparatur. Es war unsere eigene Dummheit, dem Verkäufer des Wagens zu glauben. Aber auch das ging vorüber, und der Kasten hat durch die Alpen so schön durchgehalten. Ein Plattfuß, das war alles.

Wir hatten Glück und fanden ein kleines Haus direkt am

Strand, einen Kilometer von Cannes entfernt. Wir mieteten drei Zimmer für einen annehmbaren Preis, machten unser Frühstück selbst und konnten am Abend nett ausgehen und »dinieren«. Die Franzosen sind ja wahnsinnig mit ihren Preisen. Im September war es schon ruhiger, und oft waren nur eine Handvoll Menschen am Strand. Der Ort hieß Golfe Juan, eigentlich nur ein Fischerdorf, und in fünf Minuten konnten wir in Cannes sein. Die Ruhe war himmlisch. Man ist dort sehr nackig (!!!) – ich hatte erst Hemmungen in meinem Bikini, bis ich feststellte, daß meiner doppelt so viel Stoff hatte als die anderen Miniaturausgaben, und das nicht nur, weil ich dicker geworden bin. So viel nacktes Fleisch habe ich lange nicht beisammen gesehen wie da unten. An der italienischen Riviera ist es ganz anders.

Mutti hat sich gut erholt, und sie hat Kraft fürs ewige Feuermachen und den Haushalt. Wir sparen schon aufs nächste Jahr. Wer weiß, was uns die Zukunft bringt, und eines Tages heißt es vielleicht Abschied nehmen. So wollen wir, solange es geht, glückliche Stunden miteinander verleben. Ihr müßt wissen, daß ich meine Mutter hier nie zurücklassen werde, und es ist zweifelhaft, ob Richard und ich jemals so viel Geld haben werden, um meine Mutter gleich mit uns zu nehmen. Ich wage gar nicht, an eine gemeinsame Zukunft zu denken, weil ja grade in meinem Falle zu viele Hindernisse vor mir liegen. Ich wollte mich von keinem trennen müssen, die Entscheidung wäre furchtbar. Sollte ich doch einmal im Toto gewinnen? Mit Geld geht ja bekanntlich alles, leider. Und für mich die große Frage: Was wird mich in Amerika an der Seite eines Chinesen erwarten, ob ich dazu stark genug sein werde? Ich weiß es selbst nicht.

Für heute seid alle in alter Herzlichkeit gegrüßt von
Eurer alten Gaby

54 Ingetraut Raabe, Essen, 18. 7. 54

Liebe Rundbriefgemeinde!

Das war eine richtige Weihnachtfreude, daß das gute Stück gerade in diesen Tagen bei mir eintrudelte! Fast 5 Monate ist unser Jungerle »schon« alt, Andreas heißt er und wurde am 28. Juli geboren. Die moderne Säuglingspflege lehnt ja das Küssen der kleinen Kinder als unhygienisch ab, aber ich knutsche den Kleinen was, Himmel, Himmel! Die erste Zeit nach dem Krankenhaus war scheußlich. Abgesehen davon, daß ich ziemlich wacklig auf den Beinen war und ohne Hilfe dastand, hatte ich auch nicht die geringste Ahnung von Säuglingspflege, noch nie hatte ich ein Kind gewickelt, und im Krankenhaus bekam ich's auch nicht gezeigt. So habe ich dann mein Babybuch auf den Wickeltisch gelegt und Griff für Griff den Abbildungen entsprechend nachgemacht. Überhaupt das Babybuch! Im entscheidenden Augenblick versagt es restlos! Andreas meldete sich auf etwas ungewöhnliche Art und Weise, und da ich von dieser Art des Geburtsbeginns noch nichts gehört hatte und es außerdem noch 14 Tage zu früh war, lagen mein Mann und ich morgens um halb vier auf dem Rücken und studierten die Babybücher, und in beiden stimmten die Seitenzahlen nicht mit den im Inhaltsverzeichnis angegebenen überein. Bis mein Mann schließlich erklärte: »Die Babybücher sind Käse, ich geh' lieber zum Telefon!« Aber nun genug aus der Kinderstube. – Unsere Untermieter sind, o Wonne, am 1. Dezember ausgezogen, so daß wir jetzt die ganze Etage (zwei Zimmer, Küche, Bad, Dielchen und Balkon) für uns alleine haben. Und damit viel Platz für Besuch! Mein Mann ist seit einiger Zeit Korrespondent der »Welt« in Düsseldorf. Es ist ein guter Job, der ihm viel Spaß macht. Schade, daß ich durch das Kind doch ziemlich an der Strippe hänge, ich könnte sonst öfter mal nach Düsseldorf fahren. Wir bekommen übrigens nach Weihnachten Telefon, Nummer dann bitte bei der Auskunft erfragen.

So, nun verabschiede mich mit vielen guten Wünschen für 1955 und herzlichen Grüßen

Eure Ingetraut

55 Ulla Thiele, Karlsruhe, 20. 2. 55

Ihr seht, diesmal beeile sogar ich mich, ich will schließlich nicht immer Bremse spielen – zumal Ihr mich ohnehin einmal ausgelassen habt!

Als erstes und Hauptereignis des vergangenen Jahres steht meine Hochzeit am 10. April. Ich habe ähnliches Glück wie Ingetraut gehabt, denn meine Freundin hat mir eine ganz reizende Hochzeitsfeier ausgerichtet. Am Tag nach der Hochzeit sind wir nach Lugano gefahren. Wir hatten dort 12 herrliche Tage mit Sonne und Frühling. Inge und Maria, Ihr kennt es ja und schwärmt davon sicher genauso wie wir. Auf der Rückreise waren wir noch zwei Tage in Mailand, das uns seiner modernen Bauten wegen besonders gefiel.

Aber damit die Bäume nicht in den Himmel wachsen, legte sich mein Mann zwei Tage nach unserer Rückreise ins Krankenhaus. Kleiner Zusammenstoß zwischen einem Lastzug und unserer Lambretta. Daß die Lambretta dabei schlecht wegkam, könnt Ihr Euch wohl denken. Neben einer Gehirnerschütterung war das übelste ein Lungenriß und die Sprengung des linken Schultergelenks, womit er jetzt erst wieder vier Monate im Krankenhaus lag. Doch jetzt wieder zu erfreulichen Dingen. Seit Juni haben wir eine eigene kleine Wohnung im 14. Stock des ersten Karlsruher Hochhauses. Eine Atelierwohnung mit lauter Glas rundherum. Wir haben plötzlich entsetzlich viele Bekannte, die alle die Aussicht auf den Schwarzwald und bei ganz klarem Wetter bis zum Straßburger Münster genießen wollen. Wenn Ihr nach Karlsruhe kommt, besucht uns nur, wir freuen uns!

Zu berichten wäre nun noch von unserer herrlichen

Ferienreise nach Jugoslawien. Wir fuhren mit Bekannten und deren Volkswagen. Es war wunderschön, wir hatten auch ausgesucht gutes Wetter. Trotz der wirklich schlechten Straßen sind wir die ganze Dalmatinische Küste bis nach Albanien gefahren. In Dubrownik (Ragusa) blieben wir für 10 Tage. Die Landschaft ist mit ihrem blauen Meer und den gelbblühenden Agaven dort wie ein Märchen. Die Städte sind teilweise schon recht orientalisch mit ihren unzähligen Minaretten und Bazaren (z. B. Sarajewo). Mostar kennt Ihr sicher auch aus dem Film »Die letzte Brücke«. Mut und ein wenig Abenteuerlust gehört zu dieser Fahrt allerdings schon. Trotzdem: Fahrt, es ist herrlich.

Nun wünsche ich Euch alles Gute für Eure Vorhaben und weiter solchen »Aufstieg« für alles, viel Glück und Freude

Eure Ulla

56 Elisabeth von Schickfus, Bonn, 19. 4. 55

Ihr Lieben!

Endlich, nach über drei Jahren, habe ich anhand dieses Dokuments feststellen können, daß Ihr alle noch lebt und sehr munter seid. Fabelhaft, was aus allen geworden ist, keiner ist abgerutscht, sondern bei allen die aufsteigende Richtung. Herzlichen Glückwunsch und weiter so!

Ich hab inzwischen zwei Jahre in Frankfurt gewohnt. Lexi, unsere große Tochter, kam Ostern 54 hier schon in Bonn in die Schule und wohnte die erste Zeit bei Verwandten. Euch Paukerinnen wird interessieren, daß sie jetzt schon im 1. Schuljahr eine ausgesprochene Begabung fürs Rechnen hat, sie wird mir sicher mal nacheifern und sich dann mit den Sprachen scheußlich rumschlagen. Aber komischerweise geht ihr, besonders in der ersten Zeit in der Schule, der Krach der 43 anderen Kinder in der Klasse auf die Nerven. Das hat sie bestimmt nicht von mir!

Nach dem netten Schlesiertreffen Juli 54 in Ffm. zogen

wir hier in eine Bundeswohnung ein. Mein Mann und ich genießen sehr, einmal gemeinsam zu hausen. Bis zu unserem Umzug hierher war er immer nur Sonntagsgast bei uns, das hab ich gründlich satt, es ist zu kriegsmäßig. Bonn find ich einfach herrlich, bis aufs Klima. Aber wir haben hier so unendlich viel Freunde, Verwandte und Bekannte, daß wir uns das erste Vierteljahr kaum retten konten. Gemalt hab ich im letzten halben Jahr öfters im amerikanischen Club in Godesberg, sehr interessant, mit Ausländerinnen verschiedenster Nationen zusammen, Amerikanerinnen, Engländerin, Französin, Isländerin, Pakistanerin (immer in ihrem Sarong oder wie die langen Hosen heißen) usw. Ich kann nicht gut reisen in der nächsten Zeit, aber wer von Euch kennt das Bundeskuhdorf (genannt Hauptstadt) noch nicht? Ihr müßt dringend! […] Wir haben uns auch den Kaiserbesuch angesehen. Marion nannte den Negus: »der eilige Selassie«, weil er mit Auto eilig an uns vorbeifuhr.

Ihr Lieben, herzlichste Grüße allen, hoffentlich krieg ich den Rundbrief schneller wieder, ich kann Euch dann vielleicht schöne Bonner Anekdötchen liefern, stets

Eure Elisabeth

57 Ilse St., Hannover, 19. 5. 55

Ihr Lieben!

Wie erfreulich, daß der Rundbrief schon »rum« ist und ich wieder an der Reihe war. Beim Lesen schmunzelt man, freut sich über die vielen guten Veränderungen und gratuliert allen nachträglich. Jedenfalls ist der Zug nach oben unverkennbar!

Im letzten Brief schrieb ich von der Zimmersuche in Hannover. Nach drei Monaten bekam ich eins – zog aber nach vier Monaten wieder aus, denn ich wurde von Motten »aufgefressen« – bei lebendigem Leibe und das nachts! Die lieben Tierchen waren nämlich im Bett! Nun wohne ich in einer Puppenstube, so klein ist sie; neues Haus, nette alte Dame als Wirtin, sauber, günstig gelegen. Jedenfalls bin ich zufrieden. Nur manchmal nicht, wenn ich mich dauernd irgendwo stoße. – Im vorigen Sommer wurde bei der Kali-Chemie die 5-Tage-Woche eingeführt, eine sehr nützliche und begrüßenswerte Einrichtung. Wir arbeiten an den anderen Tagen etwas länger, und der Sonnabend ist ganz frei. Das lange Wochenende genieße ich sehr. [...]

So, das ist alles für heute. Gehabt Euch wohl, und seid herzlich gegrüßt von

Eurer Ilse

58 Erika Herbich, Braunschweig, 2. 6. 55

Liebe Flüchtlingsgemeinde!

Ja, das kam mir so in den Sinn, als ich Eure köstlichen Berichte vom letzten Jahr las, eigentlich sind wir doch alle »arme Flichtlinge«, aber merken tut man kaum noch etwas davon. Wiederum ist es ein sehr erfreuliches Zeichen, ganz allgemein betrachtet und für jeden einzelnen. Jedem, der ein ganz besonderes Stück vorangekommen ist in letzter Zeit (wie durch Verlobung, Hochzeit, Familienzuwachs und Examen), meine herzlichsten Glückwünsche! Gaby, Du hast also doch Deinen Richard genommen; wir Berufstätigen sind nun schon sehr in der Minderheit (12:9 + 1 Braut, dazu 13 Kinder: 7 Mädchen, 6 Jungen). Verzeiht diesen kurzen statistischen Seitensprung, aber von Zahlen komme ich wohl nicht los. Beruflich geht es mir weiter gut, das liegt vor allem an meinem sehr netten Chef. Benne und ich sind noch immer im gleichen Institut, sie ist jetzt Alleinherrscherin im Sekretariat. Auch gesundheitlich bin ich gut durchs letzte Jahr, vor allem durch den Winter, gekommen. Nur meinen Eltern geht es nicht gut. Wenn sich ihr Gesundheitszustand nicht bessert, werde ich wohl kaum zum nächsten Klassentreffen einladen können, es wäre zu viel Trubel. Überlegt Euch also bitte eine andere Möglichkeit, wie wir trotzdem 1956 ein Klassentreffen zustande bekommen.

Aus dem letzten Jahr wäre noch kurz mein Urlaub erzählenswert. Ich war im September/Oktober drei Wochen in Spanien. Es war mein erster Flug, herrlich! In diesem Jahr will ich erst einmal kurz nach Timmendorf und im September dann nach Jugoslawien. Schöne Reisen sind halt meine Freuden, das Sparen haben wir ja verlernt. Man sollte das Leben viel mehr genießen! In diesem Sinne Euch allen weiterhin alles Gute!

Eure Erika

59 Hanna Borsche, Berlin, 3. 2. 57

Ihr Lieben aus der alten Klasse!

Spät abends von einer Besuchsreise nach Hannover und Hamburg zurückgekehrt, fand ich voller Erstaunen ein Päckchen vor. Ich war sprachlos und so freudig überrascht über diese köstlichen Dokumente von Euch, daß ich mich gleich noch hinsetzen mußte, um alle Fotos zu beäugen, wobei ich in der Erregung einige von Euch gar nicht so schnell identifizieren konnte. Die Berichte und Fotos sind wunderbar und die Kinder ganz wonnig. Ich muß schon sagen, Ihr habt Euch alle bestens gemausert, meinen herzlichsten Glückwunsch für alle!

Darf ich's denn wagen, in dieses heilige Buch einzuschreiben? Denn nur ein Jahr war ich bei Euch (1940). Da mir diese Zeit eine so schöne Erinnerung ist, kann ich doch nicht umhin, meine Kraksel hier hineinzusetzen.

Nun etwas aus meinem bisherigen Lebenslauf. Nach dem Abi als techn. Rechnerin und Zeichnerin in einem Flugzeugskonstruktionsbüro als stud. Ausgleichsdienst statt RAD. Anschließend Flucht durch die Tschechei mit den üblichen Begleiterscheinungen. Nach einigen Hin und Hers landete ich in der Heide bei Celle. Meine Mutter und Schwester wurden erst Ende 1946 ausgewiesen, und meine Mutter starb dann nach langer Krankheit 1948 an den Folgen der Flucht. – Um (aus gesundheitlichen Gründen) nicht beim Bauern arbeiten zu müssen, ging ich nach dem Umbruch zum Engländer. Da ich ein Studium im Auge hatte, zog ich nach Göttingen. Also ich machte weiter auf Englisch: Militärregierung, Universitätsoffizier, British Centre. Das Göttinger Leben war sehr schön, aber man kam sich als halber Mensch vor, wenn man nicht auch an der Uni war. So machte ich also neben meiner Sekretärinnentätigkeit das große Latinum nach, das ich zur Immatrikulation brauchte.

Ich ging dann 1953 für ein Jahr nach Paris. Diese Zeit mit ihren Erlebnissen und Eindrücken würde schon allein Bände füllen. Es war sehr interessant, und ich war immer wieder von neuem von dieser Stadt fasziniert. Ich wohnte bei einer franz. Familie und hütete für ein paar Stunden am Tag die vier Kinder. Die ersten Tage waren grausig, denn ich verstand nichts und konnte kaum pieps sagen, und dann die vier für französische Verhältnisse sehr temperamentvollen Kinder. Nichtsdestotrotz zeigten sie sich als reizende Kavaliere, und ich gewann Boden unter den Füßen. Die übrige Zeit lernte ich noch die Sprache an einer Schule für Ausländer und an der Sorbonne. Es war sehr schön, in das Alltagsleben des Franzosen hineinzuschauen. In ihrer Mentalität sind doch der Franzose und Deutsche grundverschieden.

Übrigens hatten wir unsere Verlobung nach Paris verschoben, und damit gab es dann ja auch kein Halten mehr, so daß ich nach Deutschland zurückkehrte. In Stuttgart saß der Liebenswerte, und ich schlug daraufhin meine Zelte dort auch auf. Ich arbeitete kurz als Zweisprachensekretärin und zog dann mit meinem Mann nach Berlin, da er zu den Berliner Philharmonikern ging. Nach einem Wohnungswechsel hier sitzen wir nun in einer älteren Villa in einer schönen Wohnung mit großen Zimmern und einem großen Garten. Wir merken gar nicht, daß wir in einer Großstadt wohnen, und fühlen uns deswegen sehr wohl auf unserer Insel (allerdings müßte man etwas weiter ins Grüne hinausfahren können).

Ich wünsche Euch allen das Beste und grüße Euch sehr herzlich

Eure Hanna

60 Herta Simon, Rouen, 12. 3. 57

Ihr Lieben!

Ja, ich wandle nun auf Deinen Spuren, liebe Hanna, und lebe »wie Gott in Frankreich«. Ich kann nun verstehen, daß das = gut bedeutet, nach meinen bisherigen Erfahrungen, die ich in französischen Landen von der Normandie über Paris bis zur Côte d'Azur gesammelt habe. Seit Oktober bin ich nun schon hier. Was ich hier tue? Sehr hochtrabend könnte man sagen: »Ich verständige die Völker bzw. ich lasse mich auch selbst verständigen«, denn manches Vorurteil, was man mitgebracht hat, ist schon dahingeschmolzen. Schlichter heißt das zunächst: Ich vervollkommne ein bißchen mein noch zu akademisches Französisch »par la langue de tous les jours«. Dabei lerne ich Land und Leute kennen und bringe den Franzosenkindern deutsche Konversation bei. Diese schönen Möglichkeiten bot mir der akademische Austauschdienst in Bonn. Meine Tätigkeit erschöpft sich ganz und gar nicht in der Schule. Erfreulicherweise bin ich sehr oft eingeladen, bei den verschiedensten Leuten, so daß ich einen ganz netten Einblick in franz. Familien bekomme. Meine Wirtin ist eine großartige Frau, hochgebildet, großzügig, musikalisch, deutschfreundlich, was man sich nur wünschen kann. Bei alldem ist sie typisch Französin, liebt sehr die Ordnung und Klarheit in allen Dingen und ist außerordentlich tüchtig. Man sagt immer,

Franzosen seien schlampig im Haushalt, ich habe bisher nur das Gegenteil gesehen.

Ist es nicht drollig, daß ich hier in Frankreich erst so richtig die deutsche Musik entdecke? Das kommt daher, daß ich jetzt endlich einmal genug Zeit und Muße habe, mich hineinzuversenken. Gelegenheit dazu habe ich bei den häufigen abendlichen Plattenspielerkonzerten. Es macht auch Spaß, so nach und nach tiefer in die französische Sprache einzudringen. Der Wortschatz und die Struktur geben sehr oft interessanten Aufschluß über die Mentalität des Volkes. Sehr oft bestätigen die menschlich-persönlichen Erfahrungen das, was sich in der Sprache widerspiegelt. Ich vergleiche immer wieder mit dem Deutschen. Bei solch einem längeren Auslandsaufenthalt lernt man sich auch selbst erst kennen. Man erklärt mir hier immer wieder, ich sei »le type allemand!« – Darin gebe ich Dir recht, Hanna, daß die Mentalität der Franzosen anders ist als die unsere, es ist fast wie der Unterschied zwischen Klassik und Romantik. Aber diese Unterschiede in der Denkweise brauchen nicht zur Trennung zu führen, sondern, im Gegenteil, zur bereichernden Ergänzung. Im Grunde geht es immer um dieselben allgemein menschlichen Fragen, die alle Völker betreffen, und das Verbindende ist eigentlich viel stärker als das Fremde. –

Aber entschuldigt, ich sehe gerade, daß ich ein bißchen abgekommen bin von der knappen Berichterstattung. Ich verabschiede mich nun bis zum nächsten Mal und grüße Euch alle in herzlicher Verbundenheit

Eure Herta

Ist es nicht fein, daß sich unser Kreis von Mal zu Mal erweitert und die alte Klassenrunde nach und nach immer vollständiger wird? Ich begrüße recht herzlich die »alten Neuen«!

61 Elisabeth von Schickfus, Ottawa/Kanada, 27. 9. 57

Meine liebe alte Klasse!

Ihr glaubt gar nicht, wie doppelt schön das ist, den Rundbrief im Ausland zu bekommen, wo man sowieso jeden Tag doppelt sehnsüchtig dem Briefträger auflauert, um Nachrichten aus der Heimat zu bekommen. Seitdem ich voriges Jahr im August zufällig Erika auf dem Bahnhof von Kopenhagen mitten in der Nacht beim ersten Blick erkannte, ist so vieles mit uns passiert, daß ich mich kurz fassen muß, um Euch von allem zu erzählen. Erika sahen wir ein paar Tage später noch mal in Timmendorfer Strand wieder, von wo wir beide einen netten Ausflug in Erikas VW nach Lübeck machten. Das Wiedersehen war schrecklich nett.

Vom Urlaub zurück nach Bonn gekommen, hörten wir von der Versetzung meines Mannes an die Botschaft in Ottawa. Er startete per Schiff Anfang März. Ich hatte dann allein die Aufgabe, unsern Umzug mit allen Möbeln zu bewältigen, Papiere, Pässe, Impfereien, Versicherungen usw. Am 19. Mai stieg ich dann mit meinen drei Kindern und 19jähriger Schwägerin meiner Schwester als meiner Haustochter abends in Bremerhaven an Deck der »Arosa Star«, ein Passagier- und vor allem Auswandererschiff. (Wir werden wohl ca. drei Jahre in Ottawa bleiben.) Wir hatten eine gute Überfahrt, allerdings mit einem Sturm Windstärke 10, bei dem ich nachts zur Freude meiner Kinder mit meiner Matratze aus meinem Bett geschmissen wurde. Ein komisches Gefühl, die erste große Seereise zu machen, zum Glück waren meine Kinder und ich überhaupt nicht seekrank, obwohl über die Hälfte aller an Bord befindlichen ca. 800 Passagiere einschließlich meiner Haustochter es waren. Schwimmwestenmanöver im Kanal mit heulendem Sohn, den die Schwimmweste, die alle anlegen mußten, drückte, dann auf See erst herrliche Sonne, die alle in Liegestühlen genießenden Leute mit Sonnenbrand zeichnete. Ich hatte keine Zeit dazu, mußte hinter meinen Kindern hersausen, die zu gern an der Reling hängen wollten. Dann der Sturm mit tosender See, und dann, kurz vor Neufundland, bei schönstem, strahlendem Sonnenwetter Eisberge und Treibeis in Sicht.

Quebec-Stadt mit wuchtiger Festung war erster Anlegehafen. Zöllner kamen an Bord und Lotsen, dann gings weiter nach Montreal, eine der größten Städte Kanadas, aber nicht die Hauptstadt. Dort holte uns mein Mann mit seinem eigenen kanadischen Ford, ein Wüstenschiff, ab, und wir fuhren nach Ottawa. Hauptstadt, aber nicht größer einwohnerzahlmäßig als Bonn, komische Häuser, meist Einfamilienhäuser, alle mit Gärten, vielen Bäumen, ohne Zäune, offene Veranden, oft nur aus Holz gebaut. Innen meist Kamin, Ölheizung und viel holzverkleidete Wände. Straßen alle mit Leitungs- und Telefonmasten, keine elektrische Leitung unter der Erde verlegt. Entzückende wilde Parklandschaft um die Stadt rum, mit vielen Wäldern, alle Urwald, ungepflegt und wild wachsend, viele herrliche Seen, prächtig zum Baden, Viehfarmen mit höchstens etwas Haferfeldern auf meist steinigem, felsigem Untergrund. Spazierengehen ist nicht, entweder Autostraßen mit rasendem Verkehr oder Urwald! Die Kanadier fahren im Auto abends im Sommer an den Ottawariver und bleiben sogar im Wagen sitzen, um den Sonnenuntergang in schönster Farbenpracht zu genießen. Farben gibt's hier überhaupt, toll schön, viel intensiver als bei uns in Deutschland. Der Herbst, hier Indian summer genannt, ist die schönste Jahreszeit, der Ahorn hat die schönsten Blätter, goldgelb bis in alle überhaupt nur denkbaren leuchtenden Rotfarben. Der Sommer war lausig feucht und schwül, oft 100 % Luftfeuchtigkeit, dazu 30° Hitze und mehr. Der Winter soll 40° Kälte oft haben. Schwierig sind die Maße hier, alles ist anders. Das Einkaufen ist praktisch, meist Selbstbedienung, aber oft fehlen mir noch die primitivsten Worte, in der Schule lernt man doch herzlich wenig praktische Worte.

Wir fanden mit viel Glück ein hübsches Haus, und nach einer herrlichen Urlaubsreise mit Auto und Kindern und Haustochter an der Atlantikküste nördlich Boston gehen unsere beiden Mädels hier in die Volksschule, sie können nach drei Wochen jetzt schon ganz gut englisch plappern. Im diplomatischen Corps hat die Saison auch begonnen, Parties und Cocktails häufen sich, und wir müssen eine Menge Menschen kennenlernen.

Ich lernte inzwischen mit kanadischem Fahrlehrer Autofahren und bestand auch die Prüfung. Aber noch bin ich nicht ganz angstfrei, ich halte das Steuerrad sehr fest umklammert. Vorige Woche bin ich das erste Mal mit dem Flugzeug geflogen, nach Toronto am Ontariosee. Scheußliche Millionenstadt, aber der Flug war herrlich. In 14 Tagen kommt Queen Elizabeth her, große Aufregung, vier Tage wird der Besuch dauern.

Euch allen 1000 liebe Grüße aus dem fernen Canada, uns gefällt's sehr gut hier, wenn es nur nicht so weit weg wäre!

Stets Eure

Elisabeth

62 Ruth Matzner, Sangerhausen, 1. 12. 57

Liebe alte Klasse!

Daß der Rundbrief zu mir diesmal direkt aus Kanada kam, hat mich beinahe aus der Fassung gebracht. Kinder, wißt Ihr eigentlich alle, wieviel Schönes Ihr von der Welt sehen könnt? Andererseits bewundere ich alle, die sich so tüchtig mit ihren Schulkenntnissen in fremden Ländern durchfinden. Na, und die vielen Kinder, die es wieder zu bewundern gibt. Das Zählen habe ich aufgegeben, ich kann nur noch staunen. Daß bei Gaby inzwischen auch ein kleiner Junge angekommen ist, muß ich Euch aber doch verraten.

Ja, und nun soll ich also auch von mir berichten. Das scheint mir gegenüber all Euren Erlebnissen so nichtig, aber ich will es versuchen. Arbeitsmäßig hat sich bei mir nichts verändert, nur meine Hoffnung auf eine passende Wohnung in Halle ist bis jetzt immer wieder enttäuscht worden, und so fühle ich mich also noch nicht ganz wieder als Großstädterin, da ich das Wochenende immer bei meiner Mutter in Sangerhausen verbringe. Meine Ferien habe ich dieses Jahr im Harz, und zwar in Hahnenklee, verbracht, wo wir uns mit unseren Verwandten aus Portugal getroffen haben. (Schade, daß ich sie dort nicht einmal besuchen kann, aber das geht leider nicht.) Ende September habe ich dann noch ein paar schöne, wenn auch anstrengende Tage in Berlin bei einem Fortbildungskurs verbracht, dabei sah ich mir unter anderem auch die Interbau-Ausstellung an. Winkelinde, Du wohnst also jetzt dort in der Gegend, da kann man Dich ja nur beglückwünschen. [Brief 66]

Wie steht es denn im nächsten Jahr mit dem schon traditionellen Klassentreffen? Ich möchte diesmal gern wieder mit dabei sein.

Bis dahin grüßt Euch alle herzlichst
Eure Ruth

63 Eva-Maria Schlaak, Ratingen, 15. 8. 58

Meine Lieben!

Wie habe ich mich gefreut, als mich heute erstmalig der herrliche Klassenbrief erreichte! Ich weiß gar nicht, wo ich mit meinem Bericht beginnen soll.

1945 habe ich das Kriegsende in Breslau miterlebt, da ich als DRK-Helferin im Einsatz war, in der schrecklichen Festungszeit fanden Heidel Bauer und ihr Bruder den Tod. Sie wurden durch eine Bombe, die bei AWAG (früher Wertheim) fiel, getötet. Dies hat mich sehr erschüttert. – Im Juli 45 verließ ich per pedes Breslau und landete in Mitteldeutschland. Ich blieb der Krankenpflege treu und machte im Frühjahr 49 das Staatsexamen als freie Schwester in der

Univ. Halle/Saale. Dort lernte ich meinen Mann kennen. Wir hatten einen schweren Anfang, haben es aber jetzt ganz gut geschafft. [...] Dieta, Du schreibst »Auf nach Breslau«. Ich möchte Euch raten, tut es lieber nicht. Behaltet es so schön in Erinnerung, wie es in Eurem Gedächtnis haftengeblieben ist. Ich bin durch die Straßen Breslaus gegangen und muß gestehen, daß ich nur geheult habe, denn alles, was einem lieb und teuer war, ist vernichtet. Unsere schöne, geliebte Penne war total ausgebrannt. Vom Ring bis zum Südpark standen nur das Rathaus, das Opernhaus und die Postdirektion! Könnt Ihr Euch das vorstellen?! Nein, schwelgt lieber in Erinnerungen. Ich war lange Zeit sehr unglücklich, Breslau als Trümmerhaufen gesehen zu haben. Ich bin im Juli 45 – wie ich schon schrieb – erstmalig herausgegangen und auf das Drängen meiner Mutter hin, die Breslau im Jan. 45 verlassen hatte, im Sept. 45 nochmals mit meiner Mutter hereingefahren (im Viehwagen). Wir haben damals noch ein paar untergestellte Klamotten geholt. Die »Reise« war aber eine entsetzliche Nervenprobe. Ach, ich könnte einen ganzen Roman über dies alles schreiben. Besser aber, wir erfreuen uns an der Gegenwart und grübeln nicht wieder über die traurige Vergangenheit nach.

Wer nach Düsseldorf kommt, besuche auch bitte mich! Ratingen ist mit der Straßenbahn, der Eisenbahn oder mit dem Autobus von Düsseldorf zu erreichen. Für heute Schluß. Seid alle herzlich gegrüßt, und alles Gute für Euch und den Nachwuchs

Eure Eva-Maria

64 Maria von Loesch, Bad Homburg, 6. 1. 58

Ihr Lieben!

Eigentlich überlege ich mir oft, ob Euer Leben wirklich immer so tapfer, so frohgemut und hoffnungsvoll verläuft, wie es in diesen Büchern steht. Aber Erika hat sicher sehr recht, wir betonen alle die »Sonnenseite« und wollen uns aus begreiflichen Gründen mit all den Schwierigkeiten nicht diesem Brief anvertrauen. So werde ich also dieser Tradition gemäß, und auch um das Buch nicht (schon umfangmäßig) zu belasten, die Schattenseiten nur kurz aufzählen: Ich wurde also vor 1 ½ Jahren geschieden, heiratete vor einem Jahr wieder und lebe nun getrennt von meinen Kindern in Bad Homburg. Die Frankfurter mögen mir verzeihen, daß ich noch keine Verbindung aufgenommen habe, aber ich bin etwas menschenscheu geworden und zudem noch immer damit beschäftigt, mit den Problemen des neuen Lebens fertig zu werden. Daß das nicht einfach ist, werden vor allem die Mütter verstehen können, wenn ihnen auch vielleicht für mein Handeln das Verständnis fehlt. Vorläufig lebe ich immer noch in zwei Welten. Mit meinen Kindern habe ich Briefkontakt, das ist außer den Sommerferien alles. In diesem Sommer waren wir nun sieben Wochen in Holland zusammen. Es war eine ganz intensiv erlebte, besonders schöne Zeit. Von der ersten Minute an verband uns wie immer ein ganz selbstverständliches Vertrauen.

Mein jetziges Leben stellt mich eigentlich auf eine Bewährungsprobe, und vorläufig, ich gestehe es ungern, versage ich kläglich. Ich helfe zwar meinem Mann bei seiner vielseitigen, interessanten Arbeit (er hat die Werke von Robert Musil herausgegeben, leitet das Abendstudio des Hessischen Rundfunks, bringt einmal in der Woche eine kulturelle Seite im Handelsblatt heraus und schreibt außerdem an einem Roman) – bei diesen Arbeiten bin ich also mehr oder weniger beteiligt – mehr, wenn ich selbst etwas dafür tun kann – weniger, wenn ich nur mehr schlecht als recht dafür tippe. Daneben versuche ich mich im Schreiben, mit recht spärlichem Erfolg, und spreche auch in einer Buchsendung im Rundfunk. Aber so recht zur Ruhe gekommen bin ich noch nicht, das muß ich schon zugeben.

Wir sind in der letzten Zeit viel gereist – teils, weil wir das leidenschaftlich gern tun, teils, weil es für unsere Gemütsverfassung besser war oder sich eben so ergab. [...] Nun lebt wohl bis zum nächsten Mal. Laßt es Euch allen sehr gut gehen.

Eure Maria

65 Ulla Thiele, Karlsruhe, 22. 10. 58

Liebe alte Klasse!

Freilich, diesmal hat's lange gedauert, bis der Rundbrief wieder kam, aber um so größer war die Freude. Es hat sich viel ereignet bei Euch – Schweres, aber auch Schönes. Dir, liebe Maria, wünsche ich, daß Du ruhiger werden kannst und wieder ganz froh. Reisen ist wunderschön; aber es hilft wohl nur wenig, da man all das Bedrückende ja stets mitnehmen muß. –

Wir hatten im vergangenen Jahr auch viel Sorge. Petra ist, obwohl sie ein großes und kräftiges Kind ist, sehr viel krank. Und leider ist auch mein Mann nicht gerade der Gesündeste. Nachdem er sich fast ein Jahr lang geplagt hat, ist er im Mai völlig zusammengebrochen und mußte zehn Wochen lang in ein Sanatorium. Es geht ihm jetzt viel besser, und wir sind sehr froh darüber, nur hat es uns sonst halt ganz arg zurückgebracht. Aber es wird schon wieder werden.

Daß wir Petra haben, darüber freuen wir uns jeden Tag neu. Ein Kind ist das allerschönste, was man haben kann. Ich wünsche Euch von ganzem Herzen viel Freude und wenig Kummer.

Eure Ulla

66 Renate Winkler, Berlin, 18. 12. 58

Ihr Lieben!

Zunächst laßt Euch mal wieder kräftig zu allen Fortschritten beglückwünschen. Am intensivsten beglückwünsche und sogar beneide ich die Schicke, nicht nur um die Fahrt über den großen Teich, sondern um die Tatsache, daß sie jetzt in Kanada lebt. Wir gäben heutigentags was drum, wenn wir unsere seinerzeitigen Auswanderungspläne verwirklicht hätten, die Papiere dafür hatten wir fast schon zusammen. Momentan sieht's hier auf dem Kontinent ja so traurig aus, und wenn man sich die Geschichte Europas so vor Augen hält, kann's einem doch glatt schlecht werden. Aber das nur so nebenbei, uns geht's ja z. Zt. nicht schlecht, bloß darf man eben nicht so weit denken.

Seit meinem letzten Brief hat sich so allerlei geändert. Siehe Anschrift wohnen wir also nun ein gutes Jahr in Berlins berühmtem Hansaviertel, das zu jedem Wochenende noch immer von Hunderten von Spaziergängern durchwandert und begafft wird. Wenn wir aus unserem Haus rauskommen, stürzt sich bestimmt einer aus diesen Heerscharen auf uns, um uns zu fragen, ob das etwa ein Wohnhaus sei. Riesenbusse, mit Besichtigern vollgestopft, fahren vorbei und gießen auch oftmals Menschenmassen aus, die, selbstverständlich fotobewaffnet, alles knipsen. Vor unserem Haus stehen so moderne Blumenschalen, da knipsen sie dann die Familie einmal vor der Schale, einmal dahinter. Und dann jedes einzelne Mitglied nochmals gesondert. Sehr interessant also bei uns, und daher ist uns der letzten Sommer ohne Reise nicht langweilig geworden. Außerdem haben wir eine drei mal neun Meter lange Terrasse, wo man schöne Luft- und Sonnenbäder ohne Feindeinblick nehmen kann und wo ich meine Jüngste auslüfte.

Euch und Eurem Anhang weiter das Allerbeste und herzliche Grüße

von Eurer Winkelinde

67 Elisabeth von Schickfus, Ottawa, Kanada April/Mai 1959

Liebe alte Klasse!

Zu nett, den Rundbrief mit all den aufregenden Neuigkeiten wiederzusehen! Gerta, Dich hat das Schicksal eines Eheweibes auch erwischt, das ist sehr lustig. Ich möchte jetzt auch nur noch wissen, ob Du in das Loblied über das Hausfrauendaseins auch einstimmst? Ich nur, soweit es meine Familie direkt betrifft, das tägliche Reinemachen und Abwaschen und Wäsche ist doch 'ne langweilige Zugabe. Wißt Ihr, daß die amerikanischen Frauen ihre Wäsche nie kochen? Es geht auch ohne! Mir macht's Spaß, hier Haushaltstricks und auch praktische Handwerkszeuge für die Küche kennenzulernen, die wir nicht haben. Der Spruch: »hinter den Bergen wohnen auch Leute«, hat schon was Wahres. Wir haben über das Leben hier eine Menge gelernt, es hat auch sehr – wie überall – seine Licht- und Schattenseiten. Das Klima mit seinen starken Schwankungen verlangt eine richtige Umstellung des Körpers.

Der Sommer 58 brachte uns Besuche aus Deutschland. Bundespräsident Heuss wurde als Staatsbesuch vom Governor-General (Vertreter der Queen) hier in Ottawa empfangen. Das gab einige sehr interessante Tage für uns, wir bekamen so endlich mal einen Teil unserer Regierung aus nächster Nähe zu sehen und sprechen. Brentano, Eckhard usw. waren dabei. Wir erlebten mit, wie anstrengend und bis auf die letzte Minute geplant so ein Protokoll abläuft. Der alte Herr war bewundernswert. Stellt Euch die stolze Schicke vor, 20 Minuten neben Heuss sitzend und seine Bewegungen und Gespräche beobachtend. Ich war nur Statist, aber das war interessant genug für mich. Abends die paar Tage durch große Empfänge. Tagsüber hab ich eilig mein zweites Abendkleid verändert, ich konnte mit meinen beiden nicht auskommen. Und wie lange ist es her, daß wir bescheiden im ausgebauten Schafstall wohnten? Erst 8 Jahre!

Im Spätherbst hatten mein Mann und ich ein besonders schönes Erlebnis. Wir waren vier Tage nordwestlich von Ottawa mit Freunden auf »deer«-Jagd im Urwald. Wir erlebten die Wildnis mit Canu und zu Fuß. Es war ein sehr anstrengendes ewiges Turnen über und unter alten umgestürzten Bäumen, durch Sümpfe, Gestrüpp, Biberdämme und -burgen, Elchfährten, Vögel – alles aufregend. Ein deerbock wurde geschossen und in Schwerstarbeit drei Meilen von drei Männern durch die Wildnis bis an den nächsten Weganschluß rausgeschleift. Bei Mondschein, erstem glitzernden Schnee und beginnender Kälte setzten wir ratenweise mit dem Canu über einen Fluß, die beginnende dünne Eisdecke krachte, und wir waren schrecklich vorsichtig, denn ein richtiges Indianercanu hat keinen Kiel und kippelt entsetzlich leicht. Und man muß sich zwingen, wie ein Sack ohne Gegenbewegung drinzusitzen am Boden.

Seit November sehen wir jetzt erst wieder Erdboden auftauen. Wir hatten über 2 m Schnee. Jetzt freuen wir uns auf den Sommer, die Kinder aufs Baden, Schildkröten fangen und Spielen im Freien. [...] Wir sorgen uns vorläufig noch um Euch Berliner. Bitte schickt mir den Rundbrief nicht mehr nach Canada. Wir werden wahrscheinlich im Frühjahr 1960 nach Deutschland zurückversetzt. Ich melde mich dann mit neuer Adresse bei den Simonesen.

Euch allen alles, alles Gute weiter, meine ganze Familie grüßt mit mir.

Herzlichst Eure Elisabeth

68 Erika Herbich, Braunschweig, 18. 8. 59

Zur Begrüßung möchte ich wie immer meine Freude über unseren Rundbrief und unsere alte, treue Verbundenheit ausdrücken und Euch allen zu Babys und sonstigen Erfolgen gratulieren. Ich machte wieder eine kleine Klassenstatistik, die so aussieht: 20 Ehefrauen, 8 Unverheiratete, keine Ehe ist kinderlos, 20 Ehefrauen haben 42 Kinder, 18 Jungen und 23 Mädchen. Ich finde, es ist ein sehr gutes Ergebnis!

Hauptpunke in meinen letzten 1 ½ Jahren waren eigentlich nicht wie sonst die Urlaube und Reisen, sondern meine Niere. Das letzte Mal erzählte ich Euch schon, daß sie mir Kummer machte. Und so kann ich Euch diesmal nicht nur Erfreuliches berichten. Wenn wir in diesem Rundbrief hier vor allem nur das Schöne aus unserem Leben schreiben wollen, können wir uns doch das Schwere nicht verschweigen. Zumal eine echte Bindung nur dann besteht, wenn man Freud und Leid miteinander teilt, d. h. bei unserer räumlichen Trennung, daß der eine an den anderen denkt und einfach von ihm weiß. – Aber die schweren Wochen der Operation – die Niere wurde mir herausgenommen – liegen nun schon weit zurück, und ich bin froh und dankbar, daß alles gut geheilt ist und ich alles wieder tun kann wie vorher.

Im September will ich noch für eine Woche zu meiner Freundin nach Bochum fahren. Da hoffe ich, einige von Euch wiederzusehen, vielleicht können wir bei Ingetraut ein kleines Klassentreffen veranstalten. Denn ein richtig großes Treffen wird vorläufig wohl nicht zu arrangieren sein.

Nun lebt wohl bis zum nächsten Mal und nehmt viele Grüße und gute Wünsche von Eurer

Erika

69 Maria von Loesch, Bad Homburg, 7. 12. 59

Wieder ist ein Jahr und mehr herum, und ich schreibe in dieses Buch mit Sylvesterstimmung: was habe ich erreicht, wo habe ich versagt usw. Natürlich werde ich das nicht diesem Buch anvertrauen, die allgemeine Hochstimmung und die goldglänzende Überzeugung von der eigenen Tüchtigkeit könnte einen häßlichen Grünspanfleck bekommen. Aber sagt mal selbst, ist dieser Klassenbrief nicht ein etwas monotoner Singsang: wieder ein Kind mehr, wieder eine weitere Reise, eine neue Wohnung und einen Schritt höher zum Wohlstandsideal. Seid nicht böse, aber ich finde, wir sollten ein bißchen mehr von uns selbst schreiben. Ich gebe aber zu, daß das nicht ganz einfach ist. Der Klassenbrief allein ist wohl doch ein zu dünnes Band, um ein wirkliches und selbstverständliches Vertrauen auszuhalten, und so drehen wir eben die wenigen Fäden, Schulerinnerungen, Familie und allgemeiner Aufstieg, zu einem etwas faden Schnürchen weiter. In diesem Sinne also:

Kinder: Allen dreien geht es gut. Mein Kontakt zu den Kindern ist nach wie vor eng und, da wir uns nur in Ferienstimmung sehen, so harmonisch und schattenlos wie möglich. [...]

Sonstiges: neues Auto und viel und sehr abwechslungsreich zu tun. Im Sommer hatte ich z. B. ein Buch zu bearbeiten, umzuschreiben und zu kürzen, was mir ein fürstliches Honorar und uneingeschränktes Lob von der Kritik einbrachte.

Jetzt sitze ich über einer Arbeit über Simone de Beauvoir, daneben mache ich eine recht sachliche Kunstberichterstattung für den Frankfurter Raum, was ein guter Anlaß ist, sich mit diesem Sujet etwas intensiver zu beschäftigen. Ihr seht, auch ich bemühe mich um Erfolgsmeldungen. Aber diese Hochgefühle der eigenen Tüchtigkeit habe ich leider nicht oft, mir fällt alles sehr schwer, und ich bin oft sehr niedergeschlagen über meine Unfähigkeit. Immerhin bin ich viel ruhiger, die Narben sind einigermaßen verheilt, und ich fasse wieder Fuß. So viel von mir.

Laßt es Euch allen sehr gut ergehen.

Eure Maria

70 Ingetraut Raabe, Düsseldorf, 2. 1. 60

Liebe Rundbriefler!

So ein Jahr ist gar nichts, und doch, wie unendlich viel erlebt man in dieser Zeit! Ich bin froh, sagen zu können, daß es viel Gutes und Schönes war. Auch ich könnte schreiben: »Jedenfalls liegen sehr viel mühsamere Zeiten hinter uns.« Vielleicht geht es vielen von uns so, und vielleicht klingen deshalb auch unsere Briefe recht positiv. Ich finde überhaupt, man erlebt alles doch sehr intensiv, man nimmt nichts als unbedingt selbstverständlich hin: Ich finde es herrlich, daß ich meinen Kindern genügend Obst kaufen kann, vor allem, wenn ich daran denke, wie meine Geschwister in der Hungerzeit bettelten: »Kannst du mir nicht noch ein Stückchen Brot geben?« Und ich bin froh, daß wir mit ihnen nicht in Luftschutzkeller rennen müssen, ach Kinder, hoffentlich bleibt ihnen und uns das erspart. Und wenn vielfach das Wirtschaftswunder bespöttelt und kritisiert wird, ich find's sehr schön, jetzt bißl mehr Geld in den Fingern zu haben als vor ein paar Jahren, und es ist niemandem etwas geschenkt worden, also, warum sollte man sich darüber nicht freuen. Das Leben ist schon eine runde, bunte, aufregende Angelegenheit, wenn man genau hinsieht, auch der Alltag.

Nun laßt's Euch allen recht gut gehen. Mit herzlichen Grüßen und Wünschen

Eure Ingetraut

71 Gabriela Stockert, Heidelberg, 10. 5. 60

Meine lieben Rundbriefler!

Ich weiß nicht, aber irgendwie hat diesmal unser schönes Buch in meiner Freude eine starke Bremsspur hinterlassen, und zwar durch Marias mehr oder weniger gerechte Bemerkung. Ich muß feststellen, daß wir alle zu 99 Prozent ganz normale Leben führen, ob verheiratet oder ohne schriftliche oder sonstige Bindung. Weißt Du, Maria, Dein Vorwurf hat mehrere Reaktionen gleichzeitig bei mir hervorgerufen. Erst war ich schrecklich wütend und dachte mir: Kunststück, daß unser Geschreibsel ewig das gleiche ist, denn es kann ja nicht jeder mit solch einem interessanten und außergewöhnlichen Leben aufwarten wie Du. Aber dann besann ich mich eines Besseren, und dann dachte ich an die Geschichte der sauren Trauben usw. Also entschuldige, liebe Maria, ich glaube, Du wirst wohl meine Seiten überblättern müssen, denn alles, was Dich hier bei mir erwartet, ist »0-8-15« Haushalt, Kinder, schrecklich-schöner Spielplatz-Alltag. Hab' kein Buch umgeschrieben, bin eine doofe Nuß, bin immer nur mit den Kindern, die ich manchmal im geheimen ins Pfefferland wünsche, sollte ich aber mal zwei Stunden ohne sie sein und bei der Oma abgeben, dann sind mir die zwei Stunden wie Wochen, und ich komme zurück und fühle mich als stolzeste Rabenmutter. Ich glaube, in einigen Rundbriefen hat Maria auch sehr ausführlich drei Mal hintereinander drei neue Babies erläutert, nur ist das halt schon schrecklich lange her; wir, die »späten« Mütter, sind ja nun erst so mitten drin. Also, bitte entschuldigt jetzt noch einmal, aber von mir ist nichts Sensationelles zu berichten.

Mai/Juni 59 waren wir in einer Bungalow-Wohnung bei Barcelona und nochmal im September 59 eine Woche an der Nordsee in Holland. Und bloß gut, daß der Rundbrief nun zu mir kam, denn nächste Woche geht's auf drei Wochen nach Viareggio bei Pisa. Diese Strandstrecke soll sehr schön sein, dort waren wir noch nicht. Wir freuen uns auf Abstecher nach Florenz und Pisa. Den Kindern tut die Luftveränderung auch so gut. Oma kommt wie immer mit, und wir sind schon ganz vorfreudeverrückt.

Eben las ich, was ich vor 1½ Jahren schrieb. Daß ich nicht lache, von wegen Waschmaschine, haben wir noch nicht, kam immer was dazwischen, aber ich hatte eine so billige Kraft, die mir nur fürs Zimmer alles wusch und bügelte. Wird leider im Juli anders, das Mädchen heiratet, dann wird sich die Stockert'sche wohl selber bemühen müssen, und dann wahrscheinlich doch per Waschmaschine.

Nach wie vor bin ich fast immer mit den Kindern draußen, Spielplatz oder Bummeln in der Stadt. Sie kaufen für ihr Leben gern ein und geben Geld aus – wie ihre Mama!!! Augenblicklich hält alles Mittagsschlaf, sonst könnte ich gar nicht so ungestört von der Leber weg reden. Aber spreche ich denn von mir selber? Nach Maria wäre die Antwort: nein! Aber Kinder, was kann ich denn dafür, daß ich innerlich (mal) nicht gramzerfetzt in tausend Stücke bin, (mal) keine (wie gehabt) schrecklichen Seelenprobleme habe, mehr oder weniger (nach Belastung) sehr glücklich in meiner Lage und Haut bin (Haut nicht, hab immer noch Pickel, und langsam sollten die Backfischblumen doch verschwinden)? Maria, mein letztes an Dich gerichtetes Wort, eine Abbitte sozusagen, daß wir alle (oder viele) so anders sind als Du. Du warst und bist immer die Schönste und Klügste von uns, jedenfalls für mich warst du es, ein nie zu erreichendes Idol in gewisser Hinsicht. Nichts für ungut.

Euch noch besonders herzliche Gratulationen zu neuen Babys, schöneren Wohnungen, Reisen, ertragt auch Eure Männer, wenn sie mal keine Zigaretten im Hause haben (sind Eure dann auch brummig?) – und seid alle sehr sehr herzlich gegrüßt von Eurer Nur-Hausfrau-Mutter-und so'n bißchen Ehefrau! Nochmals, seid mir alle nicht böse, daß ich so 'nen großen Mund hatte, aber Maria hat ja angeregt, über sein eigens Inneres mehr zu schreiben!! Und ich interessiere mich halt grade nur für meine Kinder!

Eure Gaby

72 Renate Winkler, Berlin, 20. 5. 60

Ihr Lieben!

So beginne ich also traditionsgemäß bzw. turnusgemäß den Reigen der Schreiberlinge, welche die immer wieder sehr berühmte Stadt bevölkern. Kinder, uns wär's an uninteressanten Orten momentan wohler – Fluidum hin, Fluidum her! Wenn wir hier in Euren netten Briefen wieder lesen, wie Ihr fast alle schnell mal eine kleine Reise hier und eine größere dorthin machen könnt, dann kommt uns unser Eingesperrtsein erst besonders zu Bewußtsein. Für Wochenendtouren sind die lange Anfahrt bis zur Grenze und die damit oft verbundenen Wartereien viel zu zeitraubend, abgesehen davon, daß ich jedes Mal erst vorher zum Außenministerium muß, um mir ein Durchreisevisum zu besorgen (seit 45 wieder Österreicherin wie bis 1938). – Dafür sind wir hier Treffpunkt für alle Verwandten diesseits und jenseits, und wenn der Betrieb so weitergeht, werde ich bald in der Lage sein, eine Pension zu eröffnen. Ich freue mich aber immer sehr über Besuch, und eine Person können wir immer hier bei uns auf der Couch campieren lassen (wegen häufiger Besuche bitte Voranmeldung!). Hertel hat von besagter Couch bei ihrem Berlinbesuch keinen persönlichen Gebrauch machen können. Sie mußte mit ihren Schützlingen spartanisch in der Jugendherberge hausen. Ihr Besuch war ein Anlaß für uns drei Berliner, einen Damenklatsch zu veranstalten, der sehr gemütlich bei Susi, umrahmt von ihren bewährten Cocktails, stattfand. In drei Wochen werden wir uns vermutlich um Erika scharen, die kürzlich ihren Besuch angekündigt hat. Von uns vieren kann ich berichten, daß alle gesund und nach Möglichkeit fidel sind.

Ich freue mich schon heute wieder auf den Tag, wo ich den Einschreibebrief aus Heidelberg unterschreiben kann. Allerseits viele liebe Grüße

von Eurer Winkelinde

73 Elisabeth von Schaubert, Coburg, 19. 7. 60

Ich will mich endlich ans Schreiben machen, um den Rundbrief nicht noch lange aufzuhalten. Maria hat ihn ja diesmal recht angegriffen und damit zur Diskussion herausgefordert. Ich schließe mich Ingetrauts Meinung an. In erster Linie ist man doch dankbar, daß unser Leben wieder festen Grund und ein Ziel gefunden hat. Und ist es nicht ein schönes Dasein, für Mann und Kinder zu leben? Mir gefällt es immer besonders, daß alle von uns den Beruf aufgaben, um sich ganz dieser Aufgabe zu widmen. Es ist dies ja heute nicht immer so üblich, und wie leiden die Familien darunter. Ich bin immer wieder dankbar, wenn unsere Kinder abends wohlbehütet nach einem fröhlichen Tag in ihren Betten liegen, und ich muß dann oft an meine beiden kleinen Geschwister denken, die so viel auf dem Treck und auch später entbehren mußten. Nie vergesse ich, wie mein kleiner Bruder, damals fünf Jahre, sagte, als wir spät in ein Dorf kamen: »Such mir doch mal ein Quartier mit einer Spielecke!«

So, und nun zu uns! Seit dem 9. 4. 60 ist unser Kleeblatt voll. Da wurde nämlich unsere Tochter geboren. Ihr könnt Euch denken, daß ich nicht gerade Langeweile habe, besonders im Augenblick, wo ich ohne eine Hilfe bin. Es ist ja heute beinahe unmöglich, jemanden für den Haushalt zu finden. Nun hoffen wir, daß es zum 1. September klappt. Sicher wird es Euch interessieren, daß mein Bruder im vorigen Sommer als Austauschstudent in polnischen Bergwerken bei Krakau war. Er studiert in Aachen Bergbau. Da sein Chef sehr großzügig war, konnte er mehrmals nach Schlesien fahren. So war er öfters in Obernigk, Breslau und Trebnitz. Auch nach Warschau und Danzig ist er gekommen. Er hat viele hundert Bilder von dort gemacht. In unserem Haus, das von den Polen groß, aber primitiv wieder aufgebaut wurde, trank er mit dem jetzigen Verwalter Kaffee. Das Gut ist polnisches Staatsgut und wird recht und schlecht bewirtschaftet. Er fand sogar noch einige Maschinen, die meinem Vater gehört haben. Ihr könnt Euch sicher vorstellen, wie wehmütig es einem beim Anschauen der Bilder wird. Der Park ist völlig verwildert. Auch Breslau ist kaum zum Wiedererkennen.

Euch viele Grüße von Eurer
Schaubi

74 Barbara Str., Leipzig, 15. 9. 60

Liebe Klasse!

Der Rundbrief ruft in mir vielerlei Gefühle hervor – zunächst freue ich mich, wieder etwas von Euch und Euren Sprößlingen zu hören und zu sehen, ja, und dann muß ich gestehen, daß ich Euch um die herrlichen Auslandsreisen etwas beneide, wer weiß, wann ich einmal dazu kommen werde. Das Studium hat viel Kraft und Zeit gekostet, und außerdem konnten wir auch aus finanziellen Gründen keine großen Sprünge machen. Seit Mitte August bin ich aber wieder in Amt und Würden, alle Prüfungen sind glücklich überstanden, und das Leben kann beginnen. Zwar dürfte ich – Marias Zeilen zufolge – nichts von meinen Erfolgen schreiben, denn sonst trifft vielleicht die »goldglänzende Überzeugung von der eigenen Tüchtigkeit« letzten Endes auch auf mich zu, aber ich bin der Meinung, daß unsere Berichte den alten Stil behalten sollten. Wenn unsere Muttis eben über ihre Kinder glücklich sind und wir Berufstätigen über berufliche Erfolge, so finde ich das sehr schön, denn das ist ja unser Lebensinhalt. Ich muß auch Inge und den anderen, die sich ähnlich äußerten, recht geben – wir können wirklich froh sein, daß all das Schwere hinter uns liegt, und sollten dem Leben doch die schönen Seiten abgewinnen. Ich kann dem Rundbrief nicht meine alltäglichen und oft auch recht schwerwiegenden Sorgen anvertrauen, denn ich bin fest davon überzeugt, daß mir niemand ein paar aufmunternde Zeilen schreiben würde! Ihr seid alle viel enger miteinander verbunden, die kleinen Klassentreffen führen Euch wieder zusammen – ich stehe abseits – die Grenze trennt uns mehr denn je, und Verständnis für mein Leben und meine Arbeit kann ich wohl (bis auf wenige Ausnahmen) nicht erwarten. Vielleicht bin ich ja auch zu uninteressant – ohne Wagen, Villa, Auslandsreise sollte man sich doch mehr im Hintergrund halten. Ich bin aber der Meinung, daß ich auch einiges erreicht habe und auf meine Erfolge stolz sein kann.

Ende Juni habe ich die letzte Prüfung abgelegt und bin jetzt Diplom-Chemikerin. Ich darf als wissenschaftliche Assistentin weiter an unserem Organischen Institut arbeiten und habe mich über diese Anerkennung sehr gefreut. Leider fiel unsere Urlaubsreise ins Wasser, wir konnten keinen Ferienplatz auftreiben. Wir hätten Erholung nach diesen entbehrungsreichen Jahren bitter nötig gehabt. Die Zeit des Studiums war für uns sehr schwer, und ich glaube, auch meine Berichte waren nicht immer so heiter und sorglos gehalten. Zwar geht es uns jetzt auch wieder besser, und wir hoffen auf einen weiteren Aufstieg, aber die Spuren des Krieges sind noch nicht verwischt und lassen uns nicht zur Ruhe kommen.

Aber laßt Euch Eure gute Stimmung nicht nehmen, vergeßt meine Zeilen, und seid mir nicht böse, daß ich heute mein Herz etwas erleichtert habe. Ich würde Euch gern noch mehr schreiben von meiner jetzigen Tätigkeit und meiner Diplomarbeit, weil mich die Chemie immer wieder begeistert. Aber das würde vielleicht zu weit führen.

Herzlichste Glückwünsche zu allen freudigen Ereignissen

Eure Strecke

75 Erika Herbich, Braunschweig, 1. 11. 60

Dieses Mal habe ich auf unseren Rundbrief schon ganz besonders gewartet, denn von vielen Seiten hörte ich bereits durch Briefe von den einzelnen Stellungnahmen zu Marias Zeilen und wartete darauf, mir selbst ein Urteil bilden zu können. Ich muß sagen, bei mir hat der Rundbrief mit all Euren Berichten vom Alltag und den Ferien, vom Erreichten und all den Plänen dieselbe Freude wie früher ausgelöst, es ist nichts getrübt worden. Man muß sich nur die Mühe machen, auch zwischen den Zeilen zu lesen, hinter den jeweiligen Schilderungen den Menschen zu sehen. Unser Rundbrief ist das, was wir aus ihm machen! Er hilft uns, unsere Verbundenheit aufrechtzuerhalten, daß wir einfach voneinander wissen. Und wenn man sich dann mal eines Tages persönlich trifft, nach vielen Jahren oft, dann ist sofort die alte Herzlichkeit da, nein, es ist noch mehr da, nicht nur die alte Schulbindung, sondern eine echte menschliche Begegnung, weil wir eben inzwischen älter geworden sind. Ich habe dies schon so oft mit einzelnen von Euch erlebt und werde mir weiter Mühe geben, auf Reisen kleine Treffen zu ermöglichen. Außer Flucht und Nachkriegszeit hatte der Rundbrief noch keine großen Bewährungsproben zu bestehen geabt. Noch sind wir alle naturgemäß in einem Alter, wo es meist bergauf geht und jeder mit Familie oder Beruf genug zu tun hat. Wir wissen nicht, wie es in einigen Jahren aussieht. Aber ich glaube bestimmt, daß auch in weniger guten Zeiten – und gerade erst recht dann – unsere Gemeinschaft bestehen bleibt, daß einer dem anderen hilft, wo er kann. Vorläufig dürfen wir aber dankbar dafür sein, wie gut es uns geht. Freuen wir uns darüber!

Ostern machten wir eine kurze, aber wunderschöne Frühlingsfahrt nach Holland zur Tulpenblüte, übrigens mit unserem neuen VW. Wenn das Autofahren auch eine sehr kostspielige Angelegenheit ist (für unsere Verhältnisse jedenfalls), so ist es doch für uns beide kein Luxus, sondern das Tor zur Welt und einfach notwendig. Da verzichte ich gern auf anderes dafür.

Für heute allerseits viele Grüße, alles Gute und herzliche Glückwünsche!

Eure Erika

76 Maria von Loesch, Bad Homburg, 2. 3. 61

Werte Damen,

da habe ich ja ordentlich ins Fettnäpfchen getreten! Na macht nichts, das Resultat ist doch sehr erfreulich! Ich würde Euch zu gern erneut provozieren. Wie wär's denn damit: wie werdet Ihr denn mit dem Gefühl fertig, daß wir uns so allmählich dem Höhepunkt des Lebens nähern? Gaby, wollen wir raufen? Du bist höchstwahrscheinlich, auch wenn Dein Zorn Dich nicht mehr beflügelt, die Stärkere. Im übrigen: Ich wollte Euch nicht kränken, das glaubt Ihr mir hoffentlich. Auch ich bin natürlich für Pressefreiheit, mache ja auch ausgiebig Gebrauch davon. Also bitte Schwamm drüber.

So, nun zur Sache: mir geht's sehr gut, keine Spur von »gramzerfressen«, vielleicht ein bißchen ehrgeizbesessen. Aber dafür gibt es auch andere Beispiele in unserer Runde, z. B. Strecke, vor der ich alle Achtung habe und der ich sehr herzlich gratuliere. Examen kann ich leider nicht melden, dafür bin ich z. Zt. Lektorin im Rowohlt-Verlag, Mitarbeiterin der Frankfurter Allgemeinen, des Handelsblatts, des Süddeutschen Rundfunks usw., last not least meines Mannes. Bisher bleibt aber alles noch im Dilettantismus stecken.

Laßt es Euch allen gut gehen, Euch alles Schöne, Zufriedenheit, Glück und Freude wünschen von

Eurer Maria

P. S. Was haltet Ihr von der Idee, die Strecke und Ruth zu einem Klassentreffen herüberzulotsen? Wir könnten doch alle ein bißchen dabei helfen. Sonst hat die Strecke am Ende recht, daß sich doch keiner ernsthaft um den anderen kümmert. Vielleicht gibt es mal einen Chemikerkongreß, zu dem wir Nicht-Fachleute fahren und die Strecke zu einer Rundreise abholen könnten. Und für Ruth? Gibt es nicht irgendeine Gelegenheit?

77 Ingetraut Raabe, Wien, 25. 7. 61

Liebe »Briefschwestern«!

Die etwas verplüschte Anrede entspringt der Atmosphäre dieser Stadt, die mir immer etwas angestaubt und eben plüschig vorkommt. Aber nun erstmal der Reihe nach: Mein Mann ist seit Anfang dieses Jahres Korrespondent für Südosteuropa (mit Sitz in Wien) für »Die Welt«. Viel schneller als gedacht bekamen wir eine Wohnung, und der ganze Umzug mit all seinen Vorbereitungen, die ich ja fast alle allein erledigen mußte, ging mehr als hopplahopp.

Nun sind die Kinder und ich seit genau vier Monaten in Wien. Wir bewohnen in einem der schönsten Vororte Wiens ein Haus mit großem Garten für uns allein, und das ist einfach himmlisch. Die Stadt und ihre Umgebung sind zauberhaft, und ich falle immer von einer Begeisterung in die andere. Ich könnte stundenlang durch die engen Gassen kriechen, die vielen herrlichen Parks und Gärten durchwandern, ich habe Schloß Schönbrunn und Schoß Belvedere gesehen, und es wird noch sehr lange dauern, bis ich alles entdeckt habe, was es zu entdecken gibt. So weit ist's also wunderbar hier!

Trotzdem fiel mir das Eingewöhnen nicht leicht. Ich habe anfangs immer mit der Bundesrepublik verglichen und nicht einsehen wollen, daß Österreich (trotz ähnlich klingender Sprache) eben doch viel mehr nach Osten ausgerichtet ist als nach Westen (von Wien nach München braucht man ca. sechs Stunden, nach Budapest knapp drei mit dem Auto). Es ist alles anders als bei uns, man ist hier in allem fünf bis dreißig Jahre zurück, und die einfachsten Sachen, die bei uns selbstverständlich sind, werden als tolle Errungenschaft bestaunt. Alles wird so umständlich und unrationell wie möglich erledigt. Auf den Ämtern rennen sich die Beamten gegenseitig um, weil die Posten sowohl von Anhängern der »Roten« wie auch der »Schwarzen« besetzt sein müssen. Österreich ist teuer: Die einfachen Lebensmittel sind zwar billiger, aber Textilien, Möbel usw. wesentlich teurer als bei uns. Ich schreibe davon so ausführlich, weil man ja Österreich normalerweise nur als Tourist erlebt, und da sieht's halt anders aus. Wir sagen immer: Für die schöne Landschaft können die Österreicher nichts, und wenn sie etwas dafür könnten, wäre sie wohl nicht so schön. Und ganz böse Zungen behaupten, Österreich solle nicht immer von Entwicklungshilfe für die unterentwickelten Länder reden, es hätte diese Entwicklungshilfe oft genug selbst nötig. Das ist natürlich bißchen übertrieben. Aber das ganze Volk scheint nur von der Vergangenheit zu zehren, mit der Gegenwart werden sie nicht ganz fertig. Z. B. haben sie große Schwierigkeiten mit dem Verkehr. Natürlich ist's schwierig, die Straßen der Innenstadt sind eng, aber auch andere Länder haben solche Probleme. Hier gibt's Kreuzungen, auf denen zwei Polizisten rumstehen (einer für Gradaus und einer für den Querverkehr), und obendrüber hängt nochmal 'ne Ampel. Ich bin nur immer dankbar, daß sich die Polizisten wenigstens vorher einigen, wer was macht. Verkehrsschilder sind so völlig idiotisch angebracht, daß sie nur der Kenner entdeckt. Von Dänemark könnten sie was lernen in puncto Landwirtschaft und Sauberkeit (hier ist alles ein bißl »schlampert«) und von den Franzosen die Küche, bei den Holländern könnten sie sich etwas über Wohnkultur sagen lassen – ich könnte noch etliches an Beispielen anführen, aber ich habe dieses Buch ja nicht für mich gepachtet.

Aber wie schon gesagt, wir genießen trotz vielem Ärger

halt auch sehr viel Schönes. Und Wien ist unbedingt eine Reise wert.

Jetzt für alle alles Gute und herzliche Glückwünsche für alle neuen Babys und sonstigen Erfolge

Eure Inge

78 ELISABETH VON SCHICKFUS, LÜNEBURG, 31. 10. 61

Ihr Lieben alle!

Zu nett, von Euch allen wieder zu hören. Ich habe mich auch schon zwei Jahre auf den Rundbrief gefreut. Unsere Zeit in Canada wurde kurzfristig noch um ½ Jahr verlängert, so daß wir 3 ½ Jahre im fernen Amerika waren. Wir haben die Jahre voll und mit Verstand genossen, es ist doch ein anderer Lebensstandard für uns gewesen. Durch herrliche Urlaubsreisen lernten wir Canada fast besser kennen als viele Canadier. Mein Mann und ich konnten vor zwei Jahren eine 5 ½ Wochen lange Fahrt mit dem Auto quer durch den Kontinent machen. Es war aber nicht immer Urlaub, leider. In Ottawa hatten wir auch abends meist Dienst, in Form von ewigen Cocktailparties. Oft fünf in einer Woche. Immer Diplomaten, oft dieselben Gesichter. Ich bin recht froh, daß wir das hier nicht haben, es war nicht immer so schön, wie es sich anhört. Wir hatten einen sehr netten Freundeskreis von deutschsprachigen Canadiern. Auswanderer, meist Flüchtlinge, die durch Fleiß und eiserne Energie sich bescheidene Stellungen in verschiedenen Berufen erarbeitet haben. Von ihnen fiel uns die Trennung im vorigen Herbst am schwersten. Mit einem weinenden und einem lachenden Auge bestiegen wir unseren Frachter. Nach einem Vierteljahr aus dem Koffer zogen wir hier in Lüneburg ein. 5-Zimmer-Wohnung im 4-Familienhaus. Ich mache meinen Haushalt wieder allein ohne Hilfe. Mein Tag ist restlos ausgefüllt, und es ist doch wieder schön, in Deutschland zu sein. »Nischte nich, ok heem«, sagte der Schlesier. Unsere Mädels haben beide eine 5 in Deutsch, die abgearbeitet werden muß.

Und jetzt hoffen wir so, daß die Berlinkrise sich doch noch irgendwie zum Guten löst. Am ersten Advent kommen hoffentlich Erika, Ilschen und Edda her, dann machen wir kleines Klassentreffen, und Euch werden die Ohren klingen. Maria, Du bis ja schön frech gewesen mit Deinem Vorwurf, es ist aber wirklich sehr amüsant, was Du für Erfolge erzielt hast. Der Rundbrief war wirklich etwas eintönig geworden. Aber getroffene Hunde bellen! Ich natürlich auch mit! Besonders wir Mütter von kleinen Kindern sind so ausgefüllt mit den täglichen Freuden, Pflichten und Nöten um die Kleinen, daß keine Zeit für höhere Gedankenflüge bleibt. Aber warte nur, balde! Noch einen Vorschlag: Wer irgend kann, sollte doch mal ein Päckel mit etwas Eßbarem oder anderen nützlichen Sachen an Ruth und Bärbel schicken. Auch wenn's bescheiden ist, werden sie es sicher als lieben Gruß verstehen, und ich könnte mir vorstellen, daß sie sich darüber freuen. Wir haben sie doch nicht vergessen! Sie gehören wie immer genauso zu unserer Freundschaft wie wir alle, die diesen Rundbrief schreiben. Der Rundbrief kennt keine Grenzen, das ist ja grad das Nette!

Euch allen die herzlichsten Grüße! In alter Verbundenheit gibt Euch die Hand

Eure Schicke

79 Gerta Simon, Stockdorf, 26. 11. 61

Ihr lieben Höhepunkte!

Maria hat einen neuen Köder ausgeworfen [Brief 76], und ich beiße gleich an. (Obwohl ich, liebe Maria, mich des Eindrucks nicht ganz erwehren kann, daß Du uns nicht so 100 Prozent für voll nimmst, sondern daß es Dir geht wie

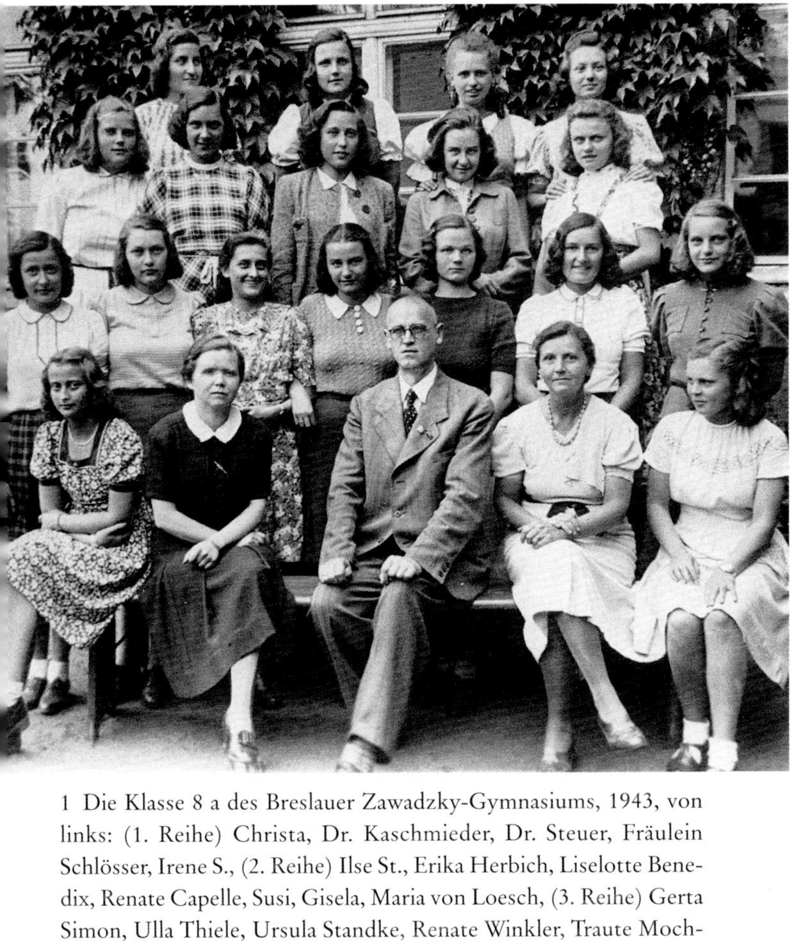

1 Die Klasse 8 a des Breslauer Zawadzky-Gymnasiums, 1943, von links: (1. Reihe) Christa, Dr. Kaschmieder, Dr. Steuer, Fräulein Schlösser, Irene S., (2. Reihe) Ilse St., Erika Herbich, Liselotte Benedix, Renate Capelle, Susi, Gisela, Maria von Loesch, (3. Reihe) Gerta Simon, Ulla Thiele, Ursula Standke, Renate Winkler, Traute Mochner, (4. Reihe) Barbara Str., Herta Simon, Karola Kl., Gabriela Stockert

2 Blick über Breslau, im Vordergrund die Sandkirche auf der Sandinsel, um 1930 (Foto: AKG Berlin)

3 Abiturausflug ins Riesengebirge, Sommer 1943, von links: (vorn) Ulla Thiele, Renate Capelle, Liselotte Benedix; (hinten) Herta Simon, Elisabeth von Schaubert, Gabriela Stockert, Ursula Standke, Gerta Simon, Traute Mochner, Ingetraut Raabe, Barbara Str., Helga

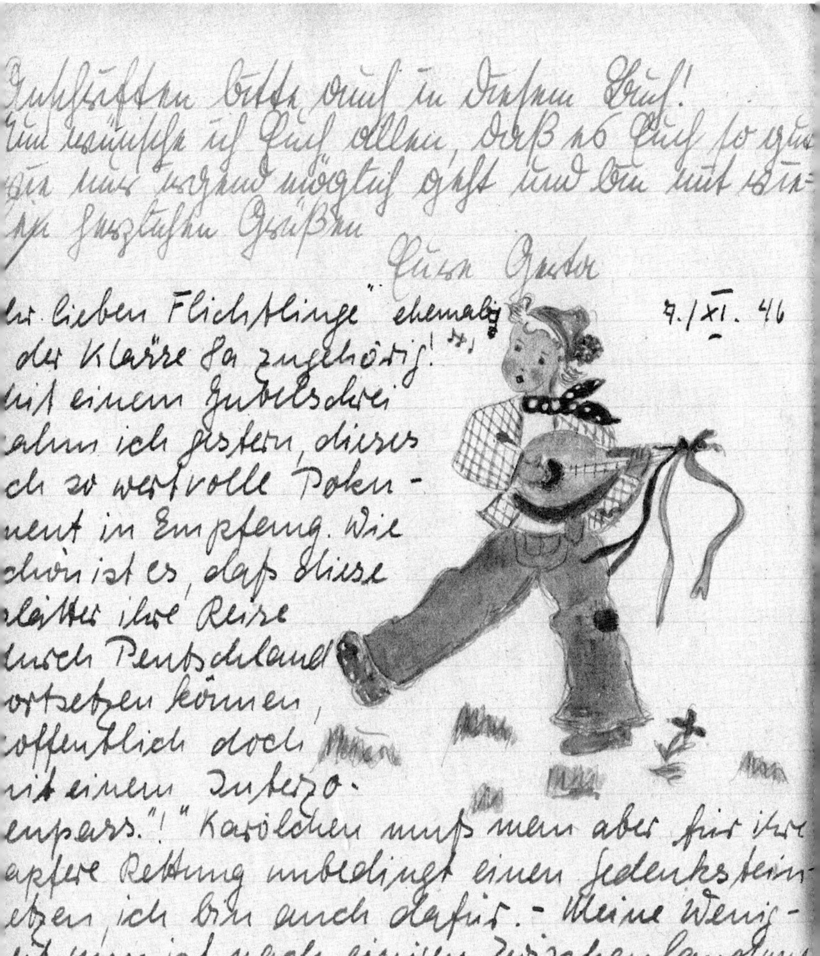
Geschichten bitte auch in diesem Buch!
Nun wünsche ich Euch allen, daß es Euch so gut
geht wie nur irgend möglich geht und bin mit vie-
len herzlichen Grüßen
Eure Gerda

r. lieben Flüchtlinge" ehemals 7./XI. 46
der Klasse 8a zugehörig!
it einem Jubelschrei
ahm ich gestern dieses
ch so wertvolle Dokument in Empfang. Wie
chön ist es, daß diese
lätter ihre Reise
urch Deutschland
ortsetzen können,
offentlich doch
it einem Intermezzo.
enpass."! „Karolchen muß man aber für ihre
apfere Rettung unbedingt einen Gedenkstein
etzen, ich bin auch dafür. – Meine Wenig-
eit nun ist nach einigen Zwischenlandungen

4 Seite aus dem ersten Rundbriefband mit einer Zeichnung von Ursula Standke

5 Beim ersten Klassentreffen in Braunschweig, Ostern 1952, von links: Herta Simon, Renate Winkler, Ingetraut Raabe, Gerta Simon, Ursula Standke, Edda, Ilse St., Liselotte Benedix

6 »Das Fähnlein der sieben Aufrechten« lautete der Kommentar zu diesem Foto im Rundbrief 1954, von links: Herta Simon, Erika Herbich, Gerta Simon, Barbara Str., Liselotte Benedix, Ilse St., Ruth Matzner

7 Wieder ein Klassentreffen, mit neuer Besetzung, aber unveränderter Fröhlichkeit, 1962, von links (sitzend): Edda, Ilse St., Susi, Gisela, Elisabeth von Schickfus, Theda, Hanna Borsche, links stehend: Herta Simon und Renate Winkler

8 1964 in Frankfurt, von links: Renate Winkler, Eva-Maria Schlaak, Maria von Loesch, Elisabeth von Schaubert, Herta und Gerta Simon, Ursula Stütz (mit Sonnenbrille), Jutta von Haugwitz, Gabriela Stockert, Anneliese, Traute Mochner, Theda, Ursula Standke, Hanna Borsche, vorn: Susi

9 Die Wiedergefundene: Renate Capelle, 1981

10 Die Klasse von einst fast wieder vollständig, 1983, von links: (ganz hinten) Elisabeth von Schaubert, Maria von Loesch, Jutta von Haugwitz, Susi, Ursula Standke, Theda; (Mitte) Ingetraut Raabe, Erika Herbich, Lore Buschendorff, Liselotte Benedix, Herta Simon (mit heller Jacke), Renate Winkler, Hanna Borsche, Ilse St.; (vorn) Anneliese, Renate T., Irene S.

11 Gruppenbild mit Damen und Enkelkind, 1995, von links: (hinten) eine Verwandte, Uschi Strogies, Maria von Loesch, Jutta von Haugwitz, Gerta Simon, Erika Herbich, Gabriela Stockert, Ilse St., Sieglinde; (Mitte) Walburg, Theda, Hanna Borsche, Ursula Standke, Anneliese, Herta Simon; (vorn) Ingetraut Raabe

mir als Lehrerin, wenn ich ein Aufsatzthema stellte und schmunzelnd dachte: Na, mal sehen, was sie wieder zusammenkritzeln.)

Was verstehst Du unter Höhepunkt des Lebens? Unser Durchschnittsalter dürfte 35/36 sein, also schätzungsweise die Hälfte unseres Erdenwallens. Da aber die Lebenserwartungen heute ziemlich hoch sind, hoffen sicher viele von uns, noch wesentlich älter zu werden als 70, und wer weiß, ob der Höhepunkt unbedingt die Mitte sein muß? Vom Bergsteigen her wissen wir, daß der Aufstieg doch wesentlich länger dauert als der Abstieg und daß man sich außerdem meistens eine ganze Weile auf dem Gipfel aufzuhalten pflegt, denn wozu wäre man sonst aufgestiegen?

Nun kommt noch dazu, daß unsere »Höhepunktsberechnungen« ja sehr verschiedene Bereiche unserer Persönlichkeit umfassen müssen. Zum Beispiel hatte ich den Höhepunkt meiner Körperkraft im Arbeitsdienst erreicht, als ich in Adolfs Auftrag Mist breitete, Garben band und Heu gabelte. Viele von Euch werden das auch sagen, bei anderen liegt er vielleicht sogar noch in der Zeit, als Ihr Euch unter »Wolfens« Regie so bewunderungswürdig um das Reck wandet oder am Barren schwangt. Manche konnten das doch wirklich beneidenswert gut!

Den Höhepunkt meines Körpergewichtes hingegen hoffe ich jetzt erreicht zu haben und hätte gegen einen baldigen Abstieg absolut nichts einzuwenden. Denn leider bin ich im Augenblick ziemlich rund, obwohl ich ja nie mager war. Der Höhepunkt meines Wissens lag wohl beim Abschluß meiner Mittelschullehrerprüfung, da aber Wissen noch nicht = Bildung ist, sondern da sogar mal jemand Berühmtes gesagt haben soll, Bildung fange erst da an, wenn man alles vergessen habe, was man gelernt hat, stünde wohl im Augenblick einem »Bildungshöhepunkt« nichts im Wege!

Auf dem Höhepunkt des Erfolges fühle ich mich immer dann, wenn meine 2 ½jährige Tochter das tut, was ich sage, das kommt nämlich ab und zu auch mal vor. Aber auch hier hoffe ich, daß nicht allzubald der Abstieg kommt, denn sonst sehe ich für die Erziehung meiner Kinder schwarz. Den Höhepunkt der Freude durfte ich schon zwei Mal erleben, als man mir ein Bündel in den Arm legte und erklärte, dies sei mein Baby. Den Höhepunkt der Schönheit dürften wir wohl als »Damen mittleren Alters« bereits überschritten haben, ich glaube, bei mir lag er so etwa bei drei Jahren, später drückte mich die Schönheit dann nicht mehr sonderlich.

Doch nun Schluß mit den Höhepunkten, ich bin gespannt, was Ihr darüber schreibt. Ich hoffe jedoch, noch einige Höhepunkte vor mir zu haben, nämlich die der Weisheit, Lebenserfahrung, Güte, die wohl erst alle den reiferen Lebensjahren vorbehalten bleiben!

Elisabeth, Du schreibst, unsere Berichte seien in der Tat etwas monoton geworden, ich glaube, daß es wohl auch daran liegt, daß unser Lebensschiff aus den wilden Gewässern der Sturm-und-Drang-Zeit in den Hafen der Ehe oder der abgeschlossenen Berufsausbildung eingelaufen ist, wo es nun nicht mehr so sehr viel äußerlich Neues und Aufregendes gibt, sondern wo es jetzt gilt, sich innerlich zu bewähren, was wohl die größere Aufgabe ist. Was Du über unsere beiden Mitteldeutschen schreibst, liebe Elisabeth, kann ich nur bekräftigen. Sie sollen wissen, daß wir immer an sie denken und daß sie unbedingt zu uns gehören!

Seid wie immer herzlichst gegrüßt von Eurer Gerta, die Euch allen alles Gute wünscht.

80 Ulla Thiele, Karlsruhe, 1. 1. 62

Liebe Klasse,

ich hatte diesmal Zeit, den Rundbrief in aller Ruhe zu lesen, und meine, nachdem ich beim letzten Mal sehr kurz einschrieb, nun wohl doch noch einmal zu Marias vorigem Schreiben Stellung nehmen zu müssen. Außer mir haben's wohl alle getan. Meine Eintragungen in den Rundbrief sind nicht anders als Eure. Mein Leben verlief bisher so, wie man es sich wohl wünschen kann. Ich habe eine Familie, und wir teilen Freude und Kummer miteinander. (Daß ich das besonders zu schätzen weiß, könnt Ihr Euch denken, da Ihr vielleicht noch wißt, daß ich im Waisenhaus groß wurde.) Je nach Temperament und Schreibgewandtheit drückt Ihr Euch nun alle ziemlich »dagegen« aus. Ganz besonders heftig nimmt Gaby dagegen Stellung. Ich kann mich Eurer Meinung, zumindest aber der Heftigkeit, nicht ganz anschließen. Wir wissen doch alle, daß Maria durch sehr Schweres gehen mußte und daß sie einmal etwas hergeben mußte, was wir eben alle noch ungeteilt besitzen. [Brief 64] Meint Ihr nicht, daß man da vielleicht auch einmal so reagieren kann, weil man es vielleicht einfach nicht ganz glaubt, daß bei denen, mit denen man zur Schule ging – und die doch ungefähr Ähnliches erleben müßten – alles so glatt und reibungslos geht. Maria ist doch auch sehr kritisch mit sich selbst, und, wenn Ihr etwas mit dem Herzen lest, zu dieser Zeit auch sehr traurig. Im übrigen schreibt sie doch selbst, daß es wohl nicht ganz einfach sei, den Rundbrief so zu führen, daß er mehr von unserem inneren Leben und Lernen oder auch Nicht-Erreichen bringt.

Ich freue mich, daß Maria durch ihre Ehe nun in ihren Neigungen so unterstützt wird und so besonders viel Verständnis dafür findet. Im übrigen muß ich Marias Meinung sogar etwas teilen: All unser Glück über die Kinder, Familie, schöne, manchmal sogar sehr weite Reisen, über das Anwachsen des Wohlstandes – seien es Häuser, Autos oder sonstiges – müssen doch diejenigen unter uns traurig machen, die das nicht haben. Vielleicht einfach nur nicht, weil sie eben nicht zu zweit sind. Das sind aber doch alles äußere Dinge, sozusagen die Fassade – wie's nun dahinter aussieht und was wir damit anzufangen wissen, das sollten die anderen eben auch wissen.

Ich will ruhig sehr deutlich sein und sagen, daß mir aufgefallen ist, daß Bärbel, Ilse oder Ruth z. B. besonders kurze Berichte geben und Bärbel diesmal doch z. B. sehr deutlich ausspricht, wie's ihr ist.

Das Thema »Höhepunkt« hat Gerta so reizend gelöst, daß ich nichts hinzufügen möchte, weil ich's einfach nicht besser weiß und kann. Überhaupt – verzeiht meinen langen Erguß. Ich bin auch mit den Jahren nicht gewandter im Ausdruck geworden, als ich's in der Schule war. Aber vielleicht versteht Ihr auch so, wie ich's meine.

Ich wünsche Euch allen das Allerbeste für 1962
Eure Ulla

81 Hanna Borsche, Berlin, 11. 3. 62

Liebe alte Klasse,

über »den Höhepunkt, besser die Höhepunkte, meines Lebens« will ich erst schreiben, wenn ich 70 oder 80 bin, so ich es so weit schaffe. Von meinem heutigen Stand aus betrachtet, stimme ich freudig den so zauberhaften Ausführungen von Gertel zu. Solange ich noch aktiv am Leben teilnehmen kann, hoffe ich, noch viele Höhepunkte zu finden, die dem Alter entsprechend sicher verschiedener Art sein werden. Auf alle Fälle wird wohl das »Wie« und nicht das »Was« entscheidend sein. Maria wird sicherlich in ihrem nächsten Brief selbst noch zu dem aufgeworfenen Thema Stellung nehmen, die ich bisher vermißt habe.

Nun muß ich schnell noch zur aktuellen politischen Lage etwas sagen. Ich kann durchaus nicht die Meinung teilen, daß sich hier in Berlin »ja alles wieder beruhigt hat«. Ja, viele haben sich an den augenblicklichen Zustand gewöhnt, aber gerade diese Gewöhnung und das Sich-Abfinden finde ich sehr übel. Drüben können sie es leider nicht mehr anders. Wenn ich jetzt nur unser Persönliches herausgreife, von den tragischen Menschenschicksalen hier und dem politischen Treiben ganz zu schweigen, so fühlen wir uns in unseren

Entscheidungen und Beschlüssen doch sehr gehemmt und eingeengt. Man fühlt immer etwas Unberechenbares über sich. So haben wir z. B. auch unsere Haus- oder Wohnungspläne seit dem 13. 8. aufgeschoben. Wir müssen uns unbedingt vergrößern, denn die Kinder wachsen heran und brauchen ihre eigenen Zimmer. [...]

Wir sind gottlob alle gesund und munter und freuen uns auf die Ferien in Bornholm/Dänemark.

Mit herzlichen Grüßen und Wünschen

Eure Hanna

82 Ruth Matzner, Halle, 2. 8. 62

Meine Lieben!

Ich kann diesmal auch von einer Auslandsreise berichten. Sie liegt allerdings schon weit zurück und führte mich im Juni/Juli vorigen Jahres nach Bulgarien ans Schwarze Meer. Unser Ziel war Varna bzw. ein wenige Kilometer von dort entfernter, moderner Kurort mit dem klingenden Namen »Sladny piazzazi« [Zlatni piasâci], »Goldener Sand« – was auch stimmt. Der Sand ist weniger weiß als an unserer Ostseeküste, sondern mehr goldgelb. Wenn ich jetzt von »uns« spreche, so meine ich damit unsere Reisegesellschaft. Ansonsten habe ich mich nämlich ganz solo in fremde Lande gewagt. Es war eine sogenannte Campingreise mit Bahnfahrt hin und zurück, was ich mir der geringeren Kosten wegen ausgesucht und nicht bereut habe. Wir sind zwar jedesmal drei Tage unterwegs gewesen, haben aber recht viel dabei gesehen und auch ein bißchen Land und Leute kennengelernt. Die Fahrt war bei weitem nicht so anstrengend, wie man das vielleicht vermuten könnte. Ich kann sogar beinahe sagen, ich fand sie erholsam. Wir sind im sogenannten Liegewagen gefahren, und da wir nur zu viert in unserem Abteil waren, haben wir's uns recht bequem gemacht. Verpflegt wurden wir ganz erstklassig von der Mitropa. Unsere Fahrt begann in Dresden, und es ging dann über Bad Schandau in die ČSSR, durch Prag und Bratislawa. Am Abend kamen wir an die ungarische Grenze und in die Puszta hinein mit ihren typischen Ziehbrunnen. Budapest konnten wir nachts nur am Lichtermeer erkennen. Am nächsten Tag lernten wir dann Rumänien kennen, und nachts passierten wir die Karpaten. Am frühen Morgen fuhren wir dann über die Donau nach Bulgarien hinein und kamen gegen Mittag in Varna an. Dann führte uns noch eine kurze Autofahrt am Schwarzen Meer entlang zu unserem Goldenen Strand. Dort bewohnten wir dann immer zu zweit kleine Campinghäuschen, die entweder im Wald oder ganz nah am Strand lagen, wie meines auch. Der ganze Ort sieht mit seinen hochmodernen, weißen Häusern, dem ewig blauen Himmel und Meer und den Bergen im Hintergrund einfach märchenhaft aus. Damit habe ich aber nun genug davon erzählt, denn für Euch sind Auslandsreisen ja wohl nichts Besonderes mehr. Aber wir humpeln halt ein bißchen damit nach. In diesem Jahr habe ich dann ganz schlicht mit der Ostsee vorlieb genommen, d. h. ich mußte froh sein, zwei Ferienplätze für meine Mutter und mich in Graal-Müritz zu bekommen.

Es grüßt Euch alle herzlichst

Eure Ruth

83 Barbara Str., o. O., 16. 8. 62

Meine liebe Klasse!

Ihr habt mich wirklich überzeugt – unsere Freundschaft wird auch weiterhin so fest bleiben wie bisher! Meinen letzten Schrieb dürft Ihr mir nicht übelnehmen, aber man kommt sich eben manchmal recht vereinsamt vor – Euch würde es gewiß ebenso gehen! Ich danke Euch herzlich für Eure lieben Worte und Grüße, die mich im Laufe des letzten Jahres erreichten! Ich würde Euch sehr gern mal besuchen, aber das wird wohl in der nächsten Zeit nicht möglich sein – zu Chemikerkongressen dürfen wir nicht mehr fahren, liebe Maria – und Privatreisen sind auch ausgeschlossen! Sobald ich eine Möglichkeit sehe, werde ich sie natürlich ausnutzen – es ist nur gänzlich unbestimmt! Jetzt kann ich Euch nur bitten, den Rundbrief nicht so lange liegenzulassen, damit man öfter in den Genuß kommt.

Ich promoviere noch immer und denke, daß es auch mindestens noch zwei Jahre dauern wird, bis ich fertig bin. Unser Professor kam im vorigen Jahr aus seinem Sommerurlaub nicht mehr zurück, und da mußte ich nochmal von vorn anfangen. Zur Zeit bin ich in Urlaub in Thüringen und genieße die Freizeit, die ich sonst nie habe. Die Arbeit ist sehr mühsam und schwierig, und ich muß private Dinge von vornherein abschreiben.

Vor einigen Wochen war ein Kollege aus dem Institut für anorganische Chemie zu einer Tagung in Breslau. Er brachte sehr interessante Bilder mit (er ist übrigens auch Schlesier), von denen ich am Schluß einige einklebe. Breslau ist jetzt zum Teil wiederaufgebaut worden. Die Teilnehmer der Tagung wohnten im ehemaligen Parkhotel. Ich habe die Bilder gleich abgezogen und denke, daß sie Euch auch an viele schöne Stunden erinnern werden. Uns hat der Bericht über Breslau natürlich sehr aufgeregt. Es war doch die schönste und sorgloseste Zeit!

Recht herzliche Glückwünsche zu allen freudigen Ereignissen.

Alles, alles Gute und liebe Grüße
Eure Bärbel

84 Maria von Loesch, Bad Homburg, 8. 4. 63

Ihr Lieben,

es ist ein Uhr nachts, und ich habe den Rundbrief erst am Nachmittag erhalten, aber ich will Euch wenigstens die eine

Freude machen (wenn ich sonst so viel Unmut errege) und ihn gleich am nächsten Tag weiterschicken. [...]

Gerta, du triffst es genau: ich wollte nichts als provozieren und ein wenig anregen, Bilanz zu ziehen. Gewiß – das gebe ich zu, Traute –, es war nicht fair, daß ich mich selbst aus der Affaire zog (aber bestimmt nicht aus Hochmut!). Bei mir zieht halt immer Sylvesterstimmung ein, wenn ich den Rundbrief lese. Wir haben hier in großen Abständen Kilometersteine unseres Lebens festgelegt, und es bleibt gar nicht aus, daß wir die Strecke auch einmal zurückschauen, ob wir unsere Gedanken dabei festhalten, ist eine andere Frage. Gaby, Du hast Dir Deine Fröhlichkeit erhalten, und ich find es schön, daß Du Dir die guten Dinge aufbewahrst. Aber zu meinem Leben gehört es nun mal, daß ich mich selbst dauernd in Frage stelle. Das liegt tief in unserem Wesen verankert und hat sich doch schon in unserer Schulzeit gezeigt. Ich glaube nicht, Traute, daß ich negativ kritisieren wollte. Vielleicht habe ich meine Frage zu salopp ironisch hingeworfen. Ironie und Satire ist eine gute Waffe, sich selbst nicht allzuwichtig zu nehmen. Gerta, Du hast so wunderbar darauf reagiert, das ist richtig ein Meisterstück. Dir, Ulla, danke ich von Herzen. Es ist sehr lieb von Dir wie Du Dich in die Situation des anderen einfühlst.

Nein, mein Leben ist keineswegs ungewöhnlich: Ich bin Hausfrau mit keiner oder nur seltener Putzfrau wie Ihr alle, mit Garten wie viele, mit einem anspruchsvollen Mann wie auch viele von Euch. Meine Kinder sind jetzt sämtliche Ferien bei mir. In der Zwischenzeit versuche ich zu arbeiten. [...]

Ja, ich finde doch, daß wir gewissermaßen auf einem Höhepunkt stehen: Wir sind jetzt imstande, Wichtiges zu überblicken, was uns wichtig ist, wird jeder für sich entscheiden. Aber bewußt leben kann man erst nach einer gewissen Reife, einem gerüttelten Maß an Leid und Entsagung. Ich habe mit »Höhepunkt« nicht gemeint, daß es danach spürbar bergab geht, es war also wohl ein schiefes Bild.

Ich finde, jetzt sollte jemand anderes mal ein Thema stellen, es ist doch schön, wenn wir uns in diesem Buch unterhalten (nicht nur berichten) und meinetwegen auch streiten.

Sehr schöne Grüße Euch allen und alle guten Wünsche für Euch und Eure Lieben von

Eurer Maria

85 Ingetraut Raabe, Wien, 12. 8. 63

Ihr Lieben!

Wir sitzen noch immer in Wien, und ich hoffe sehr, daß dieser Glücksfall noch eine Weile anhält. Wir fühlen uns ganz ungemein wohl hier. Man hat sich an manches gewöhnt, was man anfangs unmöglich fand, die Kritik ist milder geworden, und das »da kann man eh nix machen« ist mir jetzt schon ganz vertraut und regt mich nicht mehr auf. Außerdem habe ich festgestellt, daß es uns mit unserer deutschen Gründlichkeit ganz gut tut, hier zu lernen, daß man nicht immer alles so furchtbar wichtig nehmen muß. Und die deutsche Tüchtigkeit wird zwar anerkannt, aber gleichzeitig immer mit leisem Mißtrauen beobachtet. Der »große Bruder« wird geliebt, aber auch gefürchtet. Wenn man auf das Wirtschaftswunder angesprochen wird, klingen in den Fragen sowohl Bewunderung als auch eine Spur Mitleid mit: Wie kann man sich so auffressen lassen vom Geschäft, da kann man das Leben ja gar nicht recht genießen.

Und genießen tut man hier gern, im Sommer beim Heurigen, im Winter bei den großen Bällen, von denen jede Zunft, jeder Club, jede Interessengemeinschaft einen eigenen veranstaltet. Wenn man nach Weihnachten den Ballkalender, der täglich in der Zeitung gedruckt wird, liest, hält man Österreich eher für einen Ständestaat als für eine Demokratie. »Ball der Söhne und Töchter der Frisöre«, »Ball der Fleischhauer« usw.; seitdem weiß ich überhaupt erst, was es alles für Handwerker gibt! Der Opernball ist ein herrliches Fest, er ist gar nicht so versnobt, wie immer geschrieben wird. Wir amüsieren uns immer bestens, es gibt viel zu sehen, man trifft zig Bekannte, mit denen man dann loswalzt, und es ist nie steif und förmlich, und selbst auf den offiziellen Staatsempfängen kommt nach spätestens zwei Stunden eine Heurigenstimmung auf. Bei den Staatsempfängen lädt der Bundeskanzler bzw. der Bundespräsident meist nach Schloß Schönbrunn ein. Und das ist märchenhaft: Das Schloß, Park, Springbrunnen, alles angestrahlt; die Leutchen, die durch die wunderschönen Räume wandern, alle in Frack und großem Abendkleid gewandet, der reinste Augenschmaus, und dazu gibt's dann noch gut zu essen!

Genauso nett, aber eine völlig andere Art von Geselligkeit erlebt man beim Heurigen. Der echte Wiener zieht meist schon im Spätnachmittag in die Buschenschänken, nimmt seine »Jause« oder das »Nachtmahl« im »Sackerl« mit und bestellt beim Wirt nur ein Vierterl (oder zwei) und pilgert gegen zehn Uhr abends wieder heim. (Wir Nicht-Wiener halten meist etwas länger aus!) Das ist eine völlig unaufwendige und sehr, sehr gemütliche Sache, bei der man auch mit dem Nachbarn ins Gespräch kommt.

Beruflich geht es meinem Mann sehr gut. Er macht viele Reise in die Ostblockstaaten, journalistisch recht interessant und reizvoll, weil ja bisher Jugoslawien, Rumänien, Bulgarien nicht allzu großzügig mit Einreisegenehmigungen waren. Ich konnte neulich mal mit nach Budapest, als U-Thant den ungarischen Ministerpräsidenten Kádár besuchte. Budapest ist eine wunderschöne Stadt, besonders die Altstadt, die auf der anderen Seite der Donau hoch auf den Bergen liegt, hat mir's angetan. Man spürt auch noch hin und wieder den Glanz der alten Monarchie, aber sonst ... Verhältnismäßig liberal wird der Kommunismus in Jugoslawien praktiziert, den Unterschied zwischen Titos und Kádárs Regierung hab' ich auch erst hier kennengelernt.

Es ist auch ein Grund, weshalb ich so gern in Wien bin: ich lerne so viele Menschen anderer Nationen kennen, jeder berichtet von seinem Land, von seinen Problemen, es ist nie langweilig, und man lernt eine Menge dazu. Außerdem bin ich vernarrt in die schöne Stadt, in den zu Recht so besungenen Wienerwald, in die ganze schöne Umgebung.

Jetzt aber Schluß! Macht's alle gut, alles Liebe und »Servus«

Eure Ingetraut

86 Eva-Maria Schlaak, Köln-Porz, 2. 11. 64

Liebe alte Klasse!

[...] Wie schon am Beginn vermerkt, finde ich immer mehr, daß die Zeit zu schnell vergeht und daß es eine traurige Tatsache ist, daß man ein Drittel seines Lebens verschläft. Da bin ich nun an dem Punkt angelangt, Maria, der Dich interessiert. Du stelltest beim Klassentreffen abschließend fest, daß alle Mütter und »Nur-Hausfrauen« einen zufriedenen Eindruck machten, und Du warst recht erstaunt darüber. Dazu kann ich von mir folgendes sagen: So zufrieden bin ich beim Putzen, Kochen, Flicken und Kindererziehen durchaus nicht. Aber was bleibt einem übrig? Wenn einen Haushalt und Kinder mit der alltäglichen, oft so stupiden Kleinarbeit nicht erdrücken sollen, muß man diese Pflichten eben mit Elan und guter Laune bewältigen, sonst würden wir wohl zu unzufriedenen, mürrischen Geschöpfen werden, die ihren Alltag nur als Last empfinden würden. Ich kann nicht von Haus und drei Kindern weglaufen, um mir eine mich geistig besser ausfüllende Beschäftigung zu suchen, obwohl ich das manchmal möchte, denn sichtbarere Früchte als die Erziehung und der Haushaltskram bringt sicher jede Berufstätigkeit! Unsere Mütter hatten es in so mancher Beziehung besser, denn sie konnten sich für alle unangenehmen Arbeiten eine Haushaltshilfe leisten und sich geistreicheren Dingen hingeben. Aber wer kann das heute?

Maria, Du schriebst mir ferner, daß Du es nicht verstehen könntest, wenn Mütter behaupten, keine Zeit zum Lesen oder anderen kulturellen Dingen zu haben. Ja, theoretisch nehme ich mir auch immer viel vor und habe etliche Pläne, aber in der Praxis sieht das so anders aus! Abends, wenn die Kinder endlich im Bett sind, bin ich oftmals so erschöpft, daß ich nach den ersten fünf Seiten eines noch so interessanten Buches einfach einschlafe. Am Tage komme ich selten dazu, denn ich hatte nur für kurze Zeit eine Putzfrau, die aber meinen Vorstellungen in keiner Weise entsprach, und so muß ich also die gesamte Hausarbeit (6 ½ Zimmer) allein bewältigen. Dazu kommen Schularbeiten von zwei Kindern, Basteleien u. ä. mit der Fünfjährigen und nebenher noch stricken, nähen, ein bissel Gartenarbeit usw. Ja, da bleibt also nur zu hoffen, daß man, wenn die Kinder noch ein paar Jahre älter geworden sind, ein bissel persönliche Freiheit zurückgewinnen kann ...

Da Ihr ein Porträt des »Herrn des Hauses« wünscht, will ich noch schnell ein paar Worte über »ihn« schreiben. Also mein Mann ist zwölf Jahre älter als ich, sehr ruhig (im Gegensatz zu mir) und ein guter Familienvater. Er ist ... bei der ... [geschwärzt] d. h. seit sechs Jahren wieder. (Verzeiht, aber da der Brief über Grenzen geht, ist es besser so.) Wir haben beide in den 14 Jahren unserer Ehe die Ohren mächtig steif halten müssen und hoffen nun geruhsameren Zeiten entgegenzugehen, um das Leben ein bissel mehr genießen und uns den schöneren Seiten zuwenden zu können.

So, das wär's! Seid alle herzlichst gegrüßt von Eurer
Eva-Maria

87 Ingetraut Raabe, Wien, 20. 4. 65

Ihr Lieben!

[...] Jetzt muß ich noch schnell ein paar Takte zu Eva-Marias Brief loswerden, der mich an einigen Stellen doch sehr zum Widerspruch reizt. Du schreibst: »... denn sichtbarere Früchte als die Erziehung und der Haushaltskram bringt sicher jede Berufstätigkeit«. Und zwei Seiten später klebt dann das süße Bildchen von deinen Trabanten. Das kann doch nicht Dein Ernst sein! Da sträubt sich mir als Mutter-Glucke entschieden das Gefieder. Brauchst Du denn noch sichtbarere Früchte? Natürlich gibt's Zeiten, wo man die ganze heißgeliebte Familie ohne Rückfahrkarte auf den Mond schießen möchte, aber das ist sozusagen unser Berufsärger, und Ärger gibt's in jedem Beruf. Außerdem kann es einer Berufstätigen auch passieren, genausowenig oder so viel Freizeit zu haben wie wir, sie müssen ja anschließend auch noch ein bißchen Haushalt machen, von vielen Überstunden in Büros oder Arztpraxen, oder was weiß ich, zu schweigen.

Ich glaube auch nicht, daß unsere Mütter es besser hatten als wir. Sicher, sie hatten meist einen leichteren Start in die Ehe, sie hatten ein paar Jahre lang Haushaltshilfen, aber dann? Krieg und Sorgen und Hunger. Ich halte nichts davon, wenn die jeweils lebende Generation von der »guten alten Zeit« spricht, genausowenig wie ich was davon halte, wenn man alle Pläne auf später verschiebt. Später, wenn man eine Existenz gegründet hat, oder später, wenn die Kinder groß sind, oder später, wenn man pensioniert ist – lieber ein bißchen Glück und Freude jetzt als alles erst später.

Euch allen die herzlichsten Wünsche, kommt gut durch das Jahr, daß recht viel Erfreuliches in Euren Briefen steht, wenn ich sie wiederbekomme.

Viele Grüße Eure Ingetraut

88 Barbara Str., Berlin, 13. 7. 65

Liebe Leutel!

Gestern traf der Teure bei mir ein – dieses Mal war er nur ein reichliches Jahr unterwegs – ein großer Fortschritt!

Seit meiner letzten Eintragung bin ich nun wieder bedeutend »reifer« geworden, d. h. ich bin sozusagen jetzt »ausgereift« – im Oktober war ich mit meiner Promotion fertig. Es ist sogar alles wider Erwarten sehr gut abgelaufen – ich war selbst überrascht. In Leipzig am Institut wollte ich nicht bleiben, und sonst paßte mir auch nichts so recht. Leider ist es nur hier in Berlin sehr schwer, ein Zimmer zu bekommen, so daß ich also dauernd hin- und herpendeln muß – ein unhaltbarer Zustand. Mein Zimmer ist auch recht klein, aber mein Wirt sehr patent. Ich kann mich auch im Wohnzimmer aufhalten, und das ist natürlich recht angenehm [...]

Zuletzt möchte ich Inge noch etwas vom Standpunkt der »Berufstätigen« unterstützen! Es gibt doch eigentlich nichts Schöneres, als Kinder zu erziehen – ich könnte mir keine dankbarere Aufgabe denken, Evemie! Natürlich bringt es der Beruf mit sich, daß man sich weiterbildet, aber auch ein noch so schöner und interessanter Beruf kann ein Frauenleben doch niemals so ganz ausfüllen. Gerade als Frau muß man sich erst einmal durchsetzen und gegenüber den oft recht »klugen« Kollegen behaupten – das ist nicht so einfach! Dann erlebt man – gerade auf chemischem Gebiet – sehr viele Enttäuschungen, denn wie oft ist tage- bzw. wochenlange Arbeit umsonst. Dank erntet man selten – man muß sich eben immer wieder aufraffen und sich auf ein Ziel hin konzentrieren. Das nur »Geistige« ist auch nicht unbedingt erstrebenswert, Evemie, und fifty/ fifty ist nur selten gegeben! Das nächste Mal wirst Du vielleicht auch wieder anders darüber denken!

Herzlichste Grüße und alle guten Wünsche für Euch und Eure Familien

von Eurer Bärbel

89 Liselotte Benedix, Braunschweig, 25. 11. 65

Ihr Lieben!

Es war wieder begeisternd schön, durch Eure Briefe ein Weilchen eng mit Euch verbunden zu sein. So viele lassen uns mit zunehmender Offenheit an ihrem Ergehen teilnehmen, was ich als besondere Bereicherung des Rundbriefes empfinde.

Erlaubt mir, daß ich Bärbels Zeilen aus der Sicht der Berufstätigen noch ein paar Zeilen hinzufüge, obwohl Ingetraut schon so großartig mit ihrer Lebenseinstellung überhaupt sowie vom Standpunkt der Mutter und Hausfrau auf Deinen Brief geantwortet hat, liebe Evemie. Bedenkt einmal, daß Ihr alles, was Ihr tut, für Euch und Eure Familien tun dürft, für Menschen also, die Ihr liebhabt und die Euch unterstützen. Im Beruf kann aber nur der für sich oder den eigenen Namen arbeiten, der sich eine Position wie Bärbel geschaffen hat, wenn man einmal vom Lehrerberuf absieht, der entschieden eine Sonderstellung einnimmt. Wir anderen Berufstätigen müssen tagtäglich nur für andere arbeiten, selbst wenn wir es in unserem meist relativ kleinen Bereich zu einem Höchstmaß an Selbständigkeit bringen sollten. Gehören zu derlei Tätigkeit nicht fast mehr Arbeitsfreude, Idealismus und Humor als im »familieneigenen Betrieb«, auch wenn man ihr natürlich täglich das Beste abzugewinnen versucht?! Mit Ingetraut und Bärbel bin ich aber überzeugt, daß es nächstes Mal bei Dir schon wieder ganz anders aussehen wird, Evemie!

Euch und Euren Lieben wünsche ich von Herzen Glück und Segen für das kommende Jahr

Eure Benne

90 Eva-Maria Schlaak, Köln-Porz, 16. 7. 66

Liebe Klasse!

Wie schön, mal wieder von Euch zu hören! Auch wenn Ihr mich so madig gemacht habt!! Habt Ihr denn alles Musterkinder? Wir jedenfalls nicht, und ich finde nach wie vor, daß die Erziehung ein gewagtes Experiment ist, dessen wahres Resultat man erst nach 20 bis 25 Jahren in der Hand hat. Und das ist doch ein ziemliches »Berufsrisiko« (Bärbel und Inge)! Ich finde, daß die Kinder doch heute mehr als früher mit – meist recht ungünstigen – Umwelteinflüssen konfrontiert werden und daß es sehr schwer ist für Eltern, gegen die materielle Überbewertung zu kämpfen und den Kindern ideelle Werte erstrebenswerter erscheinen zu lassen. Alle, deren Kinder noch unter 10 Jahre sind, haben damit vielleicht noch keinen Kummer, doch das zweite Lebensjahrzehnt bringt so allerlei Kampfgeist mit sich. Doch nun genug davon.

Im vorigen Jahr haben mein Mann und ich eine Studienreise in die Türkei unternommen. Es war ganz, ganz herrlich! Wir hatten drei Jahre einen türkischen Untermieter, der uns so lange zugeredet hat, bis wir uns tatsächlich entschlosen, eine Autoreise in die Türkei zu unternehmen. Mein Mann kratzte alle alten und neuen Urlaubstage zusammen, und so hatten wir sechs Wochen Zeit. Wir fuhren durch Österreich, Italien und Griechenland. Da wir Kontakt zu Bekannten unseres Untermieters hatten, konnten wir in der relativ kurzen Zeit Land und Leute studieren. Rührend die überall spürbare und von Herzen kommende Gastfreundschaft! […]

Allen ein bißchen Glück und Freude wünscht Euch

Eure Eva-Maria

91 Herta Simon, Karlsruhe, 11. 2. 68

Ihr Lieben alle!

Zunächst hab ich die angenehme Nachricht, daß wir wieder zwei Mitstreiter von einst gefunden haben! Herzlich willkommen Renate und Irene! [Brief 92] Renate war bis zur Sexta bei uns, Irene wesentlich länger. Vielen von uns werden sie also noch gut bekannt sein. Gefunden haben wir uns ganz durch Zufall, oder besser gesagt, durch ein freundliches Geschick. Eine Studienfreundin von mir war bei einem Arzt eingeladen, da war Besuch, die Rede kam auf Breslau, im Zusammenhang damit fiel mein Name, da war's geschehen; der Besuch war nämlich Renate. Die Freude war groß, wir verabredeten einen kleinen Ausflug ins Albtal, und der Kontakt war gleich wieder da. Renate wird weiter berichten! Sie steht mit Irene in Verbindung, beiden schickte ich die früheren Rundbriefhefte, und sie sind so einigermaßen auf dem laufenden und hiermit in unsere Runde aufgenommen. – Näheres werden sie selbst berichten. Bei dieser Gelegenheit fanden wir auch unsere liebe alte Lehrerin von der 10. Klasse wieder: Frau von Loewen.

Ein Lob allen für den zügigeren Durchgang des Rundbriefs; das ist auch nötig bei der großen Zahl der Schreiberinnen. An allen Ereignissen, fröhlichen und traurigen, habe ich herzlich Anteil genommen. [...]

Schule und Studienseminar nehmen mich so ziemlich ganz in Anspruch. An beiden herrscht aber ein recht angenehmes Betriebsklima. Zur Zeit ist Hochbetrieb, denn ich muß den alten Referendarkurs durch die Assessorenprüfung schleusen, und der neue ist schon wißbegierig auf gute Ratschläge für die Unterrichtung der lieben Jugend.

Nun Glück auf zur nächsten Runde. Haltet Euch wacker bis zum nächsten Mal, auf Wiederhören, und hoffentlich inzwischen mit vielen auch auf Wiedersehen.

Herzlichst Eure Herta

92 Irene S., Zell b. Würzburg, 7. 3. 68

Ihr lieben Wiedergefundenen!

Wie oft habe ich an Euch gedacht und habe es nie begreifen wollen, daß ich nichts von Euch höre. Es ist einfach überwältigend! Als mich Renate anrief und von ihrem Treffen mit Herta erzählte, war ich so außer Rand und Band, daß ich meine ganze Familie ansteckte. Wir haben ordentlich gefeiert. Ja, Ihr habt richtig gelesen. Ich bin stolze »Besitzerin« einer großen, lieben Familie. [...]

Nach Fabrikeinsatz, Schippen und schrecklicher RAD-Zeit wurden wir am 10. Jan. 45 unserem Schicksal überlassen. Die Russen waren uns buchstäblich auf den Fersen. Wir kamen z. T. noch in Breslau an. Mein Vater mußte in der Festung bleiben und kam später in russ. Gefangenschaft, meine Mutter ging nach Berlin, und ich mußte mich in Schönfeld bei Dresden melden. Zu allem Übel mußte ich am Blinddarm operiert werden, erlebte die furchtbaren Angriffe in Dresden, wurde nach Aussig verschlagen und tippelte dann mit einem RAD-Zahlmeister (hatte viel Geld bei sich) nach Berlin. In Berlin traf ich meine Mutter, baute Abi, wollte ja Medizin studieren (Kinderärztin war mein Ziel), ging dann zum Diakonieverein nach Berlin-Zehlendorf, bestand das große Krankenpflegeexamen und die Säuglingspflege.

Meine Eltern lebten nach der Entlassung meines Vaters aus Kriegsgefangenschaft in Karlstadt und bauten sich mühselig eine neue Existenz auf. Vater war aber schwerkrank entlassen worden. Ich ließ mich für längere Zeit beurlauben, um meinem Vater zu helfen und vor allen Dingen in seiner Nähe zu sein, lernte in Abendkursen Steno, Schreibmaschine und Buchführung und klebte mich buchstäblich als »Tipse« an den Bürostuhl. Während dieser Zeit lernte ich meinen Hermann kennen. Wir hatten einen schweren Start in die Ehe. Mein Mann Spätheimkehrer, Student (Germanistik, Russisch, Zeitungswissenschaften) und ich eine arme

Kirchenmaus. Er bekam 1953 ein Angebot als Volontär an die hiesige Zeitung, nahm an und hat sich zum stellvertretenden Chef hochgearbeitet. Im schwiegerelterlichen Haus unterm Dach haben wir uns mit aufgenommenem Geld eine nette Wohnung ausgebaut. Was nur ging, wurde mit eigenen Händen geschafft. Dann kamen die lieben Kinderlein, wie die Orgelpfeifen.

Unser gemeinsames Hobby ist das Deutsche Aussätzigen-Hilfswerk e. V. Vielleicht hat der eine oder andere von Euch mal was davon gehört. Vor elf Jahren haben wir es gegründet, und es ist inzwischen das größte dieser Art in Europa. Wir sind ganz international, ca. 180 Stationen in der ganzen Welt werden betreut. [...]

Mir ist ganz schwindlig geworden von all den so vertrauten Gesichtern, und am liebsten würde ich Euch alle umarmen und bitte Euch hiermit, nehmt mich in Euren lieben, großen Kreis als letztes verlorenes Schaf auf. Gerta und Herta haben es ja so reizend getan, und ich bedanke mich ganz herzlich dafür. So, nun alles Gute und hoffentlich bald ein Wiedersehen und herzliche Grüße auch von meiner Mutti

Eure alte Sinne

93 Ingetraut Raabe, Paris, 7. 4. 68

Liebe große Rundbriefgemeinde!

Diesmal weiß ich kaum, wo ich anfangen soll mit Erzählen. Man erlebt ja so ungeheuer viel in einem Jahr, noch dazu bei einem Umzug.

Unsere letzten Wochen in Wien waren sehr turbulent: wir feierten immerzu Abschied. Inzwischen haben wir nun fast ein Jahr Paris hinter uns. Zum Glück fand mein Mann eine hübsche Etagenwohnung in einem auf den Seine-Höhen gelegenen Vorort, so daß wir wieder mitten zwischen Gärten wohnen und nicht in dieses Häusermeer eingepfercht sind. So ganz allmählich gewöhne ich mich hier ein. In so einer riesigen Stadt Fuß zu fassen ist nicht so leicht. Inzwischen habe ich hier wunderschöne Ecken entdeckt, der Verkehr geht mir nicht mehr so auf die Nerven, und mit der Sprache geht's auch langsam voran.

Es ist faszinierend für mich, das Bild, das ich mir durch Lesen und eine dreitägige Reise von Stadt und Bewohnern gemacht hatte, nun mit dem zu vergleichen, das man nach einem Jahr Aufenthalt bekommt. Da stimmt sehr vieles nicht mehr überein. Ich habe z. B. nie geahnt, wie sehr reserviert die Franzosen den Ausländern gegenüber sind. Sie sind völlig mit der eigenen Familie beschäftigt, die hier eine viel größere Rolle spielt als bei uns. Für Geselligkeit bleibt viel weniger Zeit als bei uns.

Paris ist eine ungeheuer lebendige Stadt, ununterbrochen wirbelt's und dreht sich, nie ist eigentlich Ruhe. Wir fuhren neulich nachts um zwei Uhr über die Champs-Elysées, da ist noch tüchtig Betrieb, im Drugstore kann man noch einkaufen, und in den berühmten »Hallen« geht um diese Zeit das Geschäft erst richtig los. Ich möchte nicht direkt in Paris wohnen. Einmal in der Woche fahre ich vormittags rein und sauge mich voll Pariser Luft, das genügt. Sonntags besichtigen wir meist toute la famille irgendein Museum oder eine Kirche. Mit dieser Stadt wird man, glaube ich, nie fertig, so ungeheuer viel gibt es zu sehen.

Die Kinder sind gesund, sie fluchen, weil sie dauernd das blöde Französisch nachlernen müssen, ich fluche mit, weil ich noch immer nicht so quatschen kann, wie ich möchte. Mein Mann fühlt sich beruflich bestens, nur hält ihn der »Große General« doch sehr in Trab. Aber traben müssen hier alle! Außerdem hat man hier ständig zu tun mit Konversationsstunden nehmen, die Kinder Vokabeln abhören, ich organisiere französische Kaffeeklatsche (zwecks Sprache üben) mit Damen, die kein Wort Deutsch verstehen, wo ich muß, auch wenn ich nicht kann. Manchmal renne ich wie eine Schwachsinnige durch die Wohnung und murmele dauernd eine Vokabel vor mich hin, die ich mir absolut nicht merken kann. Man ist ja schließlich nicht mehr die Jüngste!

Euch allen sehr herzliche Grüße, kommt mich besuchen, ich gebe schon einen ganz brauchbaren Fremdenführer ab.

Eure Ingetraut

94 Herta Simon, Karlsruhe, 13. 2. 71

Ihr Lieben in allen vier Himmelsrichtungen!

Was bisher in den vielen Jahren noch kaum geschah, ist nun doch eingetreten: Der Rundbrief ist auf dem Weg von Traute zu Ruth [vermutlich an der Grenze zur DDR] verlorengegangen. Bis sich das herausstellte, ist auch wieder einige Zeit vergangen – Traute ist nämlich kurz darauf ziemlich krank geworden (nun ist's hoffentlich wieder ganz behoben, liebe Traute??), und so hat's nun leider einen ziemlichen Aufschub gegeben. Ich schicke also heute ein neues Buch auf den Weg und bitte auch um Verständnis für eine neue Reihenfolge, die sich aus technisch-organisatorischen Gründen als nötig erwies. Um ein häufiges Verschwinden unseres Dokuments zu verhindern, folgende in Vergessenheit geratene Bitte: Jede möge den Brief als Einschreiben schicken, und der Empfänger möge bitte seinen Eingang dem Vorgänger bestätigen. Wer ein übriges tun will, möge es mir auch kurz mitteilen, damit ich auf Anfrage Auskunft geben kann, wo der Rundbrief zuletzt auftauchte. Bei mir ist ja das »Archiv« mit jetzt 13 Heften. Der letzte Eintrag im 13. Heft stammt von Ruth am 17. 8. 68. Alle weiteren Einträge sind nicht mehr von allen gelesen worden. Deshalb überlegt bitte, was sich seitdem bei Euch Wichtiges ereignet hat, und schreibt es nochmals wenigstens in Kurzfassung.

Der Schulbetrieb läuft, aber man muß alles, was man macht, viel stärker reflektieren als früher. Nichts wird mehr als selbstverständlich hingenommen, man muß einfach alles, was man tut, in Frage stellen, besonders natürlich die Darbietung der sogenannten klassischen Literatur, nicht nur im engeren, sondern im weitesten Sinn. Die Referendare, die von der Uni kommen, sind zum Teil sehr stark durch Ideologien geprägt, darin entstehen völlig neue Sachgebiete und Studiengänge, so daß man am besten noch mal auf die Uni ginge. So entwickelt sich eine völlig neue Linguistik z. B., und das Problem der »Sprachbarriere« wird allenthalben diskutiert. Da hat man schon viel zu tun, wenn man den Anschluß nicht verlieren will. [...]

Es grüßt Euch sehr herzlich

Eure Herta

95 Gerta Simon, Stockdorf, Mitte Februar 1971

Liebe Rundbriefler!

Um gleich mit gutem Beispiel voranzugehen, setzte ich mich sofort nach Erhalt des »Neugeborenen« hin, um einzuschreiben und damit eine Woche einzusparen! Ja, was gibt's von uns zu berichten? Ich kann nach wie vor nicht über Arbeitslosigkeit klagen. Die heranwachsenden Kinder und tausend Ämtchen in Kirche und Schule sorgen dafür.

Ich bin froh, daß ich die Frauenarbeit der Gemeinde leite und nicht die Jugendarbeit, denn die ist z. Zt. ja wirklich mehr als problematisch! Hat jemand von Euch damit Erfahrung? Jutta vielleicht? [Brief 136] Unser Jugenddiakon erlaubt grundsätzlich alles (Rauchen, Trinken, Beatmusik usw.), aber trotzdem hat man den Eindruck, daß die liebe Gemeindejugend sich an ihren Abenden tödlich langweilt und man sie eigentlich mit nichts aus ihrer Lethargie reißen kann. Wir alten, natürlich rettungslos verkalkten Kirchenvorsteher haben uns schon die erdenklichste Mühe gegeben – Anregungen zu Diskussionen, Laienspielen, Ausstellungen usw., aber es ist schon so, wie ein junger Pfarrer neulich mal in der Predigt sagte: und wenn ich hier in der Badehose auf der Kanzel stünde und vor dem Altar einen Kopfstand machte, das würde einmal Aufsehen erregen, das nächste Mal regte sich schon kein Mensch mehr darüber auf, und das übernächste Mal gehörte es schon zum alten Zopf, wie alles andere in unserer Kirche! – Also, wenn jemand von Euch irgendetwas Gutes zum Thema kirchliche Jugendarbeit weiß – bitte laßt es mich wissen.

Unsere Töchter Christiane und Sigrid – mittlerweile fast 12 und fast 10 Jahre alt – wachsen und gedeihen bis jetzt. Beide bearbeiten eifrig Klavier und Flöte, und auch in der Schule klappt der Laden noch recht ordentlich. Als Sigrid neulich in die Schule ging, musterte sie mich von oben bis unten und seufzte dann: »Is doch eigentlich schade, Mama, daß so gar kein bißchen Hübschheit an Dir ist! – Na ja, macht nichts, hast ja dafür sonst 'n paar gute Eigenschaften!« Ihr seht also, daß man sich bei uns die Wahrheit sagt.

Nun laßt's Euch gut gehen, Ihr Lieben!

Herzlichst! Eure Gerta

96 Elisabeth von Schaubert, Coburg, Februar/März 1971

Meine Lieben!

Herta und Erika sei Dank, daß sie sich die Mühe machten, dem Rundbrief nachzuforschen und ihn erneut in Bewegung zu setzen. Hoffentlich landet er nun nicht wieder in einer Sackgasse. Und nun also ein kurzer Bericht zur Lage. Viel hat sich nicht ereignet. Die Kinder wachsen und überwachsen uns. Sie bevölkern die Schule von der 10. bis zur 5. Klasse. Unser Vater sitzt jeden Tag 11 Stunden im Krankenhaus. Für die Familie nicht gerade ideal, aber ihm macht seine Arbeit Spaß. Und ich? Genieße das Landleben. Nur fehlt es an der anregenden Nachbarschaft. Woran es nicht fehlt, das ist Arbeit. Aber ich bin immer am Überlegen, was ich anstellen könnte, um mehr unter Menschen zu kommen, ohne daß die Familie darunter leidet. So habe ich mich auch im Herbst mit Elan in den Wahlkampf gestürzt (ohne Parteibuch). Unter dem Motto »Es geht um die Zukunft unserer Kinder« und dem Ausspruch unserer Wahllokomotive Dr. Hamm-Brücher: »Wahlkampf macht Spaß«, haben wir ihn wirklich gehabt. Wenn es auch nicht gelang, die absolute Mehrheit der CSU zu brechen, dann wäre Bayern nicht mehr Bayern, war unser mittelfränkisches Ergebnis ganz beachtlich. Am 18. Dezember haben wir dann hier bei uns mit Frau Hamm-Brücher und etwa 30 Personen gefeiert. Und nun sinne ich auf neue Taten.

Liebe Gerta, schnell noch ein paar Worte zum Thema Jugendarbeit. Unsere beiden Großen waren durch nichts zu bewegen, der ev. Gemeindejugend beizutreten, obwohl sie von einem für unsere Begriffe sehr modernen Pfarrer geleitet wird. Dafür arbeiten sie jetzt sehr aktiv bei den Jungdemokraten mit. Warum? Vielleicht, weil sie sich dort ihre Vorsitzenden allein wählen können. Ihr Programm ganz allein von ihnen aufgestellt werden muß. Ich betone muß. Und sie selber daran schuld sind, wenn es langweilig ist. Daß es dabei für uns jedenfalls manchmal zu köstlichem Arbeitseifer kommt, stört sie nicht. Neulich hielt ein Klassenkamerad von Irmengard, 16jährig, ein Referat über »die Emanzipation der Frau«. Ich fragte Joachim, welche Erfahrungen er wohl hätte. Die Antwort: »Er muß wohl seiner Mutter dazu verhelfen«. Aber abgesehen davon haben sie sich auch ganz konkrete Aufgaben vorgenommen. Anlegen von Kinderspielplätzen, Kontaktaufnahme mit Fürsorgezöglingen, Aufklärung über Haschisch usw.

Ich glaube, um unsere Jugend zu aktivieren, muß man ihr die Verantwortung einfach übergeben und ihr viel Vertrauen schenken. Ich weiß nicht, ob es ausreicht, wenn man etwas nur »erlaubt«. Schon gegen dieses Wort sind sie ja sehr empfindlich. Hoffentlich glaubt nun niemand, ich möchte der antiautoritären Erziehung das Wort geben. Wir versuchen den goldenen Mittelweg. Erziehung bleibt wohl für jede Elterngeneration ein Experiment.

Viele liebe Grüße von
Eurer Schaubi

97 Lore Buschendorff, Hausen, 28. 7. 71

Liebe Klassenschwestern, so, nun bin ich dran und will auch gleich loslegen. Da ich den Rundbrief erst einmal hatte, wird's ab und an eine Klammer geben zur Erklärung. An das Klassentreffen bei Schicke erinnere ich mich oft und gern, und da es für mich das erste war, war's besonders schön und auch schwierig.

Ich sehe schon, ich werde meine Eintragungen stotternd machen. Urlaubszeit! Mein Mann und ich allein in unserem 200 qm großen Laden (Drogerie). Ja, unser Traum wurde wahr. Vor eineinhalb Jahren war Eröffnung. Nun bin ich Chefin und Einkäuferin, Lageristin und Verkäuferin in einer Person. Aber unser Traum beginnt bei der heutigen Wirtschaftslage und den Personalschwierigkeiten ein Alptraum zu werden. Dazu enorme Unkosten! Und nicht zu vergessen »der König« – der Kunde! Der unvernünftigste Kunde – die junge Dame. Kritiklos machen diese jungen Mädchen alles mit, was »Brigitte« und ähnliche Zeitschriften empfehlen, und entwickeln dabei einen erstaunlichen Mut zur Häßlichkeit. Manchmal packt mich das Entsetzen und auch Erstaunen, was so ein paar arme Augen alles über sich ergehen lassen müssen. Umstimmen kann ich sie nicht, dafür bin ich für sie zu alt, das versucht dann Ulrike [die älteste Tochter], die jetzt bei uns Lehrling ist. Unser Hauptgeschäft liegt auf Sektor Baby! Und die neuen Diskussionen über die Pille beleben diesen Geschäftszweig, der ausgesprochen rückläufig war. [...]

Ich versuche mit meinen Töchtern, für jede einen Beruf zu finden, den sie als Hausfrau und Mutter nicht aufgeben müssen. Ich kann sie nicht auf der einen Seite zu selbständigen Menschen erziehen, und dann macht ihnen nach einer Heirat die Abhängigkeit vom Mann und Verdiener Kummer.

Wir hier in Hessen sind in Schulfragen übel dran. Und ich persönlich bin der Hamm-Brücher, die hier in Hessen ja als Kultusministerin länger gewirkt hat, böse! Ihre fortschrittlichen Ideen in Ehren! Aber was nützen sie uns, wenn alle Voraussetzungen dafür fehlen und diese Querelen in die Schulen getragen werden und die Kinder darunter leiden. Wir haben Förderstufenzwang! Und die geeigneten Lehrkräfte fehlen! Sexta und Quintastoff wird von Volksschulkräften erteilt. Die Lehrer tun dabei ihr Bestes, aber es geht halt über ihre Möglichkeiten. Ab Herbst die Gesamtschule, aber die Schulen dafür fehlen, die sind frühestens im kommenden Jahr fertig. In den Offenbacher Gymnasien fehlen Lehrkräfte für alle naturwissenschaftl. Fächer. Erfolg – viele Freistunden. Das ist für Schulkinder das reinste Gift. Aus all den Schwierigkeiten – die mit daran schuld sind, daß unsere Große so gescheitert ist – gab es nur eine Möglichkeit: eine private Schule, eine Klosterschule, die Ursulinen. Diese Schule ist hervorragend geleitet, keine Fehlstunden, sogar eine Springkraft, wo gibt's das noch? […]

Zum nächsten Klassentreffen komme ich ganz bestimmt und freue mich schon auf ein Wiedersehen mit Euch allen

Eure Lore

P. S. Könnt Ihr's lesen? Nach Mitternacht ist meine Schrift besonders schlecht. Wie wäre es mit einem DIN-A-5-Hefter und Schreibmaschinenschrift?

98 Maria von Loesch, Bad Homburg, 18. 10. 71

Also Ihr Lieben, das Gespräch ist gut, und damit es in Gang bleibt, schicke ich den Rundbrief gleich morgen weiter.

Mein Leben ist sehr interessant und anstrengend und anscheinend bekommt mir das. Seit drei Jahren bin ich Redakteurin der FAZ, mitverantwortlich, meist alleinverantwortlich für »Bilder und Zeiten«, die sowohl Politik, Literatur, ges. Leben und sogar Mode umfaßt. Das sind jede Woche vier bis sechs Seiten, die ich zu machen habe. Dazu werte ich den Roman aus, lese und lektoriere Lyrik und Belletristik. Ich habe viel gelernt und lerne immer weiter, unsystematisch zwar, das stört mich oft. Die Zeitung schickt mich öfter auf Reisen, Japan, Frankreich, Türkei, Italien. Ich möchte gern noch eine Weile in diesem Tempo durchhalten, danach wieder mehr schreiben und ruhiger leben.

Zwei Söhne stehen im Examen. Sie werden es schon schaffen. Wir haben ein sehr gutes und intensives Verhältnis. Es ist schön mit den großen Kindern und ihren Freundinnen und Freunden. Wir respektieren uns, so gibt es eigentlich keine Schwierigkeiten. Aber fast ebensoviel Platz wie die Familie nimmt in meinem Leben der Beruf ein. Seltsam eigentlich. Ich bin ehrgeizig, versuche meinen Einfluß zur Wirkung zu bringen, setze mich manchmal bis zur Erschöpfung ein, weil ich passioniert bin, auch annehme, daß es wichtig sei. Ich bin auch sehr gern mit den Menschen in der Redaktion zusammen. – Natürlich habe ich für manche Sachen, die ich liebe, keine Zeit mehr, kaum noch für Sport, nur spazieren, nicht mehr für Urlaub, den verbringe ich Zuhaus mit Schreiben und Aufräumen, kaum noch für Geselligkeit. Aber das ist leicht zu verschmerzen. Für die Söhne nehme ich mir immer Zeit, wenn sie hier sind, besuche sie auch öfter. Der Haushalt ist auf ein Minimum beschränkt und gut organisiert. So geht es ganz gut. Da Adolf auch ein Arbeitsfanatiker ist, stört ihn mein Engagement nicht, nur die vielen Reisen mißfallen ihm, mir aber machen gerade die viel Spaß. Ich bin sehr selbständig geworden, aber immer noch nicht selbstbewußt und sicher. Genug der Bekenntnisse. Ich würde Euch gern treffen und wiedersehen!

Alles Gute Euch allen!

Eure Maria

99 Eva-Maria Schlaak, Köln-Porz, 22. 11. 71

Liebe Klassenrunde!

Oft habe ich in den letzten Monaten an unseren Rundbrief gedacht. Nun endlich ist er wieder einmal in unseren Händen. Viel ist in der Zwischenzeit geschehen, und ich weiß gar nicht so recht, wo ich anfangen soll; – Edda, [eine Klassenkammeradin] wenn man Deine Tochter sieht, meint man, Du stündest an ihrer Stelle! – Gertel, freue Dich darüber, daß Deine Sigrid noch »ein paar gute Eigenschaften« an Dir findet. Unser 15jähriger findet nämlich kein gutes Haar mehr an seinen Eltern! Manchmal bin ich dann ganz schön deprimiert oder besser fix und fertig, Er besteht nur noch aus Opposition. Seit ca. 1 ½ Jahren kann man unserem Holger nichts, aber auch gar nichts recht machen. Jeden Vorschlag, der von einem Erwachsenen kommt, lehnt er als Zwang ab. Wir haben uns schon so bemüht, ihn für irgend etwas, eine Sportart, ein Hobby oder einen Jugendclub, zu begeistern; leider vergebens. In halb liegender Stellung Beatmusik in mörderischer Lautstärke hören ist das, was ihm gefällt. Die Leistungen in der Schule haben natürlich auch nachgelassen. Es ist furchtbar, so taten- und machtlos zuzusehen und die Fehlschläge in der Erziehung registrieren zu müssen. Zum Glück ist unsere 12jährige Regine noch ein fröhliches, unkompliziertes Kind. […]

So, meine Lieben, das wär's. Hoffentlich sehen wir uns alle beim nächsten Treffen im Mai 72. Bis dahin grüßt euch alle herzlichst

Eure Eva-Maria

100 Gabriela Stockert, Heidelberg, 2. 1. 72

Liebe Klassenrunde!

Der Rundbrief war das schönste Weihnachtsgeschenk, aber ich mußte mir schon verflixt die Zeit stehlen, um alles in Ruhe lesen zu können. Da ich seit 14 Monaten berufstätig bin, um aus unserer Misere rauszukommen, konnte ich wirklich die vorgeschlagenen 8 Tage nicht einhalten. Ich bin froh, daß ich trotz Büroarbeit und Haushalt unser Weihnachtsfest ganz gut über die Runden bekommen habe, denn unser scheinbar so intaktes Familienleben nach außen hin ist immer noch – und noch schlimmer – eine einzige Tragödie, die sich auf meinem Rücken abspielt. Ich versuche, mich kurz zu fassen. Im Februar 1970 hatte meine Mutter Brustkrebs und wurde operiert. Es geht ihr nicht gut, nicht schlecht seitdem, so kleinere Unpäßlichkeiten, wie man sie mit 78 Jahren hat. Sie kann aber auch hysterische Anfälle auf Bestellung mimen, vor allem, wenn sie eine Wut auf ihren Schwiegersohn hat; und dies ist nicht gerade selten. Ich habe die Feiertage so gut durchorganisiert, daß wenig Anhaltspunkte zum Streit da waren. Ich lebe unter einem unnötigen Streß, der durch unser enges Wohnen gar nicht zu mildern ist. Da mein Mann dieses Jahr im Oktober eine Bandscheibenoperation durchstehen mußte, war er drei Monate krank geschrieben und konnte so seine Schwiegermutter voll genießen!!!

Die Kinder sind mir solche guten Kumpels, daß ich die anderen beiden aushalten kann ... und muß. Beide sind lustig und aufgeschlossen, ich habe mich nicht nur an die laute Musik gewöhnt, sondern »spinne« selbst schon mit rum. Bei uns sind ständig Kinder, Verzeihung, man muß jetzt schon sagen: Jugendliche. Ihr seht, ich habe auch ein Generationsproblem, aber mit »umgekehrtem Vorzeichen«. Meine Mutter war immer egoistisch und kann heute noch nicht einsehen, daß ich meine Familie habe und mich nicht immer nach ihr richten muß. Unsere heutige Jugend würde sich das mit 18 Jahren nicht mehr gefallen lassen, was ich mir mit 46 anhören soll!! Ich darf mich halt nicht unterkriegen lassen; die Zeit arbeitet für mich!

Bleibt alle gesund und seid herzlichst gegrüßt von Eurer

Gaby

101 Elisabeth von Schaubert, Coburg, November 1973

Meine Lieben!

Heute merken wir richtig, daß wir auf dem Lande wohnen. Man hört auf einmal menschliche Stimmen auf den Straßen, Hundebellen und Gänseschnattern. Fahrverbot! Ich finde es gar nicht schlecht. Die Familie ist beisammen, und die Freunde rücken mit den Fahrrädern an. Wie in alten Zeiten!

Und nun zu uns, viel Neues gibt es ja nicht zu berichten. Die Kinder wachsen heran. Joachim macht im nächsten Jahr Abitur, weiß aber noch nicht so recht, wie es weitergehen wird. Die Aussichten zum Studium sind ja nicht gerade rosig. Ich beneide alle von Euren Kindern, die bereits einen Studienplatz ergattert haben.

Ich habe ein Jahr Berufstätigkeit hinter mir und fühle mich jetzt wieder recht sattelfest, und es macht mir große Freude. Ich kenne nun die Patienten und Mitarbeiter meines Mannes sehr viel besser, kann vieles mit ihm besprechen und habe es auch schon in den Personalrat gebracht. Das Haus hier versorgt vormittags eine sehr, sehr liebe Frau viel ordentlicher und gewissenhafter, als ich es je machte. Joachim sagte einmal: »Es ist ein Erlebnis, wenn Frau Schießl die Küche putzt.« Na bitte! So kann ich ruhigen Gewissens aus dem Haus gehen, und ich finde es einfach anregend, sich noch mal im Leben behaupten zu müssen. Als Hausfrau erfährt man vieles doch nur aus zweiter Hand und wird von manchem abgeschirmt. Als Reiseziel habe ich immer wieder Breslau im Kopf. Ich glaube, ich muß noch einmal hin, um hier dann wirklich zu Hause zu sein.

Euch alle grüße ich ganz herzlich

Eure Schaubi

102 Barbara Str., Berlin, 21. 1. 74

Meine Lieben, vier Wochen war »Er« unterwegs – sollte diese Reisezeit tatsächlich im Quadrat zunehmen (das letzte Mal waren es zwei Wochen), dann muß ich in Zukunft 8/16/32 Wochen warten!!! Seit meiner letzten Eintragung hat sich allerhand ereignet – vor allem hatten wir vielen lieben Besuch. Was mich immer besonders freut, ist, daß man sofort Kontakt hat – vielleicht auch teilweise dem lieben Rundbrief zu verdanken, durch den man über Euch so gut unterrichtet ist. So waren die Berliner schon mehrmals da – und das ist immer sehr anregend und lustig. Dann kamen auch Irene, Maria, Theda und vor kurzem Hertel. Wir sind Euch so dankbar, daß Ihr uns nicht vergessen habt und daß wir viel Verständnis bei Euch finden, denn die Entfernung ist doch leider noch nicht überwindbar – jedenfalls nicht für mich. Mutti hatte auch Gelegenheit, mit Elisabeth zu sprechen bei ihrem Westbesuch vor zwei Jahren. Für Euren Anruf vom Klassentreffen danke ich auch nochmals recht, recht herzlich – ein kleines bißchen war ich also auch dabei –, denn so interessant und einfach »lebensnotwendig« der Rundbrief für uns alle ist, eine persönliche Aussprache kann er natürlich nicht ersetzen!

Im Oktober vorigen Jahres war ich nun noch einmal vier Tage in B[reslau]. Nun hatte ich mehr Zeit, mir alles in Ruhe anzusehen und den schönen Kindheitserinnerungen nachzugehen. Sonnabend abend war ich sogar in der Oper und fand sie so vor, wie ich sie eben von früher noch kenne – es war allerdings manchmal zuviel, und ich war oft doch sehr, sehr traurig. Demnächst (Termin noch unbekannt, eigentlich sollte es schon ab 15. 1. 74 sein) soll ich zu einem Studienaufenthalt in die Sowjetunion – nach Moskau in ein dortiges Akademieinstitut –, wahrscheinlich für fünf Monate, eine lange Zeit. Geplant ist die Herstellung chemischer Verbindungen, die anschließend physikalisch-chemisch untersucht werden.

In alter Verbundenheit mit den besten Wünschen für Euch alle (und Eure Lieben) bleibe ich stets
Eure Bärbel

103 Uschi Strogies, Stuttgart, 1. 4. 75

Ihr Lieben!

Der Rundbrief kam grad, als ich meinen jüngsten zweijährigen Enkel für eine Woche hatte, weil meine Moni mit Mann und den beiden größeren für eine Woche beim Skifahren war. Von uns gibt es nichts Neues zu berichten. Die Töchter machen je nach Alter mehr oder weniger Vergnügen, wobei ich doch das Mehr gerechterweise betonen möchte. Da hat man nun Stücker 4 – aber bei jeder, die so langsam erwachsen wird, macht man denselben Prozeß durch. Aber das kennt Ihr ja alle. Unser ewiges Brautpaar Claudia und Thomas leben sehr vergnüglich und wie gesagt noch unverheiratet hier in Stuttgart. Es wird auch die letzte Zeit gewesen sein. Er war die letzte Zeit ja hier also Assistent an der Uni und hat jetzt seine Doktorarbeit abgegeben, und dann werden sie sicher ganz woanders hingehen, und bei dem Gedanken könnte ich schon das Heulen kriegen. Unsere 17jährige Tina schimpft sehr über die Oberstufenreform, die sie als sehr einengend empfindet. Michaela, unsere Jüngste, liebt momentan noch am meisten (hoffentlich!) ihren Esel Mirko, den sie auf der Jugendfarm hier in Möhringen betreut. Und Muttern sitzt auf diese Weise viel allein zu Hause und überlegt sich oft, wie sie die nächsten 15 Jährchen noch nutzbringend anwenden kann. Nur, viel Zeit zum Überlegen ist da ja auch nicht mehr! Nun ja, ich freu mich auf das nächste Treffen, wo man wieder alles so schön bekakeln kann!

Alles Gute Euch allen!
Eure Uschi

104 Ruth Matzner, Halle, 4. 11. 75

Ihr Lieben alle!

An all Euren lebendigen Schilderungen habe ich mich wieder sehr erfreut, besonders da zum Glück der größte Teil der Sorgen und Unfälle gut vorüberging. Was gibt es von mir zu berichten? Außer recht schönen Urlaubs- und Besuchstagen hat mir das Jahr 74 leider auch wieder den Verlust manch lieber Menschen gebracht, und das empfindet man beim Alleinsein doch ganz besonders schwer. Aber es gab auch freudige Stunden. Ich will der Reihe nach berichten. Im Sommer 74 Urlaub in Lychen/Mark bei verhältnismäßig gutem Wetter, aber schlechter Unterkunft. Das Schönste daran war ein Abstecher nach Berlin und das Zusammentreffen mit Bärbel, Susi, Hanna und Jutta. Wie schön wäre es, wenn ich doch öfter jemanden von Euch wiedersehen könnte. Ende August folgten dann ein paar restliche Urlaubstage in Thüringen, die von der Nachricht unterbrochen wurden, daß ich nach siebenjähriger Wartezeit meinen bestellten »Trabant« abholen könnte. Zu dem glücklichen Besitzerstolz kam nun allerdings die lange fehlende Fahrpraxis. Aber auch das wurde, wenn auch nicht ganz leicht, überwunden. Das größte Übel ist die fehlende Garage. Nun sieht man erst so richtig die Ausmaße der Luftverschmutzung einer Industriestadt. Außerdem habe ich einen Kurzbesuch in Breslau und Oberschlesien gemacht. Diesmal habe ich sogar in meinem ehemaligen Zimmer gesessen und mich mit dem jetzigen Bewohner unterhalten, der sehr gut deutsch spricht. Auch die Landschaft auf der Fahrt nach Oberschlesien hat es mir sehr angetan. Der Sonnenuntergang hinter dem Ottmachauer Stausee war wunderbar. Vielleicht verstehen mich manche von Euch nicht, aber ich habe mich dort seit langem wieder einmal richtig wohl gefühlt.

Mit allen guten Wünschen grüßt Euch alle sehr herzlich

Eure Ruth

105 Renate Capelle, Moline/USA, 3. 5. 79

Willkommen, willkommen zurück in mein Leben, Klasse von '44! Am 1. Mai fiel mir wie ein Korb Sardinen plötzlich, ohne Warnung, nach 34 Jahren die gesamte Klasse von 1944 in den Schoß – und ehrlich gestanden war dies einige der wenigen Gelegenheiten, die mich vollkommen sprachlos machte. An diesem Ende spricht die »Cappe« – Renate Capelle mit vollem Namen, die Euer »Sherlock Holmes« dort endlich ausfindig machte –, und ganz am Anfang muß ich Euch eins erklären: Nach 34 Jahre langem Leben, Beruf und privat, in Amerika, bin ich mit wenigen Ausnahmen vollkommen amerikanisiert und habe ein paar kleine Schwierigkeiten, mich in Deutsch fehlerlos auszudrücken. Wenn man acht, zehn, zwölf Stunden jeden Tag seines Lebens nichts als eine andere Sprache spricht, liest, schreibt und endlich denkt, dann kracht es hier und da in der verbalen Literatur! Außerdem hat mich »Sherlock« um Eile gebeten, damit dieses Ding zu Eurem Zusammentreffen ankommt, und ich sitze da, Zunge heraushängend, um dieser Bitte (Befehl??) nachzukommen – und wo, um Himmels willen, fängt man an, nach all diesen Jahren ohne jegliche Verbindung, das Knäuel zu entwickeln? In Eile sogar!

In 1947, nach einer mehr oder weniger haarsträubenden Flucht zu Pferde, Kriegsende mit allen Trümmern und Verlust der Heimat usw., die Euch allen bestimmt bekannt sind, verheiratete ich mich und kam herüber als »Kriegsbraut« – hört sich an wie ein Kitschroman: Ich war eine Kriegsbraut ... Für drei Jahre ging es wie Sahne, dann fing die Sahne langsam an, sauer zu werden. Altersunterschied, mein totaler Umschwung in ein total neues Leben, ein Beruf – vieles trug dazu bei, und nach fünf Jahren entschieden wir uns zur Scheidung. Kein großes Malheur. Ich trudelte alleine weiter und tue es, trotz mehrerer Versuchungen über die Jahre, bis zum heutigen Tag. Ich bin nie der Typ gewesen, der sich dauernd weiter mit dem Hammer auf den

Daumen haut, lediglich weil es sich so gut anfühlt, wenn man mit dem Unsinn aufhört. Dies nur zur Erklärung.

Irgendwo in sehr früher Jugend sagte mir mein Vater einmal, daß, ganz gleich was ich mit meinem Leben in Zukunft einmal tun will und werde, nie für eine Zeitung zu arbeiten, da es erstens ein schlecht bezahlter Beruf ist und zweitens nirgendwohin führt. Ratet, wo ich seit 30 Jahren arbeite – an der Zeitung. Natürlich. (Seit wann hört die Jugend auf ihre Älteren?) Ich fing im Inserat-Abteil damals an und endete als rechte Hand unseres Redakteurs und Publishers für 18 Jahre. Und alles war rosig und interessant, und man wußte am Morgen nie, was man wo tun würde an diesem oder jenem Tag; man war informiert und wach und rege wie eine Biene, der Beruf machte unheimlichen Spaß. Dann, vor fünf Jahren, fiel alles zusammen – die Eigentümer verkauften die Zeitung an eine »Kette« – und das Dach fiel ein! Maschinen, Maschinen, Maschinen, wobei nichts übrigbleibt als herumsitzen und sie beobachten. Kein Schreiben, aller persönlicher Kontakt verschwand mehr und mehr; viele der Arbeitskameraden gingen weg, in andere Berufe, und ehrlich gestanden bin ich selbst im Moment dabei, als alte, gebrechliche Frau (!!) irgendwoanders vollkommen neu anzufangen. Seit Jahren fahre ich in den Ferien nach dem sonnigen Süden, Florida, unser südlichster Staat, an drei Seiten von Wasser umgeben und mit subtropischem Klima. Bis vor zehn Jahren waren die Aussichten berufsweise dort miserabel, denn Florida ist der »Touristen-Staat« des Landes, und alle Arbeitsmöglichkeit war ziemlich schlecht. Innerhalb der letzten zehn Jahre hat sich das allerdings nach und nach etwas geändert, und Zustände, zusammen mit dem lausigen Klima, wo ich ausgerechnet landete damals, sind hier jetzt fast unausstehlich geworden, so daß ich willig bin, arabische Kamele zu bürsten, nur um aus diesem Laden hier herauszukommen.

Moline war damals, als ich hier ankam, eine nette kleine Stadt von etwa 40000 Menschen, genau die richtige Größe.

In der Zwischenzeit hat »Progress« sein häßliches Haupt erhoben – und jetzt ist die Stadt ein Sumpfloch. Kein Stein steht auf dem anderen; alles ist dauernd und vollkommen zerrissen, von Straßen bis zu Gebäuden – sieht ungefähr seit Jahren so aus wie damals Europa nach dem Krieg! Und kein Ende in Sicht – Amerika, im Rang der Länder der Weltgeschichte, ist ein unerzogenes, schreiendes Baby, das zu viel, zu schnell gewachsen ist (und es immer noch tut) und im Augenblick offensichtlich gründlich diszipliniert wird. Und die Wachstumsschmerzen kann man überall spüren.

Dieses Land lebt auf Rädern; die Beweglichkeit der Amerikaner ist unbeschreiblich. Niemand bleibt länger als drei bis vier Jahre in derselben Stadt, in demselben Beruf. Alles wechselt dauernd, 24 Stunden am Tag geht alles am laufenden Band weiter. Für Ruhe, Besinnlichkeit, Muse, Kunst oder ganz einfaches Ausruhen gibt es ganz einfach keine Zeit, denn jeder Tag hat 26 Stunden! Das atemlose Tempo in diesem Land ist sehr schwer zu beschreiben, aber man kann ihm ganz einfach nicht entfliehen. Es ist ein unheimlich junges Land, und alles, was heute gebaut wird, ist morgen bereits passé – wertlos.

Genug von Philosophie – zurück zu meinem persönlichen Leben. Ich schwimme in einer Hochschule abends zweimal in der Woche zwei bis drei Kilometer – ohne Pause, meine Lieben! – wie eine tollwütige Windmühle (oder Wassermühle), was mich in Form behält. Ich habe natürlich einen Wagen – ohne den kann man hier ganz einfach nicht existieren, da es innerhalb der Stadt nicht einmal ein Lebensmittelgeschäft gibt, die alle weit draußen liegen – und ein Fahrrad, was ich hin und wieder benütze.

Alle vier bis fünf Jahre besuche ich meine Mutter, die sich trotz fehlendem Augenlicht mit 70 Jahren vor mehreren Jahren, und nach dem Tod meines Vaters, wieder verheiratete – gut für sie! Hut ab! Gewöhnlich miete ich von hier einen Wagen, und wir fahren in die Alpen, nach Österreich, denn das ist und bleibt meine größte und erste Liebe – ich komme ehrlich dazu, denn mein Vater war ja Wiener sowie seine ganze Familie.

Mit Lolo von R., die nach dem Krieg nach England und später nach Neuseeland ging, und durch die Ihr endlich meine Adresse bekamt, verbindet mich seit meiner Militscher Reitzeit und der gemeinsamen Flucht damals eine warme, zeitlose Freundschaft. In 1960, als wir durch Zufall beide unsere Mütter in Deutschland besuchten, sahen wir uns zum ersten und letzten Mal seit 1946. Trotzdem vergeht kaum ein Monat ohne Briefe hin und her.

Es ist mir vollkommen unmöglich, jetzt nach den Leben von Euch allen zu fragen. Ich versuchte damals, nach dem Krieg, irgendwo einen Faden zu finden. Nachdem ich hier herüberkam, suchte ich Verbindung durch Flüchtlingslager. Mutter half. Freunde aus Jägerndorf, Tschechoslowakei, halfen – ohne Resultat. Für alle diese Jahre hatte ich mich damit abgefunden, daß dieses Kapitel meines Lebens ein für allemal abgeschlossen war. Langsam, über die geschäftigen Jahre, verblaßten die Erinnerungen. Zeit, Raum, Geschehnisse verwischten Namen, Gesichter, Daten, Erinnerungen, ganz besonders, wenn man sozusagen in einem anderen Weltteil »wiedergeboren« wird. Und dann plötzlich öffnet sich das Fenster – und alles ist wieder da – ich muß gestehen, es ist alles etwas überwältigend, und es wird ein paar Tage dauern, bis ich das verdaut habe.

Viele Namen auf der beigelegten Liste sind Namen, die ich natürlich nicht erkennen kann, da sie nicht die Mädchennamen sind. Jeder einzelne Name wird seine eigene Geschichte haben, sein eigenes Schicksal – genau wie meiner. Seit so vielen Jahren völlig abgeschnitten, ist es tatsächlich ziemlich schwierig, mich sozusagen in das »damals« zurückzuversetzen, etwas, was Euch wahrscheinlich unvorstellbar sein wird. Plötzlich bin ich wieder ein Mitglied einer »Gruppe« – und, wie ich am Anfang des Briefes sagte: »Willkommen in meinem Leben«!

Aus irgendeinem unerklärlichen Grund rettete ich damals tatsächlich ein paar Photoalben, einige der sehr wenigen Dinge von »zu Hause«, worin sich eine Menge Klassenbilder befinden, die Ihr vielleicht habt oder nicht habt. Auch diese muß ich herausgraben, da sie seit Jahren ebenso verpackt sind, weil sie ganz einfach einer für immer verloren geglaubten Vergangenheit angehören. Ich kann versuchen, einen dieser Tage Kopien davon zu machen, falls sie etwas zu Euren Sammlungen beitragen würden.

Gerne wäre ich dabei bei Eurem Treffen. Vielleicht wäre es einmal in Zukunft möglich. Im Moment ist es genug zu wissen, daß wir uns wiedergefunden haben, verstreut wie wir auch sind auf diesem Erdball. Ich brauche Erklärungen und Aufklärungen – stoßt mir die Erinnerungen an, und grüß Euch alle miteinander, warm und herzlich

Eure Cappe

106 Lore Buschendorff, Frankfurt/M., 6. 7. 79

Ihr Lieben alle!

Gestern war ich bei meiner Anwältin. Im Herbst wird ganz schnell und schmerzlos der Strich unter mein bisheriges Leben gezogen. Drogerie ist futsch – seit März 77 –, aber das betraf mich nicht mehr, da ich schon 1973 mit vertraglicher Absicherung ausgeschieden war. Schulden trägt mein Mann – und das nicht zu knapp, aber er wollte sich ja nicht lösen. 1978 bin ich dann ausgezogen, hier nach Frankfurt in eine kleine Altbauwohnung, in der ich mit Susanne, meiner Jüngsten, lebe. Susanne, die gerade ihr Heimpraktikum absolviert, besucht in Oberursel eine Sozialpädagogische Fachschule, wird Erzieherin und will sich später spezialisieren, eventuell in die therapeutische Richtung. Sandra macht weiterhin Sorgen – immer wieder aufs neue. [Sie war drogenabhängig.] Darüber berichte ich erst wieder, falls wir das Kapitel abgeschlossen haben. Aber diese Drogengeschichten haben mich nun aufgerufen, und ich bin sehr viel darin unterwegs – insbesondere versuche ich, Eltern zu helfen! Es ist ein großes Leiden, auch für unsere Kinder selbst.

Beruflich geht es mir gut – ich bin Geschäftsführerin in einem kleinen Laden und verkaufe pädagogisches Spielzeug. Die Aufgabe ist groß und vielseitig.

So, und nun, gutes Stück, schnell auf die Reise: Gute und sichere Reise! Und nimm viele Grüße mit, und gib jedem davon, der Dich liest

Lore

107 Ingetraut Raabe, Meerbusch, 21. 7. 79

Meine Lieben!

Ich bin noch ganz erfüllt vom Lesen Eurer Briefe, die ich geradezu gierig verschlungen habe, da für mich die Zeit beim Klassentreffen so besonders begrenzt war. Siegi, daß Du uns die Cappe wiederbrachtest, hat uns, glaube ich, alle sehr berührt. Mit größtem Vergnügen habe ich die Photokopien der Schulbilder angesehen, ich besitze fast keine Bilder mehr aus dieser Zeit. Es werden ja so viele Erinnerungen wach, und Namen tauchen auf: Erinnert Ihr Euch an Felicitas Meinike, die auch mal eine Zeitlang in unserer Klasse war? Sie sprang damals aus dem Fenster unserer im 1. Stock gelegenen Klasse, um zu erleben, »wie es ist, wenn man durch die Luft fliegt«, wie sie sagte. Sie landete auf einem verschneiten Kohlehaufen im Hof und brach sich zum Glück nur ein Bein. War das damals eine Aufregung. Das muß so in der Quinta gewesen sein.

Aber nun genug mit Erinnerungen, es gibt genug zu erzählen. Andreas, 25, studiert noch Jura in Köln, war anfangs zwei Semester in Genf, danach in Berlin. In den letzten Sommerferien arbeitete er zwei Monate in Johannesburg und gondelte dann noch vier Wochen durch Südafrika und Rhodesien. Susanne, 23, beendete voriges Jahr ihre

Lehre als Reisebürokaufmann und war anschließend ein Vierteljahr in Amerika, hauptsächlich San Francisco, Los Angeles, reiste mit wenig Geld »quer durch« bis New York, indem sie für irgendwelche Autoverleihfirmen Wagen zurückfuhr, um Bahn oder Flug zu sparen. Gut, daß man als Mutter immer erst nach der Reise erfährt, was da so alles gelaufen ist, aber imponiert hat's mir schon, wie sie sich dort so durchgeboxt hat. Die Jüngste, jetzt 20, studiert in Köln Germanistik. Anfangs war ich todunglücklich, als auch sie aus dem Haus ging, ich war immer so viel Rummel gewöhnt, und auf einmal war's so ruhig im Haus. Als ich anfing, mir selbst leid zu tun, dachte ich an Dietas aufmunternde Worte, wieviel Spaß man am alten Beruf wieder haben könnte, und ich wagte den Sprung. Ich hospitierte zuerst ein halbes Jahr lang zwei Nachmittage in meiner alten Apotheke am Niederrhein, um mich etwas zurechtzufinden, und bin seit Januar dort fest einen Tag in der Woche beschäftigt. Anfangs haben mir arg die Knie gezittert, es hat sich in den 25 Jahren, die ich nicht beruftätig war, enorm viel geändert, aber so ganz allmählich packe ich's! Da ich meinen Chef an dem Tag voll vertrete, kann ich selbständig arbeiten, und in so einer kleinen Landapotheke ist's nicht nur mit Medikamentenabgabe getan, man wird oft um Rat gefragt – weißer Kittel und etliche Falten im Gesicht schaffen doch eine Vertrauensbasis!

Ich freue mich schon jetzt auf den nächsten Brief, wünsche Euch allen sehr viel Gutes und bin mit vielen Grüßen

Eure Ingetraut

108 Gabriela Stockert, Heidelberg, 13. 9. 79

Meine Lieben!

Ich habe keine Ahnung mehr, ab welchem Jahr Ihr nichts mehr von mir wißt. Aber 1975 war ein sehr schlimmes Jahr für uns! Meine Mutter starb, und unsere beiden Kinder hatten einen Motorradunfall! Es war aber noch reparabel. Berufstätig bin ich auch immer noch, um besser »über die Runden« zu kommen. Unsere Diana (gerade 23) ist nun im 8. Semester Jura, studiert in Heidelberg und ist also noch zu Haus bei Muttern. Der Sohn Gregory fängt jetzt in Darmstadt bei der TH an. Er hat sich in den Kopf gesetzt, sein Hobby (Foto) zum Beruf zu machen – also Fotodesign, Fotoingenieur. Er ist die letzten Jahre viel herumgekommen, und da er als Amerikaner nicht eingezogen wird, hat er uns beschwatzt, ein bissel rumzureisen. Nun aber soll der Ernst des Lebens, das Studium, kommen. Mit meinem Mann haben wir Sorgen: Seit eineinhalb Jahren: Lungenkrebs und Leberzirrhose! Er weiß es nicht, aber ahnt er es? Ich bin aber manchmal ganz verzagt: die Ärzte wundern sich, daß er überhaupt noch lebt!

Seid nicht gram, aber es gibt eigentlich nichts mehr zu berichten!

In alter Herzlichkeit
Eure Gaby

109 Renate Capelle, Moline/USA, 23. 9. 79

Ihr Lieben!

Dank herzlichst für die Geburtstagsgrüße und Wünsche und daß mein Brief und Bildmaterial gut den Ozean überkreuzte. Die Idee, mir Kopien zu schicken, im Falle die Postämter der Welt mehr und mehr in die Brüche gehen, ist tadellos, ich »feile« sie alle in einer Aktenbroschüre, so daß alles beieinander ist – nur im Fall. Übrigens erstaunt es mich wieder und wieder, daß der Rundbrief im Frühjahr von 1945 immer noch ankam. Als ich den abschickte – und ich erinnere mich nicht, an wen er abging –, war das so ziemlich der letzte Zug vom Bahnhof in Militsch – und ich stand ohne Hoffnung da, daß er je ans Ziel käme, etwas, was ich bis vor ein paar Wochen und Euren Briefen nicht wußte. Und da wir bei dem Thema sind – warten wir um

Gottes willen mit all dem Lesematerial, was bei Herta aufgestaut ist, bis es soweit ist. Mir wäre es an und für sich sehr viel lieber, wörtlich nachzuholen anstatt zu lesen, und vielleicht ist es mir möglich, bei der nächsten »Vereinigung der Breslauer Seelen« mitzuhalten, wo ich das dann tun kann. Wer kann im Moment schon Pläne machen? Man bekommt täglich mehr und mehr das Gefühl, besonders bei uns, daß alles aus dem Leim zu gehen scheint, so daß wir es ganz einfach abwarten müssen. Zwischen Skylabs, die Menschen aufs Dach fallen, und Inflation und politischen Sandschlössern – wer weiß?

An und für sich ist es fast erstaunend, daß wir in unserer Zeit nicht mehr verloren haben im Krieg und der Nachkriegszeit, aber anscheinend waren wir alle ziemlich stämmige Luder, die allem widerstehen konnten. Muß all die Völkerballspiele gewesen sein, mit denen wir unsere Bäuche wöchentlich abgehärtet haben!!! Möge die Welt wissen, daß, dank Dr. Kaboth und Lehrer et al., das Oberlyzeum von Zawadzky keine zerbrechlichen Pflänzchen in die Welt schickte damals – Hut ab, meine Damen, in aller Ehrlichkeit!

Eure Renate (Cappe) ... ich muß mich erst wieder daran gewöhnen, nach all diesen Jahren »Cappe« genannt zu werden, würde es aber für nichts in der Welt ändern.

110 Lore Buschendorff, o. O., 27. 2. 80

Hallo, Ihr »stämmigen Luder« alle – diesen schönen Ausdruck habe ich Cappes Brief entnommen, da ich ihn so köstlich fand – und das sind wir wohl auch alle!

Heute im Geschäftstrubel überreichte mir die Standken im Geschäft den kostbaren Rundbrief, und wir hatten nicht einmal Zeit für einen kleinen Klön. Da lag er nun die ganze Zeit greifbar im Büro, aber nach Feierabend bin ich dann mit ihm nach Hause geeilt und habe beim Lesen Welt und Umwelt vergessen und war beim Lesen aller Eurer lebhaften Berichte mit Euch verbunden. Wie vieles Erleben liegt in all den vielen Worten!

Als die 80er Jahre begannen, dachte ich kindhaft: jetzt geht's bergan! Bisher war das Jahr sehr erlebnisreich – aber es ging da gar nicht bergan! Aus dem letzten Weihnachtsgeschäft ging ich ziemlich lädiert heraus, und dann ging ich auch mal zur Tante Doktor, und die hatte dann große Mühe, mir beizubringen, daß dies eine ganz schöne Arthritis sei. Seit dem 1. 11. 79 bin ich geschieden, dank meiner guten Vorarbeit ging das sang- und klanglos über die Bühne, aber er hat so viele Schulden behalten, daß kein Pfennig von da kommt, auch nicht für die Kinder. Kaum hatte ich das alles unter Dach und Fach, drehte Sandra mal wieder durch [Brief 106], und als ich sie mühsam untergebracht hatte und sie danach wieder bei mir aufnehmen konnte, bekam ich die Nachricht, meine Mutter sei infolge eines erneuten Schlaganfalls gestürzt. Ich will nicht alles erzählten, aber es war schlimm! Nach acht Tagen hat meine Mutter in großer Würde ihr Leben abgeschlossen. Die Liebe und Verehrung zu ihr wurde noch enger und größer. Aber ich bin noch heimatloser geworden, und es bleibt eine große Lücke.

Sandra hat Aussicht, in eine Langzeittherapie aufgenommen zu werden, und ich habe den Eindruck, daß sie weiß, daß es keinen anderen Weg für sie gibt. Ulrike, meine Älteste, lebt auch im Umbruch, dort sieht es nach Trennung der Ehe aus – das war von Anfang an sichtbar, aber so schnell überrascht es halt doch. Meine Sorgen hier gelten den beiden Kleinen, Meike und Katja (eineinhalb und drei Jahre). Ihr seht, ich brauche Euer aller guten Wünsche. Ich hoffe sehr, daß meine schlaflosen und durchsorgten Nächte auch mal ein Ende finden werden. Man kann zwar nie einen ganz neuen Anfang machen, aber Trautes Bericht zeigt, daß auch wir in unserem Alter noch neue Anfänge mit Erfolg suchen können.

Es grüßt Euch alle mit vielen guten Wünschen

Eure Lore

111 BARBARA STR., BERLIN, 23. 3. 80

Meine Lieben!

Der gute alte Rundbrief traf am 6. 3. hier ein und mußte leider ungebührlich lange liegenbleiben, da ich erst vor acht Tagen aus Binz zurückgekommen bin. Ich war dort zu einem Erholungsurlaub im Akademikerheim. Da ich in den letzten beiden Jahren in Karlsbad zur Kur war (natürlich mit meinem lieben Kameraden – der Mama), demzufolge also keine Erholung hatte, kam mein Chef auf diese so löbliche Idee, mir zusätzlichen Urlaub zu gewähren. Es war auch sehr erholsam – die Ostsee zugefroren, so weit man schauen konnte und prächtiges Winterwetter mit viel Schnee.

Nun habe ich noch etwas auf dem Herzen, und ich möchte doch – trotz anfänglicher Bedenken – einiges dazu schreiben. Beim Lesen Eurer Berichte – und ich habe sie deshalb auch zwei Mal gelesen – habe ich das Gefühl, daß ich so weit von Euch entfernt bin – so sehr habe ich das noch nie empfunden wie dieses Mal. Ihr schreibt, daß der Kontakt immer besser wird, aber ich komme mir oft so ausgeschlossen von allem vor, das macht mich oft sehr traurig. Wenn man sich häufiger sehen würde – so ist der Kontakt zu den Berlinern sehr herzlich –, dann wäre vieles anders. Man hätte doch die Möglichkeit der Aussprache, und das fehlt mir sehr! [...]

Recht herzliche Grüße und alles Beste für Euch und Eure Lieben!

In alter Verbundenheit stets

Eure Bärbel

112 Ruth Matzner, Gormschütz, 19. 6. 80

Ihr Lieben alle!

Wieder einmal muß ich sehr um Verzeihung bitten, den Rundbrief so lange behalten zu haben. Kurz nach seinem Erhalt und der Bestätigung an Bärbel ging es mir so schlecht, daß ich mich nur noch mit äußerster Anstrengung bewegen konnte, ja sogar Eure Berichte nur bruchstückweise lesen konnte. Ich mußte dann täglich zum Arzt, was mir schon äußerst schwerfiel, so daß ich mich anschließend gleich hinlegte. An Haushalt, Kochen usw. war gar nicht zu denken. Als die Behandlung dann etwas anschlug, traten wieder anderweitige Beschwerden auf. Ich war völlig verzweifelt. Eine Nachbarin hat mich so oft wie möglich mit Eßbarem versorgt. Als es dann etwas besser wurde und ich mich wenigstens per Trabi fortbewegen konnte, habe ich mich einfach gesund schreiben lassen, da auch die finanzielle Frage sehr akut wurde. Ich schaffte es aber nur, halbtags zu arbeiten. Darauf habe ich nun einfach Urlaub genommen und bin hierher – einige Kilometer von Halle entfernt – an einen kleinen Campingplatz gefahren, wo ich einen eingerichteten Campingwagen mieten konnte und auch nur einige Schritte bis zu einer Gaststätte zurückzulegen brauche. In dieser Ruhe und Abgeschiedenheit fühle ich mich ein bißchen wohler, obwohl ich erst seit zwei Tagen da bin. So, nun genug des Jammers. Ich weiß, daß Ihr alle es schwer habt, und bitte Euch sehr um Verzeihung.

Es grüßt Euch sehr herzlich
Eure Ruth

113 Erika Herbich, Braunschweig, 8. 7. 80

Ihr Lieben!

Nach langen und bangen Wochen des Wartens kam genau zu meinem Geburtstage der Rundbrief zu mir, die

Freude war groß. Ich wußte, daß Bärbel ihn am 24. März an Ruth geschickt hatten, aber trotz mehrerer Briefe von verschiedenen Seiten hörten wir nichts mehr von Ruth. Nun hat es sich ja aufgeklärt, daß es ihr nicht gut ging, Ich mache nun folgenden Vorschlag: Ruth soll sich nicht gedrängt und belastet fühlen durch schnelles Lesen und Einschreiben dieses Rundbriefs. Sie soll aber selbstverständlich nicht aus unserem Kreis ausgeschlossen werden. Machen wir es also mit ihr wie mit Cappe, sie bekommt Kopien, und Ruth schreibt nur dann einen Brief, den wir dann hier einkleben, wenn sie Lust dazu hat und sich gesundheitlich danach fühlt.

Ja, unsere alte Bindung ist zu schön. Gerade wo wir alle älter werden, muß man diese alten Bindungen bewußt pflegen. Es ist ein gewisses Etwas da, eine Verbundenheit, ein gleiches Denken, oder wie man es auch nennen will, was ich mit meinen hiesigen Bekannten in diesem Ausmaß nicht wieder gefunden habe. Und deshalb kann ich Bärbel gut verstehen, sie spürt unser Näherrücken und gleichzeitig ihre Entfernung. Aber sie ist nur räumlich, Bärbel! Und so las ich mit Freude und Anteilnahme Eure Berichte, es gab gute Gespräche in Hagen [beim Klassentreffen], oft telefoniere ich mit einzelnen von Euch oder schreibe. Bewegt hat mich ein Brief von Edda, der vor kurzem kam. Sie ist seit April krank, und ich wünsche Dir baldige Besserung, liebe Edda. Vielleicht ist es auch ein Grund unseres Näherkommens, daß mit zunehmendem Alter nicht nur Erfolgserlebnisse und Urlaubsreisen im Mittelpunkt stehen, sondern Krankheiten uns belasten oder Menschen uns genommen werden. Das läßt uns bewußter leben und näher aneinanderrücken.

Von mir selbst gibt es nicht viel zu berichten. Meine Knochen und Muskeln spüren das Älterwerden, in vier Jahren habe ich meine Rente eingereicht. Aber ich bin alle Tage froh und dankbar, daß es bei guter Einteilung der Zeit und der Kräfte doch noch so gut geht.

Ich wünsche euch allen weiterhin alles Gute mit Euren

Familien, möge uns der Frieden erhalten bleiben, und freuen wir uns auf ein Wiedersehen 1981!

Eure Erika

114 Maria von Loesch, Bad Homburg, 7. 11. 80

Ihr Lieben, nachdem ich den Klassenbrief gelesen hatte, rief ich eben bei Edda an, deren Schrift so verändert war und deren Nachrichten mich beunruhigten. Sie ist am 20. Oktober gestorben, sagte mir ihr Sohn, nachdem sie vier Wochen in der Klinik gelegen hatte, mehr und mehr reduziert, zuletzt auch nicht mehr fähig zu sprechen. Sie habe es gewußt, meinte der Sohn.

So wird unser Kreis kleiner, werden wir betroffen. Noch einmal davongekommen, noch nicht – seien wir dankbar, nützen wir die Zeit. Edda hat es schwer gehabt in den letzten Jahren. Nach dem Tod ihres Mannes habe ich sie besucht. Wir haben lange über ihre Einsamkeit gesprochen, über ihre Sorgen mit dem Sohn, an den sie nicht mehr herankam, dem auch die Ärzte nicht mehr helfen konnten. »Für uns ist gesorgt«, sagte er heute mit aufgesetzter Munterkeit, und als »Schwerbeschädigter« könne er umsonst alle öffentlichen Verkehrsmittel benutzen. Es muß Edda bis zuletzt belastet haben, ihren Bodo allein zu lassen. Die Tochter, Referendarin, jetzt noch in Hamburg am Gericht, wird sich kümmern, soweit sie kann, die Mutter lebt noch im Altersheim und die Schwester, ich vergaß den Namen.

Was sind dagegen meine Sorgen? Nichts. Es geht uns gut, aber meine Kinder sind nicht glücklich, nicht einmal zeitweise, denn als Dauerzustand wäre wohl auch Glück nicht erträglich. Es gibt Hoffnungen, daran halte ich mich fest. Im übrigen versuche ich, sooft wie möglich mit den Söhnen zusammenzusein.

Lebt wohl! Ich denke herzlich an Euch!

Eure Maria

115 Gabriela Stockert, bei Freudenstadt, 26. 1. 81

Meine Lieben!

Ich bin z. Zt. im Schwarzwald im Waldachtal in einem Kursanatorium, und meine Kinder haben mir den Rundbrief hierher nachgeschickt. So habe ich Muße zum Lesen und Schreiben. Als ich das über Eddas Tod las, schnürte es mir die Kehle zu. Verdammt nochmal, wir sind doch noch zu jung zum Sterben!!

Mein Mann sprach einige Monate vor seinem Tod oft vom Sterben, aber als dieser Zeitpunkt dann wirklich immer näher rückte und er es selbst spürte, wie er verfiel: kein Wort mehr! Die letzten Wochen waren entsetzlich. Und doch waren die Ärzte verpflichtet, durch Infusionen etc. sein Leben (und Leiden) zu verlängern! Schließlich gab es auch Tage, da ging es etwas besser …!

Diana geht jetzt ins 1. juristische Staatsexamen; Gregory ist weiterhin glücklich mit seinem Foto-Designstudium an der FH Darmstadt, er kommt ins 4. Semester. Einige Jahre haben wir noch »Durststrecke«. Waisenrente gibt es bei den Amis nicht über 21 Jahre, auch in der Ausbildung nicht!!! Wenigstens kriegt er Bafög, wenn auch nicht den Höchstsatz. Sein Pendeln nach Darmstadt kostet viel, aber ein möbliertes Zimmer wäre noch schlimmer. So habe ich beide noch zu Haus, inklusive Freund und Freundin; und alle helfen, jeder macht seine Wäsche, jeder putzt sein Zimmer, der Garten wird »umschichtig« bestellt, der Hund ist meistens »Mamas« Hund, die »Sozialräume« wie Küche und Wohnbereich sind auch »Mamas« Räume, ha, ha! Bin noch halbtags im Büro und gebe auch einige Nachhilfestunden in Englisch! Wir sind eine lockere Wohngemeinschaft geworden, jeder macht, was er will! Ich auch!

Ich habe zu mir selbst gefunden, mir acht Kilo abgehungert, gehe viel Schwimmen und habe mit Tennis angefangen. Daran ist natürlich ein sehr netter, warmherziger

Witwer »schuld«, den ich per Zufall kennenlernte. Ich habe nicht die Absicht, wieder zu heiraten; aber es tut gut, jemanden zu haben, der einem von Herzen zugetan ist. Nun mache ich hier meine erste Kur, es geht mir gut. Ich versuche, mich noch einmal in neue Startlöcher zu trampeln.

Schade, daß ich hier im Schwarzwald gar keine Fotos habe, aber der Rundbrief muß weiter und kann auf unsere Rückkehr nach Heidelberg nicht warten. Ich freue mich auf ein Wiedersehen mit Euch. Ich wünsche Euch, die Ihr großen Kummer habt, daß sich alles wendet; die kleinen Kümmernisse schnippt Ihr sicher mit dem Finger weg!

Von Herzen mit Euch verbunden, grüßt Euch

Eure Gaby

116 Renate Capelle, Moline/USA, 19. 1. 81

Liebe »Alte Wracks«, arme Gürtelrosenopfer; Zeit- und Erinnerungsgenossen; versammelte und unversammelte; Freundin; Gefährtin; – und alle anderen lieblichen Visagen der Vergangenheit!

Ahem: Jetzt, wo ich Eure Aufmerksamkeit habe – eine Frage: bin ich an der Reihe? Fertig oder nicht – hier kommt's.

Ein paar kurze Observationen: All dem »Altersgefasel« nichtdestotrotz bringt es jemand, wie ich lese, in unserem Greisenalter zustande, »windsurfing« zu gehen; eine andere klapperte in Afrika herum; und eine Dritte stolperte im Grand Canyon auf und ab! Dank Euch, alle Ihr »Alten«, mir zu helfen, einen festen Biß an der entschwindenden Jugend festzuhalten – und möge es sich nie ändern …

Von mir ist während unserem total miserabligen, unbeschreiblichen Winter nicht viel zu berichten. Kaum Schnee, aber Temperaturenwechsel, die innerhalb 24 Stunden 50 Grad hinauf- oder hinunterrutschen, bis einem einmal die Nasenlöcher zufrieren und man später am selben Tag mit jugendlichem Leichtsinn soviel Kleidung wie möglich abschält – Resultat: die Menschheit hört sich an wie eine Herde brünftiger Bisons, und alle Ärzte werden Millionäre!

Ich arbeite, schwimme, tue meine Hausarbeit, wann und wo notwendig, entfliehe diesem Nest gelegentlich am Wochenende und rühre mich mehr oder weniger durch die Tage; hin und wieder gehe ich mit Kollegen, Freunden, Bekannten usw. aus, oder wir kommen zum Essen in irgendeinem bistro zusammen – aber ehrlich gestanden, fühlen wir uns beim Abendausgehen nicht mehr besonders behaglich. Zwischen Inflation auf der einen Seite und ständig steigender Arbeitslosigkeit treibt sich zuviel Gesindel auf der Straße herum, und da ich ein Tier der Bequemlichkeit bin, ist mir der Gedanke, auf kaltem, hartem Straßenpflaster vergewaltigt zu werden, ziemlich zuwider. Schließlich und endlich habe ich die Absicht, Euch alle unbeschädigt in so gutem wie möglichem Zustand wiederzusehen …

Ich werde alles in Bewegung setzen, Euch im Mai mit meiner Gegenwart zu beglücken, Ihr Armen – und mit diesem noblen Gedanken sage ich Euch allen für heute adieu. An Euch, die Ihr leiden müßt oder Verluste in der Familie gehabt habt – faßt Mut und werdet gesund. Alle anderen – setzt einen Fuß vor den anderen, immer schön mit der Ruhe und mit philosophischer Betrachtung der Umwelt. Macht es wie ich: »Wenn ich rennen muß – gehe ich einfach nicht!«

Mit herzlichen Gedanken an Euch alle

Eure Cappe

117 Herta Simon, Karlsruhe, 18. 2. 81

Ihr Lieben alle!

Recht ernst und nachdenklich stimmt einen dieses Mal die Lektüre unseres Rundbriefes. Denn die Schicksalsschläge und Sorgen für viele von uns haben sich wie – glaube ich – noch nie so gehäuft.

Euch, die Ihr schwere eigene Krankheit durchzustehen hattet, gilt mein herzliches Gedenken, und nicht zuletzt denke ich teilnehmend an die, die unter Einsamkeit und Isolierung zu leiden haben wie Bärbel und Ruth. Es ist bestimmt schwer, wenn man die vorhandenen Kontakte nicht oder nur ganz selten durch persönliche Begegnungen auffrischen kann, und wir sollten das tun, wenn nur irgend möglich. Aber abreißen brauchen sie auch sonst nicht, wenn man durch Briefe verbunden ist.

Noch etwas fällt auf beim Lesen der Berichte: Es ist so schön, daß alle sich offen aussprechen – auch über ihre Sorgen und Kümmernisse – und auch daran alle Glieder der großen, so bewährten Runde teilnehmen lassen.

Auch für die Familie Simon war das Jahr 1980 ein schweres wie für so viele von Euch. Am 25. 2. starb unsere liebe Mutter. Dann gab es langwierige gesundheitliche Sorgen um meinen Schwager Helmut, und schließlich, November 1980, war ich selbst an der Reihe. Bei der Mammographie wurde ein bösartiger Knoten in der linken Brust festgestellt. Glücklicherweise war es im Frühstadium, so daß ich nicht bestrahlt werden mußte, was ja schon sehr viel ist. In diesen Krankheitstagen habe ich so viel Freundlichkeit und Zuwendung erfahren, daß ich sehr beeindruckt bin. Zuallererst natürlich von der lieben Gerta, die mich ganz lieb umsorgte, aber auch von vielen von Euch. Für all das danke ich von Herzen. […]

Nun gebe ich dem Rundbrief einen kräftigen Schubs zu einer neuen Runde. Ich hoffe, daß er das nächste Mal wieder bessere Nachrichten enthält.

Viele liebe Grüße
von Eurer Herta

118 Lore Buschendorff, o. O., 1. 1. 82

Liebe alte Klassengilde!

Heute ist Neujahrstag! Allen ein gutes 1982! Gesundheit und Zufriedenheit – unsere größten Schätze – für Euch und Eure Familien. Der Frieden möge uns erhalten bleiben, und unseren Politikern möge die Erleuchtung zuteil werden, daß für ein lebenswertes Leben manches, was sie für wesentlich halten, entbehrlich ist und ein Wirtschaftswachstum uns materiell nur belastet und unseren Lebensraum weiter einschränkt. Heute Neujahrstag – gibt es einen besseren Tag zum Schreiben an Euch alle?! Bis vor einigen Stunden waren wir hier oben völlig abgeschlossen und nur zu Fuß erreichbar. Die Eltern, gewitzt durch schlechte Erfahrung in letzten Jahr, kamen heuer per Bahn oder ließen wenigstens den Wagen unten stehen und erschienen zu Fuß, daß gegen 10 Uhr auch das letzte Kind nach Hause geholt wurde. [Lore arbeitete zu dieser Zeit als Wirtschaftsleiterin einer Behinderteneinrichtung.] D. h. wir haben ca. acht Kinder, die kein zu Hause haben und immer hier bleiben. Und da es so schön hier oben bei uns ist und so friedlich und Weihnachten ein so großes Fest hier ist, hatten alle, die hier wohnen, viel Besuch, so daß wir 36 Personen zu versorgen hatten. So allmählich beginne ich Wurzeln zu schlagen, d. h. es wachsen die Verbindungen zu den Kindern – und dennoch zieht es mich auch wiederum weg. Der Apparat ist zu groß, es gibt wenig Gemeinsamkeit, für meinen Geschmack zu viele Worte und zu wenig Tatkräftiges. Das hängt sicher mit der Heilpädagogik zusammen, und da ist das Behutsame auch richtig.

Die Beschlüsse fallen in den Konferenzen, und es sind zu wenig Praktiker da. Wir besitzen z. B. genügend Land zu einer Selbstversorgung, müssen aber fast unseren ganzen Gemüsebedarf, von Getreide und Kartoffeln ganz zu schweigen, einkaufen, weil man sich über die Nutzung des Landes und die Arbeitseinteilung nicht einigen kann. Mir als Mädchen vom Lande juckt's dann immer ganz gewaltig in den Fingern, und ich würde, statt Konferenzen zu halten, lieber gleich mit Spaten und Hacke losziehen. Aber ich gehöre zu den »Küchenfrauen« und bin gar nicht ernstlich existent.

Meinen Kindern und Enkelkindern geht es gut, bis auf mein Kummerkind Sandra, die im Juli total zusammengeschlagen in einem jammernswerten Zustand hier auftauchte. Inzwischen gefällt es ihr so gut, von Muttern versorgt zu werden, daß ich manchmal befürchte, daß sie im Frühjahr ihre Langzeittherapie bei den Sieben Zwergen in der Nähe von Salem nicht antreten wird. Ich hoffe sehr, sie erspart mir, sie raussetzen zu müssen und mich den eigenen Vorwürfen auszusetzen, sie völlig unter die Räder gebracht zu haben. Sie ist sehr egozentrisch, und ich denke dabei auch an Eddas Sohn, der es heute doch wohl schon ein wenig besser schafft, zurechtzukommen. Aber könntet Ihr es Euch vorstellen, ein Kind aus dem Nest zu werfen? Unser gemeinsamer Urlaub gab uns Gelegenheit zu manch schönen Unternehmungen, obwohl es manchmal sehr mühsam mit ihr ist. [...]

Es grüßt Euch herzlich Eure Lore

119 Herta Simon, Karlsruhe, 3. 5. 82

Liebe, große Klassenfamilie!

Habt Dank für all Eure Beiträge, deren Lektüre mich wirklich ganz gefangennahm. Am liebsten möchte man gleich mit jedem das angefangene Gespräch fortsetzen. Was mich anbelangt, so geht es mir wirklich wieder recht gut, und vielleicht kann diese Tatsache dazu beitragen, Euch zu demonstrieren, daß auch eine aufregende Diagnose nicht zwangsläufig ins Unglück führen muß.

Ich bin wieder mit altem Schwung und Engagement im Beruf und freue mich, wenn ich z. B. allen Widerständen des Zeitgeistes zum Trotz meiner Klasse Goethe nahebringen kann. Jeder sucht sich gerade ein Gedicht aus und trägt es vor und sagt, was ihm daran gefällt. Was Theater und Fernsehen in diesem Jahr angeblich zur Ehrung Goethes bieten, ist schon eine ziemliche Zumutung. Habt Ihr den Werther und den Faust im Fernsehen angeschaut oder den Tasso? Wer von Euch hat bis zum bitteren Ende durchgehalten?! Sensationsmache durch angeblich aktuelle, schwer verständliche Gags, willkürliche Kürzungen und Verstümmelungen waren an der Tagesordnung und verstellten die Dichtungen, anstatt sie veranschaulichend zu erschließen. Das hat meiner Meinung nach nichts mehr zu tun mit der Breite und Tiefe des Interpretationsspielraumes, der tatsächlich viel größer ist, als man noch zu unserer Schulzeit meinte. Die Arroganz von ein paar Regisseuren ist grenzenlos, und alle Schauspieler, Bühnenbildner, Kostümbildner und nicht zuletzt das Publikum sollen nach ihrer Pfeife tanzen und tun es in der Regel auch recht brav. Von der »Intention« des Autors ist noch nie so viel geredet worden, und noch nie ist so unbekümmert dagegen verstoßen worden wie heute. Jede Kritik an Inszenierungen wird von den Verantwortlichen mit herablassendem Lächeln abgetan und der Bemerkung: Schade, sie hätten das Publikum halt überschätzt. Die Hintergründe solcher Haltung sind nicht sehr schwer zu finden und hängen mit dem Abschneiden sämtlicher Kulturtraditionen und der Gleichgültigkeit der Geschichte gegenüber zusammen, die weite Kreise – bis in die Lehrplan-Komissionen hinein – im letzten Jahrzehnt und länger vertreten haben. Ganz langsam bahnt sich ein Wandel an. Wenn eine Generation immer nur sich selbst und ihre ideologische Position sieht, muß das ja zu Borniertheit und Arroganz führen. So – das mußte ich mir mal von der Seele reden! Noch manches mehr hätte ich zu diesem Thema zu sagen, aber Ihr sollt doch auch bald zu Wort kommen!! Die Theaterfreunde unter Euch mögen sich doch bitte auch mal zu diesem Thema äußern.

Die Arbeit mit den Referendaren ist einerseits wieder

leichter geworden, andererseits durch die drohende Arbeitslosigkeit für sie auch wieder belastend für alle Beteiligten.

Der Rundbrief hat auch zügig seine Runde gemacht. Prima! Nun wird also das Ringbuch ausprobiert. Sammelt mal Erfahrungen damit. Ich persönlich schreibe lieber in einem festen Heft, aber das ist ja nicht entscheidend. Wenn einige von Euch ihre Briefe tippen wollen, ist es wohl einerseits eine Erleichterung fürs Lesen, andererseits ist es doch auch schade um die charakteristischen Schriftzüge!!

Beiliegender Brief von Ruth an Gerta gibt Aufschluß über ihre so unendlich schweren gesundheitlichen Belastungen. So erklärt sich sicher auch das lange Schweigen. Wir hoffen alle sehr, daß Ruth als Frührentnerin nun auch reisen darf und uns besuchen. Wir warten auf weitere Nachrichten von ihr. So, Ihr Lieben, nun verabschiede ich mich herzlich von Euch allen.

120 Irene S., Würzburg, Aug./Sept. 1982

Ihr Lieben,

ich wage gar nicht, ein Datum einzutragen, obwohl ich das »gute Stück« erst 8 Tage habe. Viel Leid ist über uns gekommen. Ich habe erst durch dieses Buch von manchem Schicksalsschlag erfahren.

Ja, so langsam werden wir die Alten der Familie, und ich muß sagen, ich bin schon so weit, daß ich glücklich bin über jedes Jahr, das wir noch gemeinsam verbringen durften. Wir haben wieder zwei gute Freunde und Mitarbeiter meines Mannes ganz plötzlich verloren; mit entsprechenden Schocks mußte ich meinen Mann ins Spital einliefern; aber jedes Mal hatten wir Glück. Jetzt hat ihm der Arzt zu einem Kur-Urlaub geraten, den wir im Oktober in Bad Heilbrunn antreten wollen.

Wir haben im März eine nicht ganz ungefährliche Reise durch Äthiopien, Kenia, und Uganda mit Jeep und Landrover gemacht – aber die abgelegenen Stationen warten schon so lange auf eine Inspektion, zumal Bisidimo, in der Nähe von Harrar/Äthiopien, »unsere« erste aufgebaute Leprastation, die total in einheimische Hände übergegangen ist mit einem togolesischen Arzt als med. Leiter. Das Krankenhaus und das field-work läuft sehr gut, und wir waren froh, das gesehen zu haben und nun zu wissen, daß die geschickten Gelder gut verwaltet werden.

In Uganda herrscht nach wie vor Kriegszustand, Obote bekommt das Land nicht in den Griff. Sogar wir, »alte Hasen«, was Safari anbelangt, waren heilfroh, alle Kontrollen – und es waren viele – gut überstanden zu haben. Ansonsten gibt es nichts Neues zu berichten. Ich grüße Euch alle bis zum nächsten Klassentreffen.

Eure Irene

121 Hanna Borsche, Berlin, 21. 2. 83

Ihr Lieben alle!

Dieses Dokument ist immer eine schöne Erweiterung unserer Treffen, da man auch die Photos von Euren Trabanten anschauen kann. Und die kleinen süßen Enkelkinder! Ich freue mich schon jetzt auf unser Zusammensein bei Ingetraut!

Liebe Herta, wir haben auch versucht, uns die Goethestücke im Fernsehen anzuschauen, aber denn doch den Kasten wieder ausgemacht. Ich teile absolut Deine Meinung. Für mich hängen die Hintergründe solcher Haltung und das Abschneiden der Kulturtradition in der Hauptsache damit zusammen, daß der Drang zum Erlangen von Aufmerksamkeit ein sehr starkes Motiv ist. Das beste Mittel dafür ist zu schockieren. Es geht hier nicht mehr um die Sache, sondern um die zeitgemäße Verpackung. Leider ein trauriges Bild der heutigen Zeit. Man kann eigentlich nur versuchen, sich für bessere und überzeugendere Repräsentationen einzusetzen. Aber wie?

In Euren Berichten gab es wieder viele Sorgen und Probleme, aber auch Schönes und Erfreuliches, ebenso auch viele interessante Gedanken über unser Leben jetzt in diesem Alter.

Unser Leben hier läuft immer noch recht ereignisreich. Im Augenblick hat mein Mann hier in einer guten Galerie eine Ausstellung von über 100 Bildern (Öl, Aquarell, Lithographie). Die Resonanz ist prima und der Verkauf auch. Auf der musikalischen Seite werdet Ihr sicher von dem Streit zwischen Karajan und dem Orchester gehört haben. [Hannas Mann war Geiger bei den Berliner Philharmonikern.] Das Orchester will sich seine alten Entscheidungsrechte nicht nehmen lassen. Der Maestro will aber, besonders auch durch sein Alter sehr hartnäckig, seine absolute Autorität durchsetzen. Jetzt sind aber mit Hilfe von Juristen (Karajan wollte sich ja nie sprechen lassen) Verhandlungen im Gange. Auf der letzten Orchestertournee nach Amerika war ich auch dabei. Nach New York und Los Angeles hatten wir dann noch 10 Tage frei. Mit einem gemieteten Auto sind wir noch im Süden herumkutschiert: San Francisco, Death Valley, Las Vegas etc. Ich bedauere es sehr, daß ich nicht einmal ein harmloses Glücksspiel betätigt habe. Amerika ist wirklich so vielseitig, schön – besonders landschaftlich – und auch verrückt, daß man immer wieder fasziniert ist.

In den Ferien gab es für uns auch noch eine Attraktion. Wir waren in Nordgriechenland, und da unser Bootsmotor eine Macke hatte, haben wir uns aufs Windsurfing geworfen! Und, o Wunder, wir Alten haben es noch geschafft! Es sieht bei uns natürlich nicht so rasant aus wie bei Deinem Sohn, liebe Gaby. Ja, und dann bin ich auch noch Großmutter geworden, denn André hat einen süßen Sohn. Vater und Mutter, die auch Ärztin ist, sind noch nicht verheiratet, wohnen aber zusammen, so daß ich eine ganz moderne Großmutter bin.

Ich grüße Euch sehr herzlich mit den besten Wünschen

Eure Hanna

Liebe Klassenrunde von einst,

Dank, daß ich bei jedem von Euch zu Gast sein durfte und teilhaben an Dingen, die Euch bewegen, und teilnehmen konnte an Euren Sorgen, Nöten und Euren Gedanken. Kein Buch kann einem das so vermitteln, wie es durch unseren Klassenbrief geschehen kann. Das ist so einmalig und wunderbar, und ich danke Euch sehr, dazuzugehören. Und jeder trägt sein Päckchen, mancher noch vor sich her und mancher schon auf dem Buckel, keiner gebeugt, jeder nimmt sein Päckchen an.

Nun ein wenig zu mir. Mein Betrieb steht und läuft und ist ein Born des unermüdlichen Schaffens. Dank der Selbständigkeit, die ich dort entwickeln kann, macht es auch Freude. Wir sind ein prima Team, und unsere persönlichen Dinge werden bis zu den Ehemännern mitgetragen – wie in einer großen Familie.

Für mich gab es in letzter Zeit Grund zu aufblühenden Hoffnungen, und die Streifen, die sich am Horizont zeigten, wurden lichter und größer – ich mag's nicht berufen, damit es nicht zu Bruch geht. Sandra hat ein Praktikum zur Ausbildung als Altenpflegerin begonnen. Es ist alles für sie etwas mühsam, aber es entwickelt sich langsam – auch aus einem kleinen Pflänzchen sind schon ausgewachsene Pflanzen geworden. Für Sandra speziell ist die Praktikumszeit um ein halbes Jahr verlängert worden, damit sie sich genügend prüfen kann – ob dieser von ihr selbst ausgewählte Beruf für sie auch ausführbar ist. Sie wird nochmals für diese Zeit in eine ausgesprochene Pflegestation in einem größeren Haus in Murrhardt überwechseln, und dann ist sie angenommen in einer Schule in Ahrensburg. Inzwischen wird hier in Frankfurt an der Waldorfschule das Heim voll bezogen sein, und sie träumt davon, dort zu arbeiten und mit Muttern zusammen zu wohnen. Eine verlockende Idee – aber ich bin aus vielen Gründen nicht so sehr davon angetan, aber es ist auch noch kein Grund da, dies in ernstliche Erwägungen zu ziehen. Es ist noch ein langer Weg – einverstanden –, aber bitte einigermaßen schnurstracks und nicht zu viele Biegungen. Mein Wunsch ist nur, daß sie die Kraft findet und die Ausdauer erhalten möge und, wenn's notwendig ist, daß ich eingreifen muß, ich den richtigen Moment erspüre, ihr einen Schubs in die notwendige Richtung zu geben. In den letzten fünf Monaten hat sie zweimal angerufen, sie möchte doch wohl lieber nicht arbeiten – aber noch ist sie dabei. Der letzte Brief klang dann wieder sehr zuversichtlich – Am Wochenende werde ich sie sehen, bei unserem alljährlichen Familientreffen, an dem sie seit Jahren das erste Mal wieder teilnimmt. Ulrike, die Älteste, schlägt sich als späte Studentin durch [...]

So, nun muß das gute Stück weiter – drei Tage war es bei mir, aber ich sitze mal wieder zwischen Kisten und Kasten – in 14 Tagen wird umgezogen. Eigener Herd ist Goldes wert! Bleibt alle hübsch gesund, und laßt es Euch gut ergehen und Euren Lieben auch, habt vielen Grund und Ursachen, Euch zu freuen. Wer hier in die Gegend kommt oder auch nur so, kann bei mir Station machen, 60 qm wird meine neue Behausung haben. Anruf genügt, ich freue mich schon heute auf jeden und alle. Seid lieb und herzlich gegrüßt

Eure Lore

123 Maria von Loesch, Bad Homburg, 24. 5. 84

Ihr Lieben alle,

eben haben Lore und ich Erdbeeren gegessen, über unsere Familien, Berufe, unsere Sorgen und Freuden gesprochen. Ohne den Rundbrief gäbe es solche Kontakte nicht, solche selbstverständlichen, vertrauensvollen Treffen. Schade, daß niemand von uns so richtig reich ist, eine Klassenstiftung in Form eines großen Hauses, in dem alle Platz finden, die sich einsam fühlen, wäre doch eine gute Lösung. Aber ob wir uns da alle auf Dauer vertragen würden?

Ich finde es schön, daß gerade die in letzter Zeit vom Schicksal hart Getroffenen aus unsererer Runde so offen sind, über ihren Schmerz sprechen können und vertrauensvoll ihre Sorgen mitteilen.

Ein knappes Jahr hat der Rundbrief diesmal gebraucht, und ich beeile mich, sein Tempo nicht aufzuhalten. Einen wunderbaren Sommer hatte ich in Lindhorst bei meinem ältesten Sohn Constantin in seinem reetgedeckten Bauernhaus, das auch für mich immer mehr Heimat wird. Constanze, Constantins Frau, ist ja meine Cousine und sehr ähnlich erzogen worden wie ich. Es geht da bei ihr sehr heimatlich zu.

Im August wollen wir diese Ferien mit der Großfamilie wiederholen. Leider wird meinem Mann dieser Familientrubel immer etwas zuviel. Im vorigen Jahr blieb er zu Haus und überraschte mich bei meiner Rückkehr mit einem Theaterstück, das er in der Zeit geschrieben hatte. Jetzt hofft er auf einen Regisseur, der sich begeistern läßt.

Meine Arbeit macht mir nach wie vor Freude. Ich war jetzt gerade bei Sarah Kirsch in der Nähe von Husum und habe von diesem Besuch berichtet. Danach bin ich ein paar Tage – auch für die Zeitung – in Dänemark gewesen. Noch immer gelingt es mir nicht, weniger zu tun und mehr Zeit für mich und die Familie und Freunde zu finden. Oft denke ich, auch ohne Zeitung wäre es ganz schön, aber dann interessiert mich eben doch alles, das Blatt machen, das Herrschen, das Disponieren, und ich denke, es wäre jetzt noch zu früh, wenn meine Energie dieses Betätigungsfeld nicht mehr hätte.

Ich denke in herzlicher Anteilnahme an Euch und wünsche Euch viel Gutes!

Eure Maria

Liebe »Klassengesellschaft«!

Gerade verließ mich mein heute letzter Nachhilfeschüler – wir haben einen Aufsatz über ein Erlebnis im Zoo verbrochen –, und so will ich mich schnell hinsetzen und meinen »Aufsatz« zu Papier bringen, bevor ich ins Hausfrauenturnen enteile und nachher noch den ökumenischen Kirchenchor durch meine Mitwirkung bereichere!

Wie immer haben mich Eure Beiträge interessiert, erfreut und auch bekümmert; aber von Herzen erheitert haben mich die »Großmutterbilder« von Ingetraut und Maria! Bitte stellt Euch einen Augenblick lang Eure eigenen Großmütter vor, oder betrachtet ein Familienbild mit ihnen, und dann schaut Ingetraut im duftigen rosa Kleid mit Spaghettiträgern an oder Maria, die da ganz ungroßmütterlich auf dem Boden hockt und von den Enkeln fast erdrückt wird! Köstlich, wie sich das äußerliche Großmütterbild völlig gewandelt hat, aber die Liebe zu den Enkeln geblieben ist. Strohkopp [Uschi Strogies] sieht auch mehr wie die große Schwester ihrer Töchter aus als wie eine in Ehren ergraute Oma. [...]

Auch sonst habe ich ein kleines Erfolgserlebnis zu bekunden. Ich bin zwar nicht unter die Autoren gegangen wie Maria (Deine Werke bereichern natürlich längst unseren Bücherschrank), aber unter die Übersetzer, wie ich vielleicht schon mal erzählt habe. Ich habe die Biographie eines Mannes übersetzt, weil sie mich so besonders gefesselt hat. Es ist die Lebensbeschreibung von Eliezer Ben-Yehuda, der im Alleingang aus der biblischen und daher seit 2000 Jahren toten hebräischen Sprache die moderne neu-hebräische geschaffen hat, die heute jedermann in Israel spricht. Wie er Wort für Wort selbst gebildet oder umgestaltet hat und wie er dabei von allen Seiten angefeindet wurde, weil er die heilige althebräische Bibelsprache entweihte, und wie er trotzdem zielbewußt weiterarbeitete und schließlich sein Ziel erreichte, hat ein amerikanischer Journalist äußerst packend geschildert. Ich habe dann dieses Buch als Geburtstagsgeschenk für meinen Mann übersetzt, und zu meiner Freunde wird der Bleicher-Verlag in Gerlingen diese Übersetzung an Ostern 1985 zur Jerusalem-Buchmesse herausbringen unter dem Titel »Die Sprache der Propheten«. –

Ein weiteres erfreuliches Ereignis hat uns dieses Jahr gebracht: Vielleicht erinnern sich noch einige von Euch, daß wir jedes Jahr in den Sommerferien nach Bad Dürkheim in der Rheinpfalz zur »Großmama« fuhren, die dort bis zum Alter von 85 Jahren ihr Weingut verwaltete. Da unsere Mutter die jüngste von fünf Töchtern war und daher der letzte vergebliche Versuch für einen Sohn (!), mußte das Weingut schließlich doch verkauft werden. Aber das alte Gutshaus wurde nicht abgerissen, sondern von der Stadt zum Heimatmuseum umgestaltet, das dieses Jahr eingeweiht wurde. Es ist ein ganz eigenartiges Gefühl, in einem Museum herumzuspazieren, in dem man als Kind seine Sommerferien verbracht hat und von dem jedes Zimmer mit Erinnerungen gefüllt ist.

Unsere Töchter spuren weiter recht ordentlich, und in etwa zwei Jahren werden wir – hoffentlich – zwei »Magister« in unserer Familie haben. Wie sich das dann beruflich umsetzen wird, ist noch unbekannt, hoffen wir trotzdem auf irgendeinen einigermaßen befriedigenden Broterwerb!

Mein Mann ist nun seit September endgültig im Ruhestand, aber ich bemühe mich trotzdem nach Kräften, ihn in Trab zu halten! Meine Schwiegermutter wird nächstes Jahr 95 und spricht immer von meinem Mann (68) und mir (58) als von »meinen jungen Leuten« – wenn das nicht verpflichtet!

Seid alle von Herzen gegrüßt, und haltet Euch weiter so trefflich!

Herzlichst Eure Gertel

125 Elisabeth von Schaubert, Coburg, März/April 1986

Meine Lieben!

Mai 1985. Ich stehe am Ziel eines 40jährigen Traumes. Am Ortsrand von Obernigk. Unser Ältester, Joachim, begleitet mich. Im Bus viele alte Bekannte aus dieser Zeit. Es ist herrlich warm, die Bäume blühen, es ist so vieles vertraut, das alte Pflaster, das Pfarrhaus, die Kirche, inzwischen von Katholiken übernommen. Es ist Dienstagmorgen, ein Arbeitstag, und trotzdem wird den ganzen Vormittag Gottesdienst gehalten. Dem Pfarrer, mit dem wir später ins Gespräch kommen, ist unsere Familie aus der Kirchenchronik bekannt. Dann nähern wir uns unserem Park. Die alten Bäume stehen und grüßen uns, die rote Ziegelmauer steht unverändert. Wir werfen den ersten Blick hindurch, und ich spüre die Veränderung. Die Blumenrabatten fehlen, der Rasen ist verwildert, Kinder liegen darauf in der Sonne. Den ganzen Tag laufen wir durchs Dorf, über die Felder, durch den Wald. Sitzen und schauen, die Sonne wärmt uns herrlich, ich atme die gute Obernigker Luft, und ich fühle mich zu Hause. Zu meiner großen Freude genießt auch Joachim dieses Land, von dem ich den Kindern so viel erzählt habe. Wir fahren noch öfters nach Obernigk in dieser Woche, durchstreifen Breslau, das mir zunächst, aus dem Bus gesehen, fremd vorkam, aber nachdem wir zu Fuß marschierten, finde ich viel Vertrautes. Wer kennt ihn nicht, unseren Wasserturm im Süden. Täglich mußten wir unseren Pensionsspaziergang an ihm vorbei machen. Einen Tag waren wir im Riesengebirge, Oberschreiberhau, Agnetendorf mit Gerhart-Hauptmann-Haus, Buchenau, Krummhübel, Kirche Wang, Hirschberg und Schweidnitz, wo mir die Friedenskirche einen großen Eindruck hinterlassen hat. Ich kannte sie noch nicht. Wie weit ist mir früher das Riesengebirge erschienen, in unserem bequemen Reisebus, der natürlich viel Aufsehen erregte und immer von Kindern umlagert wurde, haben wir alles an einem Tag gesehen. Der Abschied fiel schwer.

Ich grüße Euch in alter Verbundenheit

Eure Schaubi

126 BARBARA STR., OTTING, 5. 6. 87

Meine liebe, treue Klasse, es war so schön, an dem diesjährigen Treffen teilnehmen zu können – Ihr wißt nicht, wie sehr ich diesen Moment herbeigesehnt habe. Und doch habe ich vielleicht nicht allen, die immer treu an uns gedacht haben, von Herzen gedankt – darf ich es jetzt noch nachholen? Liebe Gaby – Dir möchte ich nochmal herzlich für die erstklassige Organisation danken – Du hattest sehr viel Arbeit damit! Dank Euch allen, die Ihr mich so liebevoll aufgenommen habt! Vor einem Jahr wurde mein Geburtstag im Institut mit viel Aufwand – sehr positivem Aufwand – gefeiert. Meine Kolleginnen hatten die Tafel gedeckt, diverse Torten gebacken, die Sektkorken knallten, es war überwältigend. Viele gute Worte wurden mir an diesem Tag und auch bei der Verabschiedung eine Woche später mit auf den Weg gegeben, ich denke gern daran zurück. Anfang Juli habe ich dann den letzten Institutsausflug mitgemacht – und das soll alles erst ein Jahr her sein? Kaum zu glauben! Was hat sich in der Zwischenzeit alles ereignet!

Am 24. 9. 1986 kamen wir in Otting (Ortsteil von Waging, 30 km von Salzburg entfernt) wohlbehalten an. Unmittelbar nach unserer Ankunft hatten wir das erste Tête-à-tête mit den Behörden, dem unzählige folgen sollten – dazu eine Unmasse an Formularen – aber wir sind noch nicht fertig, man muß Geduld haben, sehr viel! [Ausreise aus der DDR.]

Am 10. 10. 1986 habe ich meinen lieben Roman geheiratet – in Waging auf dem Standesamt, die kirchliche Trauung folgt noch, morgen holen wir die Ringe ab. Es ist schon eine Riesenumstellung: ledig – verheiratet, berufstätig – Hausfrau, Stadt – Land usw. usw. Meine kleine Mutti hat die Umstellungen nicht verkraftet – sie war sehr unruhig und fand sich hier nicht zurecht, obwohl wir ihr natürlich halfen, so gut wir es nur konnten. Ich kann sie so gut verstehen – es ist auch für mich nicht leicht gewesen – auch heute ist mir vieles noch fremd – und sie ist immerhin 91 Jahre!

Meinen Mann habe ich 1982 in Karlsbad kennengelernt – er war damals mit seiner ersten Frau zur Kur dort. Nach dem Tod seiner Frau 1983 war er sehr einsam, denn lange wohnt er noch nicht in Otting. 1985 haben wir uns dann in Albena in Bulgarien getroffen, 1986 war er bei uns in Berlin – im Mai darauf wieder Karlsbad – es ist so herrlich, nicht mehr allein zu sein! Meint er – und ich bin auch sehr glücklich, denn wir verstehen uns sehr, sehr gut. Meine Korrespondenz ist nun natürlich noch umfangreicher geworden, und so müßt Ihr mir verzeihen, wenn ich nicht so häufig schreibe! Bitte!

Daß ich seit einem Jahr »Rentnerin« bin, kann ich nicht glauben – ich habe kaum Freizeit und bin also noch »vollbeschäftigt« – an das Kochen, Backen usw. habe ich mich gewöhnt – wenn ich dann mit der Hausarbeit fertig bin, muß ich mich leider immer wieder mit Formblättern und Behördenkorrespondenz herumschlagen – aber ich denke, daß ich auch das einmal überstanden habe. Liebe Berliner, vergeßt bitte nicht, Berlin tausendmal von uns zu grüßen!!! Sicher – die Umgebung hier ist sehr malerisch, mein Mann ist sehr lieb zu mir und auch zu der kleinen Mutti – aber Berlin vergessen – nein, niemals!!!

Ich freue mich auf 1989!

In alter Verbundenheit grüßt Euch stets

Eure Bärbel

127 Hanna Borsche, Berlin, 17. 12. 87

Ihr Lieben,

es ist wieder wunderbar, Euch vor mir zu sehen, auch auf den vielen schönen Bildern vom Klassentreffen, und dann Eure Berichte zu lesen. Die Enkel und Enkelinnen sehen ja alle wonnig aus.

Im Juli waren wir, nachdem ich mich endlich dazu entschlossen hatte, nach Schlesien gefahren, mein Mann und ich per Auto, und mein Bruder plus Frau und meine Schwester aus Westdeutschland per Autobus. Unsere Stammunterkunft war in Breslau das Wrocław-Hotel in der Nähe des Bahnhofs, aber wenn man aus den Hotelfenstern herausschaute, glaubte man nicht, in Breslau zu sein. Wir waren dann auf Spurensuche. Der Wasserturm und die Johanniskirche stehen zwar noch, aber unser Haus gegenüber des Wasserturms war ja von uns vorher noch gesprengt worden, um den russischen Vormarsch etwas aufzuhalten. Die Straßenbahnschienen zum Südpark sind noch die alten. Unsere Schule sucht man vergeblich in den neuen Häuserblöcken. Für die Restaurierung und Verschönerung der Kirchen hat man sehr viel getan, und die Gottesdienste sind sehr gut besucht. Ich könnte mir denken, daß Polen für die katholische Kirche als Bollwerk sehr gut ist. Wir fuhren dann noch nach Oppeln, meine Geburtsstadt, ins Riesengebirge und in das Glazer Bergland. Dort hatten wir immer im Haus meiner Tante in der Nähe der tschechischen Grenze Winterferien gemacht. Die jetzt mit Bäumen bestandene Ruine war kaum noch zu finden. Die gebirgige Landschaft dort ist wunderschön. Ich muß aber sagen, daß ich auf unserer Reise in die Vergangenheit kein schmerzliches Heimatgefühl empfunden habe. Meine Erinnerung an damals, an meine Kindheit, ist so in sich abgeschlossen und schön, daß ich jetzt die Welt dort eigentlich nur von außen sehe. Es kommt noch hinzu, daß man die Leute dort gar nicht verstehen kann. Ein Berliner von früher wird seine

Heimatstadt jetzt auch total verändert wiederfinden. Entscheidend sind ja besonders die lebenden Kontakte, die wir »Mädels« so prima pflegen. Es war wieder schön, als Herta und Ingetraut hier waren.

Für heute umarme ich Euch herzlich und wünsche Euch ein gutes und gesundes und auch frohes kommendes Jahr.

Herzlichst

Eure Hanna

128 Ursula Standke, Frankfurt/M., 3. 2. 88

Heute, meine Lieben, grüßt Euch eine Pensionärin. Seit 1. 10. bin ich von Postens in den Ruhestand versetzt worden. Ich genieße es sehr, frei von allen Zwängen zu sein, zumal meine Schwester ebenfalls seit Juni zu Hause ist.

Seit Jahren spielten wir schon mit dem Gedanken, nach Schlesien zu fahren, im Oktober '87 war's dann Wirklichkeit. Zwei Cousinen von uns schlossen sich an, und so fuhren wir mit dem Autobus Richtung Osten. Mit unserem eigenen Auto haben wir uns nicht getraut. Auch wir haben im Hotel Wrocław gewohnt, liebe Hanna, das übrigens sehr günstig liegt. Man ist schnell im Süden, und auch bis zum Ring ist es nicht weit. Vieles haben wir wiedererkannt.

Unsere weiteren Touren unternahmen wir mit einem Taxi. Der Fahrer hat uns nach Oppeln und Gleiwitz gekutscht. Am letzten Tag fuhren wir bei strahlendem Sonnenschein zu uns nach Hause – nach Schlaup – über Obernigk (Schaubi, ich habe an Dich gedacht) und Wohlau. Unser Taxifahrer, der auch den Dolmetscher gespielt hat, hatte eine deutsche Karte, so daß wir den Weg mühelos fanden. Und nun standen wir im Hof und vor unserem Haus. Es steht noch, nur dem Verfall preisgegeben. Die Fenster zum Teil eingeschlagen, der Putz fällt von Decken und Wänden. Hinein konnten wir nicht, es war abgeschlossen, aber durch Türen und Fenster konnte man die Verwahrlosung erkennen. Ein merkwürdiges Gefühl hat uns beschlichen von Wehmut und Trauer. Wir sind dann von einer polnischen Familie, die in einem von unseren ehemaligen »Leutehäusern« wohnt, zum Essen eingeladen worden. Es war so rührend, daß wir unsere Beklommenheit abschüttelten und irgendwie getröstet wieder abfuhren. Es ist ja eine wunderschöne Gegend, die der Herbst und der Sonnenschein noch vergoldet hat.

Wir haben fest vor, vielleicht im nächsten Jahr wieder hinzufahren. Man kann die Eindrücke eigentlich nicht beschreiben, man muß das alles selbst erleben.

Bleibt alle gesund und munter.
Es grüßt Euch sehr herzlich
Standken

129 Elisabeth von Schaubert, o. O., 24. 8. 88

Meine Lieben!

Unser Buch hat wirklich eine Blitzreise hinter sich! Ich war sehr erstaunt und beglückt, es unter meiner Urlaubspost zu entdecken. Liegt es wohl daran, daß die meisten nicht mehr so eingespannt sind und das Leben geruhsamer geworden ist?

Auch ich bin seit Februar glückliche Rentnerin, jeden Morgen erfreut, nicht so zeitig aufstehen zu müssen und in Ruhe mit Zeitung beim Frühstück zu bummeln. Auch sonst genieße ich meine Freiheit, es ist eigentlich erstmalig im Leben, daß ich viel Zeit für mich selber aufwenden kann. Und ich muß sagen, sie ist immer voll ausgefüllt, und ich bin zufrieden. Zwischen diesen ruhigen Tagen gibt es dann wieder Trubel, wenn die Kinder und Enkel herbeiströmen. Zum Glück geschieht dies öfters, und wir können ihre Entwicklung miterleben und uns daran freuen.

Inzwischen habe ich auch die zweite Schlesienreise geschafft. Zusammen mit der Familie meines Bruders konnte ich auch endlich meinem Mann zeigen, wo wir alle herkommen. Wir haben Breslau wieder sehr intensiv durchlaufen und dank eines sehr rührigen Taxifahrers, der auf polnisch so lange verhandelte, durften wir diesmal sogar in unser Haus. Wenn auch das meiste durch den Brand vernichtet ist, war es doch für mich sehr bewegend, in dem Turmerker zu stehen, in dem wir als Kinder mit unseren Puppen spielten. Durch Beziehungen, die ich auf meiner ersten Reise geknüpft hatte, waren wir auch in zwei polnischen Familien zu Gast. Es war rührend, was sie uns alles Gutes tun wollten, und die Freude über die mitgebrachten Geschenke!! Der Großvater der einen Familie umarmte meinen Mann, als käme ein Bruder zu Besuch, dabei haben sie sich das erste Mal gesehen. Später im Gespräch kam dann heraus, daß er drei Jahre im KZ in Dachau gesessen hatte. Da ist man schon sehr betroffen! In diesem Sommer dann besuchte uns eine Gruppe Polen. Wir haben einen warmen Sommerabend im Garten gesessen, Würstchen gegrillt und hatten unendlich viel Spaß, trotz – oder wegen – der Sprachhemmnisse.

Und nun dürfen wir uns schon bald wieder auf unser Klassentreffen freuen, ich hoffe, daß ich recht viele von Euch wiedersehe, und bin mit ganz lieben Grüßen

Eure Schaubi

130 Gabriela Stockert, Eschborn, 27. 7. 89

Liebe Klassenrunde!

Ach du liebe Zeit, ich war im Urlaub bei meinem Sohn und Familie in Fuerte, als der Rundbrief hier ankam und zwei Wochen liegenblieb. Daher warte ich auch nicht auf irgendwelche Fotos, sondern schicke ihn sofort weiter!!!

Also, auf Fuerteventura ist alles bestens; will nicht wieder ein Jahr warten bis zum nächsten Flug; aber es ist alles eine Geldfrage. Meiner Tochter und Schwiegersohn hier in

Schwalbach geht es auch sehr gut, und ich bin rundum zufrieden. Ich habe wieder mit dem Tennisspielen angefangen; vorerst so zwei Mal die Woche, und ich möchte es gern steigern!! Meine neue Umgebung in Eschborn ist auch landschaftlich sehr schön, kann mit meinem Hund Riesenspaziergänge machen. Im Haus, wo ich wohne, sind paar »Weiber« in meinem Alter und meiner Wellenlänge – und der Tag dürfte ruhig ein paar Stunden mehr haben!! Ja, ja, die Rentner haben nie Zeit!! Mit meiner Tochter und Schwiegersohn unternehme ich auch so einiges; und es ist ja fast unverschämt, so glücklich zu sein! Das Alter hat viele, viele Vorteile: Man muß nicht mehr, man kann ... wenn man will.

Ich wünsche allen von Euch eine tolle und gesunde Zeit – genießt jede Stunde.

Das wünscht Euch von Herzen
Eure Gaby

131 Renate Capelle, Florida/USA, Herbst 1989

Tempus fugit – wenn sich diese Zeilen in dem nächsten Klassenbrief finden, sind Feier- und Festtage längst vorbei, und ich hoffe, daß Ihr alle ein schönes Weihnachten gehabt habt und gesund und munter im neuen Jahr angelangt seid. Verbunden damit ist mein herzlicher Dank für alle Eure Briefkopien, und besonders die netten persönlichen Zeilen, von denen die Kopien gewöhnlich begleitet werden. Jedesmal eine große Freude für mich, weil es der Faden im Spinnengewebe ist, woran ich »baumele« und mit Euch verbunden bleibe, an Euren Freuden und Leiden teilnehmen kann.

Die Wale sind gerettet; unsere Presidentwahl ist vorbei; Winter steht vor der Tür; Prinz Charles scheint immer »merkwürdiger« zu werden; »Gorby« macht freundliche Nasenlöcher; Arafat tut's nicht; der Regenwald im Amazonbecken verschwindet mit beängstigender Geschwindigkeit; und durch alle die täglichen Komödien/Tragödien besteht unsere Klasse! Genau wie das »… kleine Pferd, das mit seinem Steert die Fliegen abgewehrt« hat, marschieren wir durch die Jahre, mit vielleicht einem Biß hier oder da – aber im großen ganzen ziemlich unversehrten Häuten! Bemerkenswert; kleines Wunder in einer großen Welt! Ich bin quietschvergnügt und munter – und hoffe, Ihr seid's auch.

Grüß Euch alle, jede einzelne …

Eure Cappe

132 Irene S., Würzburg, 14. 11. 89

Ihr Lieben!

Was ist unser Dokument schnell durchgelaufen – habe alles in Ruhe durchgelesen, mich mit jedem gefreut oder versucht, ihn zu verstehen oder auch mitzufühlen. Als ich gerade alles in mich aufgenommen hatte, kamen aufregende Tage auf uns zu – die Vergangenheit holte mich ein – gute Freunde mit zwei Kindern [aus der DDR] baten um vorübergehende Aufnahme – sie wußten im Augenblick überhaupt nicht mehr weiter. Sie hatten ihren Betrieb und alles im Stich gelassen. Dann überschlugen sich ja die Ereignisse, und Tränen flossen in Strömen vor Freude – es war unbeschreiblich – hatte ich das ja alles schon mitgemacht – gottlob solo, mit Familie ist es ja doppelt schwer. Wir hatten zwei Enkel da, so daß die Kinder bald wieder eine heile Welt hatten; aber die Erwachsenen – wir hingen am Fernseher, am Radio und diskutierten – waren völlig durcheinander, an Schlaf war nicht zu denken. Gestern nun sind unsere Freunde versuchsweise nach Hause zurück – so ganz trauen sie verständlicherweise der Situation nicht. Ach, was hat man für viel zu viele Sachen – mit fröhlichem Herzen gab jeder von uns etwas mit auf den Weg – es fehlt ja wirklich an allem. »Was, Zahnbürsten gibt es ja in allen Farben, wir sind froh, wenn wir mal eine bekommen.« Und so hatte das

Staunen kein Ende bei einem Stadtbummel, wo wir am Wochenende auch hier in Würzburg viele tausend Menschen – sprachlos und fragend – trafen.

Über all diese Ereignisse habe ich mein Bedauern, daß ich am Klassentreffen nicht teilnehmen konnte, ganz vergessen. Damit wollte ich eigentlich meine Eintragung beginnen, aber es ist unwichtig geworden.

Langeweile ist bei uns nicht angesagt. Unser Hobby Deutsches Aussätzigen Hilfswerk (DAHW) nimmt uns nun noch mehr in Anspruch. [...]

Ganz herzlich grüße ich Euch alle

Eure Irene

133 Barbara Str., Otting, 4. 12. 89

Meine liebe Klasse, nachdem ich das erste Buch unseres Rundbriefes und dazu das 24. gelesen hatte, wurde mir klar, daß zwischen diesen beiden Büchern nicht nur unser Lebensweg im Laufe der letzten 45 Jahre liegt, sondern viel mehr.

Wir durchleben jetzt den sogenannten Ruhestand, der mir bisher allerdings kaum Ruhe gebracht hat. Daß mein Mann nun seit September vorigen Jahres wieder und immer wieder krank ist, müssen wir verkraften. Es ist eine schwere Zeit, und wir müssen viel Geduld haben.

Trotz aller familiärer Sorgen bleibt aber doch Muße genug, um die sich zur Zeit überstürzenden politischen Ereignisse voll mitzuerleben – ich meine nicht am Rande, sondern mit innerer Anteilnahme. Ich bin mir nicht darüber im klaren, wie Eure Meinung ausschaut – ich sehe sicher alles in einem anderen Licht – aus der Perspektive des ehemaligen DDR-Bürgers. Ich weiß, daß die Verhältnisse in der DDR, mit denen wir fast 40 Jahre zu kämpfen hatten, Euch nicht im vollen Umfang bekannt waren, vielleicht auch nicht bekannt sein konnten. Auch wenn man durch die

Medien seit einigen Monaten reichlichst informiert wird, wie das Leben im anderen Teil Deutschlands bisher aussah und welche Probleme wir täglich hatten – beruflich und privat.

Ich bin natürlich begeistert über die rasante Entwicklung, die atemberaubend, aber teilweise auch hektisch und unkontrolliert ist. Man kann z. B. nicht ein Reisegesetz ausarbeiten, ohne dabei an die Möglichkeit eines Geldumtausches zu denken. Man kann nicht die Grenzen öffnen, ohne verkehrstechnisch und administrativ vorbereitet zu sein – eine Absprache mit den Bundesbehörden und dem Senat hätte selbstverständlich auch erfolgen müssen. Die neue Grenzsituation zieht Schmuggel und Ausverkauf der Republik nach sich – hat daran denn niemand gedacht?

Ich habe nicht die Absicht, die vielen Probleme zu nennen, derer man Herr werden muß. Es ist im Grunde genommen alles problematisch. Ich bin – das möchte ich noch zum Ausdruck bringen – mit meinen Gedanken so sehr bei meinen alten guten Bekannten, Freunden und Kollegen in der DDR, daß ich mich manchmal erst in die Wirklichkeit zurückrufen muß. Ich freue mich für sie alle, ich wünsche ihnen aus tiefstem Herzen eine rasche Aufwärtsentwicklung, ein endlich erfülltes und unbeschwertes Leben! Manchmal aber stelle ich mir vor, daß es – sagen wir – 10 Jahre früher schon zu dieser Wende gekommen wäre. Sicher wäre manches noch leichter gewesen, und ... wir hätten auch noch etwas davon gehabt. Aber natürlich hat sich alles historisch entwickelt, und ohne die bekannten Voraussetzungen (UdSSR, Öffnung der ungarischen Grenze zu Österreich; Polen) wäre es kaum so weit gekommen.

Falls Ihr Fragen habt, falls Euch meine Ansicht etwas bedeutet und Euch evtl. helfen könnte, manches jetzt in einem anderem Licht zu sehen, dann schreibt mir doch einmal, oder meldet Euch telefonisch.

In alter Verbundenheit grüßt Euch

Eure Bärbel

134 Erika Herbich, Braunschweig, 27. 12. 89

Ihr Lieben!

Eben haben wir Weihnachten verlebt, und in wenigen Tagen beginnt das neue Jahrzehnt. In welch bewegenden Zeiten leben wir! Und wie schön, daß wir dies alles noch erleben dürfen. Diese Tage und Wochen werden in die Weltgeschichte eingehen. Vor wenigen Wochen hätten wir doch alle nicht daran gedacht, daß der politische Wandel so schnell eintritt und sich Ost und West wieder näherkommen werden. Täglich kommen neue Ereignisse dazu, es überstürzt sich ja alles, so werden auch unsere Berichte fortlaufendes Zeitgeschehen, und es wird sich kaum viel wiederholen. Das Blutbad in Rumänien war grausam, nun ist auch Ceauşescu tot. Ob dies so schnell richtig war, darüber kann man streiten, aber man kann die Rache der Rumänen verstehen.

Um so dankbarer müssen wir Deutschen sein, daß es in der DDR so friedlich abgegangen ist, daß es eine gewaltlose Revolution und Umwälzung war. Ein entscheidender Schritt ging von der evangelischen Kirche aus, obwohl das Land 40 Jahre lang nichts mehr von Kirche und Glauben hielt und dies unterdrückte. Aber es lebte weiter und stand mit friedlichen Demonstrationen und Gewaltlosigkeit wieder auf, und die Menschen kämpften auf diese Weise für Freiheit und Menschenrechte. Und dann Weihnachten – auch eine gewaltlose Revolution – die Parallele dazu. Es ist eine bewegende Zeit. Man braucht jetzt auch viel Zeit für Radio, Fernsehen und Zeitung, um alles genauestens zu verfolgen.

Mir tun die Menschen sehr leid, die alles verlassen haben und ohne Gepäck über die Grenze gekommen sind. Sie leben jetzt in Massenlagern und haben weder Arbeit noch Wohnung. Sie brauchen viel Geduld und viel Kraft, so schnell wird sich ihre Lage nicht ändern. Natürlich gibt es immer wieder einige, die haben Glück und sind schon völlig integriert, aber die Mehrzahl doch nicht. Ihre Erwartungshaltung ist sehr groß. Und nun sehen sie alles, was es so gibt, aber kaufen können sie es sich immer noch nicht. Es wird Jahre dauern, bis sie wieder normal leben werden. Dennoch wird es viel, viel schneller gehen als bei uns damals.

Ich bewundere die Menschen, die drüben bleiben und sich dort engagieren. Und dennoch fand ich, daß die DDR-Briefe, die ich jetzt bekam, viel ängstlicher und pessimistischer waren als früher in der Unfreiheit. Kurz nach Grenzöffnung war die Freude und Hoffnung da, jetzt mischt sich schon wieder sehr viel Angst vor der Zukunft dazwischen. Man kann es schon verstehen, vieles wird sich nun völlig ändern, und sie müssen damit zurechtkommen. Wir sind 1945 auch nicht gleich Demokraten gewesen und mußten die Freiheit auch erst lernen, die eben auch viele Nachteile mit sich bringen kann, z. B. Isolation, Arbeitslosigkeit, Durchfallen durchs soziale Netz, sich selbst durchboxen müssen usw., usw. Das Land braucht jetzt die richtigen Männer an der Spitze und viel Zeit und Geduld.

Wir hier in Braunschweig sind ja nun so nah an der Grenze. Die Berliner können noch viel besser davon berichten, sie erlebten alles noch hautnaher. Aber was meint Ihr, was hier los war in der ersten Zeit nach der Grenzöffnung. Gleich in den ersten Tagen stürmten Tausende von Menschen her, wollten das Begrüßungsgeld und einfach nur mal gucken, einfach nur mal Freiheit schnuppern. Aber die Stadt war darauf nicht vorbereitet, alles brach zusammen, nicht nur der Straßenverkehr. Die Trabbis parkten überall wild in der Stadt, Menschenschlangen standen vor provisorischen Auszahlungsstellen, die 100-DM-Scheine gingen aus, die Einzelhändler wiederum konnten nicht laufend die großen Scheine wechseln, die Parkhäuser meldeten Alarm und blockierten, der Schadstoffausstoß der Trabbis war zu groß, die Menschen standen vor den Schaufenstern und guckten und guckten.

Ein Wochenende später dann war alles ganz doll organisiert, alles erwartete den Besucheranstrom, und die Menschen waren voller Hilfsbereitschaft. Die Autos wurden ab Autobahn umgeleitet auf große Plätze, von dort gab es Pendel-Busverkehr in die Innenstadt. Überall gab es Ämter, die das Geld auszahlten, damit die Schlangen kleiner werden. Die Stadt verteilte kostenlos Tüten voller Südfrüchte. Auf Plätzen wurden Getränke und Essen angeboten. Schulkinder haben gebacken und verteilten ihren Kuchen. Die Gemeinden stellten Räume zur Verfügung, um Kleinkinder dort zu füttern und zu wickeln oder damit sich die Menschen aufwärmen konnten. Alle Menschen strahlten, und jeder versuchte, irgendwie zu helfen, alle machten freiwillig Überstunden, die Geschäfte waren sonntags auf. Es war einfach doll. Und ich finde, diese Welle der Hilfsbereitschaft muß wachgehalten werden, das Gefühl, wir sind alle die gleichen Deutschen, wir sind ein Volk. Aber von der Wiedervereinigung sollte man jetzt noch sowenig wie möglich sprechen.

Und nun, wo wir auch nach drüben können ohne Papiere, nun ist es umgekehrt, jetzt werden wir in der DDR rührend empfangen. Und Neujahr ist eine große Brockenbesteigung von Westen her organisiert. Ich könnte noch viele ähnliche Dinge erzählen. Aber ich will Schluß machen für heute.

Ich wünsche Euch allen für das kommende Jahrzehnt alles Gute, möge es mit Euch persönlich und mit unserem Volk weiter so bergauf gehen.

Allerseits herzliche Grüße
Eure Erika

135 Liselotte Benedix, Braunschweig, 8. 1. 90

Ihr Lieben!

Erika hat so Wichtiges von hier berichtet, das auch ich mit größtem Interesse gelesen habe. Was wir eben an Weltgeschichte miterleben dürfen, an Völkerschicksal sich vor unsren Augen vollzieht, ist etwas ganz Besonderes, vor allem dieser friedliche Umbruch auf deutschem Boden mit wesentlicher Hilfe der besonnenen, mutigen Entschlossenheit von Pastorenschaft und Gemeinden. Wie wahr: Not lehrt beten!

»Die Eile ist des Teufels«, hat mir gerade jemand gesagt, der den Ausspruch bei einem klugen Menschen gelesen hat. Unter dem »Eile-Aspekt« verfolge ich die politische Entwicklung täglich mehr mit ungläubigem Staunen. Wollen die Menschen in der DDR wirklich dieses alles von uns übernehmen, wozu sie sich jetzt gedrängt fühlen, nur um möglichst schnell an volle Regale, an Wohlstand zu kommen? Gewiß, ein Machtvakuum kann gefährlich werden, aber Neues muß doch erst reifen! Ist es fair, jetzt Verträge mit der SED-Regierung abzuschließen, kaum daß sie einigen Ballast abgeworfen, sich einige Zugeständnisse hat abringen lassen und einige Feigenblätter umgehängt hat? Wird da nicht in Meinungsbildung und Wachstumsprozesse neuer Ideen voreilig eingegriffen, das SED-Regime (vielleicht ungewollt) sogar aufgewertet? Ist dafür nicht die aus freien Wahlen dann hervorgegangene Regierung zuständig? Viel mehr Fragen als Antworten ergeben sich mir da. Haben wir genug politische Kultur gelernt, um der Meinung Andersdenkender den erforderlichen Respekt entgegenzubringen? Beweisen wir hier ausreichend Fingerspitzengefühl und Zurückhaltung? Ist das alles richtig? Doch darüber mag »die Eile« oder »die Zeit – die Weile« entscheiden. Bin ganz neugierig auf die Meinung unserer Berliner und von Ruth. Meine DDR-Freunde zumindest wissen, daß keine Wunder zu erwarten sind und ihre Lage sich nicht von heute auf morgen bessern kann, obwohl es schon genug Apfelsinen gibt.

In diesem Sinne gebe ich unser großartiges Dokument sehr nachdenklich weiter, grüße Euch alle aber dennoch mit meinen besten Wünschen für das gerade begonnene neue Jahrzehnt besonders herzlich.

Eure Benne

136 Jutta von Haugwitz, Berlin, 18. 3. 90

Liebe Klasse!

Was hat sich in der Welt getan, seit wir uns im Mai im Schlesierhaus verabschiedet haben – einfach unglaublich! Mein Traum, von den Kindern als Utopie belächelt, wieder in einer Stadt Berlin zu leben, verwirklicht sich jeden Tag etwas mehr. Ja, liebe Ingetraut, Du hast es auch erlebt, diese Begeisterung und Verbrüderung. Wildfremde Menschen fielen sich mit Tränen in den Augen um den Hals, man sprach miteinander, trank Kaffee, lud sich gegenseitig ein und war einfach glückselig. Daß solch eine Stimmung nicht von Dauer sein kann, war doch allen klar, und nun wünschen wir uns, daß immer mehr zusammenwächst, was 40 Jahre so total und strikt mit anderer Gesellschaftsform getrennt war.

Wir waren im September 89 in Leipzig, da knisterte es schon. Es gab die Montagsgebete, und in der Nikolaikirche lag ein dickes Buch aus, in dem die Menschen offen ihre Wut und Bestürzung aufschrieben. Die Fluchtwelle über Ungarn und Tschechei war im vollen Gange. Und nun erleben wir das Fallen der Mauer. Zuerst standen noch Soldaten darauf, und jeder Versuch, sie zu erklimmen, wurde verhindert, dann kamen die Mauerspechte – die Löcher wurden größer und wurden zuerst vom Osten wieder geschlossen, dann gab es immer mehr offizielle Übergänge, die wir mit Zahlkarten benutzen konnten – jetzt genügt das Zeigen des Ausweises, und nun fallen immer mehr Mauerteile, auf dem Todesstreifen dahinter werden Bäume gepflanzt, DDR-Soldaten helfen dabei, und es tun sich die skurrilsten Stände auf. Dort kann man Offiziersmützen der russischen und der Volksarmee kaufen, jede Menge Orden und bemalte Mauerstücke. Für einen Berliner allerdings unverständlich, daß man dafür nur einen Pfennig ausgibt. Dieses widerliche Machwerk, das uns so viel Kummer gemacht hat.

Besonders positiv für uns Berliner ist es auch, daß wir

jetzt ohne Schwierigkeiten in das schöne Umland gelangen können. Unsere erste Fahrt ging nach Potsdam mit dem »großen Gelben« [Bus] über die Glienicker Brücke, die nur den Alliierten vorbehalten war und wo die Spione ausgetauscht wurden. Mein Mann machte einen Rundflug vom Flughafen Schönefeld (Ost) in einer kleinen polnischen Maschine, gesteuert von einem Kapitän der Interflug, über die märkische Seenlandschaft, es durfte fotografiert werden, vor einem halben Jahr undenkbar. Und wenn wir Lust haben, machen wir einen kurzen Bummel Unter den Linden, gehen in ein Museum, Theater oder Konzert. Könnt Ihr verstehen, was das für uns bedeutet nach 28 Jahren Trennung, wo man nur mit Visum, das drei Tage vorher beantragt werden mußte, Gesichtskontrolle und Eintrittsgeld Unter die Linden kam, und am Brandenburger Tor waren wir auch mit Bärbel nie, weil es weiträumig abgegrenzt war. Nun hoffen wir, daß es immer offener und selbstverständlicher für uns wird.

So – das ist das Kapitel Berlin, und das zweite aufregende fand ich in dem ersten Klassenbrief. Das war genauso aufrüttelnd für mich und bewegte mich sehr!! Die ersten Schritte nach dem Abi 1944/45. Jetzt – mit 65 Jahren – am Ende des beruflichen Lebens noch einmal mit den Anfängen konfrontiert zu werden! Ich habe das Abitur nicht mit Euch gemacht. Mein Wunsch war es, einmal unser Gut zu führen und mich dafür weiterzubilden. Dadurch hatte ich auch das Glück, nicht zum RAD zu müssen. Susi hat mich dann in Berlin ausfindig gemacht. Nach der Krankenschwesterausbildung ging ich noch auf die soziale Frauenschule mit Abschluß Fürsorgerin. Heute heißt es: Sozialinspektorin.

So, das wär's. Unsere Kinder sind alle drei verheiratet, unser erstes Enkelkind geboren, und wir genießen den Ruhe-Unruhestand!

Eure Jutta

137 Maria von Loesch, Bad Homburg, 2. 5. 90

Ihr Lieben,

schön ist es, einen Abend mit Euch zu verbringen! Die Gesichter sind noch vom vergangenen Jahr gegenwärtig, und nun schieben sich die ganz jungen Gesichter dazwischen, die der erste Rundbrief heraufbeschwört. Wie unfertig waren wir damals, wie sorglos mitten in diesem schrecklichen Krieg. Es ist eine gute Idee, die alten Bücher kursieren zu lassen.

Das letzte Jahr war für mich friedlich und arbeitsam. Mein Buch kam jetzt heraus und scheint auch gekauft zu werden. Es steht ein bißchen in der falschen Ecke, aber schließlich ist Schlesien nicht zu verleugnen, auch wenn mein Text nichts mit Heimatliteratur oder gar Vertriebenenreminiszenz zu tun hat.

Ein neues Enkelkind ist auch zu melden, Leo, das vierte Kind von Hubertus. Ostern hatte ich die drei Ältesten hier, und da meine beiden Kollegen krank waren, mußte ich auch noch Zeitung machen. Ich nahm die Kinder einfach mit, das ging fabelhaft und hat ihnen und den Kollegen im Feuilleton Spaß gemacht. Ab 1. Juli gebe ich in der Zeitung Verantwortung ab. Es wird mir zwar schwer, nicht mehr regieren zu können, aber ich denke, ich schaffe mir auf diese Weise einen guten Übergang zum »Ruhestand« am 1. 1. 1991, der für mich Weiterschreiben heißen wird. Ich habe Buchpläne, aber ich möchte auch mehr als bisher im täglichen Feuilleton oder in der Politik vertreten sein. An meinem Mann sehe ich, wie gut es ist, tätig, auch angespannt zu sein. Er wird jetzt achtzig, hat gerade einen dicken und, wie ich finde, sehr interessanten Roman beendet und plant den nächsten. Ich lese gerade »Die Kräfte des Alters« von Leopold Rosenmayr, der sich seit langem schon mit Altersforschung beschäftigt hat. Dies ist sein umfassendes, sehr philosophisches Werk. Es lohnt, sich damit auseinanderzusetzen. Im übrigen versuche ich, so viel wie möglich mit der

Familie zusammenzusein, mit den Enkeln vor allem. Im Sommer kommen wieder drei zu mir, später dann noch einmal zwei, und dann will ich mit Constantins Familie zusammen Reiterferien im Wendland machen. Deutschland östlich der Elbe kennenzulernen, habe ich mir auch vorgenommen. Einen Anfang habe ich schon gemacht mit Eisenach.

Ja, dieser Umbruch im Osten ist das Größte, was wir seit dem Krieg erleben konnten. Ich zittere nur, daß es in der Sowjetunion zu einem Rückschlag kommt, der sich verheerend auch für die anderen Länder im Ostblock und auf die Abrüstungsverhandlungen auswirken könnte.

In diesen Wochen in der Zeitung zu arbeiten war besonders spannend. Die Diskussionen nahmen kein Ende, und es meldeten sich so viele wichtige Stimmen von außen, die bei uns ein Forum suchten. Die jungen Kollegen, die die DDR überhaupt nicht kannten, schwärmten fast alle aus und kamen wie die Entdecker zurück. Es war plötzlich so lebendig wie noch nie in unserem manchmal sehr esoterischen Feuilleton.

Im Herbst bin ich vom Schlesischen Kulturkreis nach Wangen eingeladen (zur Lesung). Ich habe mich vorher erst mal erkundigt, wie diese Vereinigung zur Oder-Neiße-Grenze steht. Wurde aber beruhigt: So wie Weizsäcker es jetzt in seiner Rede in Warschau formuliert hat (und Genscher vorher).

Ich hatte ehrlich gesagt noch nie von dieser Vereinigung gehört, wohl weil ich mich von allen Vertriebenengruppierungen bewußt ferngehalten habe. Vielleicht gehört aber diese Phobie auch zu einem Stück unbewältigter Vergangenheit – wie vieles aus meiner Kindheit. Mit meinem Kindheitsbuch habe ich vielleicht einen Anfang zur »Bewältigung« gemacht.

Ich wünsche Euch viel Gutes und Schönes und grüße Euch sehr herzlich

Eure Maria

138 Lore Buschendorff, Sörupmühle, 10. 6. 90

Liebe ehemalige Mitschülerinnen,

gestern bei strömendem Dauerregen brachte mit die Post den Rundbrief. Beim letzten Schluck Frühstückskaffee begann ich mit dem Lesen und hätte beinahe die Frankfurter Grüne Soße, die ich meinen Kindern vorsetzen wollte, vergessen. Mein Schwiegersohn kam immer zwischendurch herein und guckte sich vor allem das erste Buch sehr interessiert an. Und dann am Nachmittag war kein Halten mehr. Nun endlich kann ich die Anfänge der unendlichen Geschichte lesen, etwas, was ich schon seit Jahren möchte. Natürlich waren wir mit politischem Empfinden angefüllt – nur waren wir auch geschult, es nicht einem per Post befördertem Schriftstück anzuvertrauen. Das hätte nicht nur uns, sondern auch allen, mit denen wir auch nur im entferntesten bekannt waren, geschadet. Aber unvorstellbar, daß es im anderen Teil Deutschlands bis vor wenigen Tagen so war.

Eigentlich hätte ich irgend jemandem von uns schon in Thüringen, Sachsen-Anhalt oder Sachsen begegnen können. Thüringen an der Thüringischen Pforte und dann am Ufer der Unstrut erlebten wir erst die Amerikaner und dann die Russen, in Sachsen-Anhalt holte ich die Prüfung zur ländl. Hauswirtschaft nach und besuchte mit Verkürzungen (dank der genossenen guten Schulbildung) die Unter- und Oberklasse der Landfrauenschule, und dann in Leipzig bekam ich die Befähigung, als landw. Lehrerin zu arbeiten, und in Görlitz wurden wir auf pol. Kurs gebracht. Dort wurde der Stasi auf mich aufmerksam, und ehe ich ins Uranbergwerk verfrachtet werden konnte, tauchte ich unter und kreuzte nach einem Dreitagemarsch die Grenze bei Coburg. Das war Ende 49. Sehr viel später kam Ilse auf meine Spur durch einen Kondolenzbrief meiner Eltern an gemeinsame Bekannte. Und Ursel Standke nahm mich dann mit zum Treffen bei der Schicke in die Nähe von Hannover 1962.

Wir waren schon in der Unterprima, als ich nach einem Krach mit der Alten in unserer Pension ausschied und, um dem RAD zu entgehen, meine ländl. Lehre anfing. Eigentlich wollte ich Gartenbauarchitektin werden. Und so schließt sich für mich endlich der Kreis. Hier [in Sörupmühle] tue ich, was ich immer schon wollte. Das etwas verwahrloste Grundstück bietet mir genügend Tummelplatz. Wobei ich bei meinem Heute bin, das ich jeden Tag genieße.

Im letzten Jahr habe ich geschuftet – Land urbar gemacht, Schutt und Abfall beseitigt, Gemüsegarten und Rabatten angelegt –, meine Kompostfabrikation nicht zu vergessen, Bäume gerodet, Obstbäume gepflanzt, 300 m Schafszaun gezogen u. a. m. Alles alleine, da ich ein Single bin. Jetzt weiden 3 Schafe und 3 Lämmer und 9 Gänse auf der Weide, 10 Hühner legen z. Zt. täglich 10 Eier, die Junghühner wachsen heran. Zweimal die Woche fahre ich mit dem Rad zu einem vier Kilometer entfernten Demeter-Hof und bereite Quark und Butter. Wie in urväterlichen Zeiten, fast ohne Hilfsmittel, die im Hofladen und auf dem Markt verkauft werden. Und die Nachfrage steigt. Meine kleine Rente wird damit, ebenso mit dem Eierverkauf, aufgebessert. Auto gibt's nicht mehr. Die Gänse sind schon vorgemerkt, die Schafe geschoren. Benne, ich hätte Dich holen sollen, denn ich hatte Mühe, einen Schafscherer für drei Tiere zu finden. Die Wolle gewaschen, sie trocknet hier bei Sonnenschein auf dem Rasen. Nun, alles dieses tue ich wahnsinnig gerne und muß einen Teil meiner in der Gemeinde übernommenen Aktivitäten jetzt im Sommer kürzen. Konsequent wird der Sonntag als Lesetag eingehalten – diesmal waren es die Rundbriefe –, ansonsten ist mein Nachholbedarf groß, und Ärger über schlechte Fernsehprogramme kommt nicht zum Tragen.

Nun kann ich ja wieder über die deutsch/deutsche Grenze, und mein erster Ausflug hat mich in vieler Hinsicht betroffen gemacht. Wismar und Schwerin haben wir besucht. Besonders in Schwerin haben mich die nicht mehr zu bewohnenden und zu benützenden Häuser im Stadtkern erschüttert und die Ladengestaltungen mich sofort in die 30er bis 40er Jahre zurückversetzt. Es ist erschütternd, und auch: Wie wir nach drüben fahren, ist gräßlich. Ich kam mir unter den vielen verschiedenen Busgruppen vor wie ein Zoobesucher. Mir war sehr unbehaglich, diese Beurteilungen und dieses Benehmen mitzuerleben. Auch eine Montags-Fürbitteandacht haben wir miterlebt – hier spürte man die Kraft, die von dieser Bewegung ausgegangen ist. Kilometerweit sind wir an riesigen Feldern vorbeigefahren, z. T. mit Raps bestellt. Es war toll, dieses unendlich große gelbe Blütenmeer zu bewundern – aber eingeschlossene Baumgruppen, Weidenreihen und andere Buschgruppen, Tümpel und Flüßchen zeigten die übergangenen ehemaligen Grenzen der Felder. Das ist nicht sehr schnell in eine bewegliche Größe zu bringen, und die Spezialisierung der einzelnen LPGs ist nicht so einfach aufzuheben und umzugestalten. Wie sollen sich diese starren Kolosse auf eine Marktwirtschaft und ihren Bedarf einstellen? Das sind sicher große und schwer zu überwindende Probleme.

Die Freunde meiner Kinder sind nicht nur meine Eierkunden, sie kommen auch zu einem Plausch bei Kaffee und Vollkornplätzchen. Darüber freue ich mich und über die Gespräche. Es hat mich sehr überrascht zu hören, daß nicht durchweg die Vereinigung und auch der Staatsvertrag begrüßt wird. Es sieht in ihnen ganz anders aus. Natürlich kommt auch der schulische Einfluß zur Wirkung wie auch manche Medien.

Ich sitze hier in der Sonne an meinem Hausende mit Blick in meinen »Wald« über blühende, von Bienen umschwärmte Beete und höre meine Lämmer blöken, die sich mal wieder mit den Gänsen angelegt haben. Kurz – ein harmonisches, friedliches Drumherum, ich fühle mich verbunden mit der Schöpfung – und genieße es. So gut ging's mir seit meiner Kindheit nicht mehr. Aber ich denke auch an alle, die jetzt Kummer und Sorgen und Nöte haben und sich damit quälen müssen und schicke an alle liebe Wünsche.

Es ist ein großer Bogen vom 13. 4. 44 bis zum 10. 6. 90. Es lebe unser Schlesien, ob polnisch oder deutsch. Aber ich möchte es so in Erinnerung behalten, wie ich es als Kind und junger Mensch erlebt habe, deswegen fahre ich nicht hin. Die Bilder, die Erika vom Riesengebirge gezeigt hat, haben die alten Bilder wieder lebendig werden lassen. Und ich sehe auch Bad Kudowa, Reinerz und Alt-Heide oder den Zobten und die Rummelsberge. Warum soll ich noch hin?

Aus dem hohen Norden liebe Grüße an jeden
Eure Lore

139 Herta Simon, Karlsruhe, 15. 11. 90

Ihr Lieben alle im wiedervereinigten Deutschland!

Auch ich bin in leidenschaftlicher Anteilnahme an der Entwicklung in unserem Land beteiligt. Die Berliner, Erika und manche andere schildern so anschaulich die Begeisterung der ersten Wochen und Monate. Nun tauchen – wie nach so langer Trennung auch nicht anders zu erwarten – massive Schwierigkeiten auf. Mein Vater würde sagen: Es »menschelt« überall – also eben auch in West und Ost. Dennoch sollten wir uns die Freude über das Wiederzusammenkommen nicht völlig trüben lassen. Freilich – unsere engere Heimat Breslau und Schlesien bleibt ausgeschlossen. Das ist schmerzlich; wir müssen es aber wohl annehmen als schwer zu zahlender Preis für all das Leid, das durch Hitlers Krieg in die Welt kam. Ich hoffe nun sehr, daß im Vertrag mit Polen die Rechte der deutschen Minderheit wirklich garantiert und dann dementsprechend eingehalten werden! Die Feiern zum 3. Oktober fand ich sehr angemessen und würdig. Und nun auf zur Gesamtdeutschen Wahl!

Am liebsten würde ich auf vieles in Euren Beiträgen eingehen. Aber das ist in diesem Rahmen ja schlecht möglich. Lore, dein Eintrag hat mich besonders gefreut. Dieses Heimkommen zu den Ursprüngen Deiner Kindheit und Jugend im Landleben, dieses tatkräftige Zupacken im Hegen und Pflegen der Natur, was zur Verbundenheit mit der Schöpfung führt. Im Gegensatz zu dieser Harmonieerfahrung hat die liebe Bärbel jetzt eine unendlich schwere Lebensphase zu bestehen. Ihr lieber Mann mußte sie nach so kurzer Gemeinsamkeit durch den Tod verlassen. [...] Ein schönes Wochenende konnte ich bei Maria verbringen. Wir haben natürlich auch viel von früher gesprochen. Durch die Lektüre ihres so eindrucksvollen Buches ist mir auch manches klar geworden, vor allem, wie schwer sie es hatte bei ihrem Start ins Leben. – Dann sah ich sie hoch zu Roß über die Felder sprengen, ein Bild der Freude und der Kraft.

In gewisser Weise geht es mir ähnlich wie ihr. Auch ich mußte lange warten, bis ich die Rätsel und Geheimnisse meiner Kindheit langsam entschlüsseln lernte, und ich bin noch kräftig dabei. Bei mir geht es nicht der Reihe nach: Jetzt im fortschreitenden Lebensalter empfinde ich augenblicksweise ein Glücksgefühl wie noch nie im Leben. Und der Auftrag »Werde, der du bist« ist jetzt an der Reihe. Es ist schwer, all das nur annähernd zu vermitteln.

Zu all dem paßt eine Vortragsreihe, die ich z. Zt. in der Akademie für wissenschaftliche Weiterbildung halte zum völlig freigewählten Thema: »Probleme der Identitätsfindung im modernen Roman«. [...]

Herzlichst! Eure alte, verjüngte Hertel

140 Irene S., Würzburg, 8. 2. 91

Ihr Lieben,

ich brauchte erst einmal einen ganzen Tag, um all die Schicksale zu verarbeiten, die Ihr in Euren Heften 1 und 2 geschildert habt. Es war für mich ja das erste Mal, daß ich dies alles lesen konnte. Es war schon mühevoll, wie wir uns mit nichts, aber auch gar nichts, hochgerappelt haben, zum Teil im Beruf umgesattelt oder eine Familie gegründet haben.

Ich bin ja viel später zu Euch gestoßen, dank Renate, mit der ich immer in Verbindung stand. Für mich war das ein unbeschreiblich schöner Augenblick, als Renate mich anrief, daß sie Herta getroffen habe, und so wurde ich auch in Euren Kreis wieder aufgenommen.

Gerade haben wir uns über die Wiedervereinigung gefreut, konnten ohne Probleme die Grenze durchfahren, da gibt es schon wieder Krieg. Die Männer von mit uns befreundeten amerikanischen Familien stehen am Golf, und ihre Frauen und Kinder sind noch hier in Würzburg. Wir zittern jeden Tag. Wieder hält ein »Verrückter« die Welt in Atem. Deutschland hat doch längst seine eigenen Probleme nicht gelöst, und es wird noch lange dauern, und schon stehen wir mit einem Bein im nächsten Krieg. Wir sind ganz unglücklich darüber und so machtlos, etwas zu verhindern.

Im Februar geht es wieder nach Kenia und Äthiopien für ein paar Wochen – wir hoffen, daß die Flugverbindungen noch bestehen werden. Mein Mann muß Vorträge an den Universitäten halten, und die Termine liegen ja schon fest. Da dank guter Medikamente die Lepra heilbar ist, kommen andere Probleme auf uns zu, TB und Aids. Wir haben vor zwei Jahren in Tansania auf diesen Gebieten katastrophale Fälle gesehen und haben sofort unsere Spender gebeten, auf diesem Sektor auch helfen zu dürfen. Wir haben eine Umfrage gemacht, und gottlob wurden wir bestätigt, auch dort helfen zu dürfen. Nun mußten die field-worker umgeschult werden, und auch sonst war viel Aufklärung notwendig. Das vor drei Jahren gebaute Armauer-Hansen-Institut in Würzburg, das einzige in Europa – mit dem missionsärztl. Institut gebaut –, wird weltweit angenommen; nicht nur auf dem Gebiet der Forschung und Kontrolle des Lepra- und TB-Bazillus, sondern auch auf dem Gebiet der Vereinfachung von med. Geräten in den Tropen. Es ist toll, was man da alles mit den einfachsten Mitteln erreichen kann. Ach, ich wollte gar nichts von unserm »Hobby« schreiben – nun ist es doch passiert. Es ist halt doch unser Lebensinhalt geworden.

Ganz liebe Grüße Euch allen

Eure Irene

141 Liselotte Benedix, o. O., 31. 3. 91

Ihr Lieben!

Wie schön, daß Ihr alle so engagiert seid mit dem Geschehen in den neuen Bundesländern. Übrigens haben die Anthroposophen dort durch die schwere Zeit hindurch erstaunlich intensiv und mutig miteinander gearbeitet, so daß es viele Keimzellen gibt, die nun hoffentlich gute Resonanz und Entfaltungsmöglichkeit finden werden, vor allem im pädagogischen Bereich, in Landschaftspflege, in ökologischer (biologisch-dynamischer) Landwirtschaft und damit verbunden auch im Ernährungsbereich.

Um so betrübter stimmt mich die fast absolute Lähmung meiner eigenen Freunde und deren Familien (früher Riesengebirgs- und später enteignete DDR-Bäuerin, natürlich zuletzt LPG und dort gearbeitet). Bisher waren alle intensiven Bemühungen vergeblich, sie aus ihrer mich schier verzweifeln lassenden Lethargie zu locken, nicht einmal Einladungen, sich zu informieren, zu folgen, obwohl doch alles kostenlos und ohne jegliche Verpflichtung ist. Nur gerade die Benzinkosten zur Fahrt von Lauenburg bis in die Lüneburger Gegend hätten sie bestreiten sollen, wo sie doch sonst jetzt auch zu Einkauf oder Vergnügen mal hinfahren. Die Eltern waren absolut nicht fürs Regime, aber diese junge Generation ist einfach in ländlicher Gegend in totaler Unselbständigkeit mit Arbeitnehmermentalität aufgewachsen und hat nun offenbar Angst vor der eigenen Courage – wartet ab, daß etwas geschehe. Que faire? Ja, und mit wieviel Hoffen und Bangen verfolgt man die Entwicklung in der UdSSR wegen der so weitreichenden Konsequenzen für die gesamte Weltlage und Stabilität.

Maria, Du schreibst so lieb zu unseren ersten Bänden: »Wie unfertig waren wir damals ...« Bin ich heute fertig? Ich werde es ganz sicher nicht, bis ich die Augen auf dem Erdenplane schließen werde. Alle Schwierigkeiten im Leben waren mir zwar äußerst strenge und harte, aber auch die besten Lehrmeister. Was habe ich gelernt und erfahren und tue es täglich. Zu erkennen, wie sich alle Wege, Irr- und Umwege zu einem harmonischen Mosaik fügen, hat mein Leben so reich gemacht, daß das »Schatzkästlein drinnen« oft überquellen will und ich am liebsten alle Menschen mit dem gleichen Reichtum beschenken möchte – Grund genug, jeden neuen Tag mit tiefster Dankbarkeit zu erleben.

In diesem Sinne herzlichst
Eure Benne

N. S.: Seitdem uns auch Susi verlassen hat, fehlt mir etwas in unserem Rundbrief, nämlich ein Platz, an dem unsere Toten mit einigen ihrer wichtigsten Lebensdaten und sonstigen Angaben verzeichnet sind. Ich versuche einmal einen Anfang aus meinen bescheidenen Notizen am Schluß unseres Anschriftenverzeichnisses. Wenn es allgemein nicht gewünscht wird, kann der Zusatz ja bei der nächsten Erneuerung wieder entfallen. Ich fände es einfach gut, bei jedem »Durchgang« Anregung zu haben, mich anhand einiger Angaben erneut so intensiv wie möglich mit den einzelnen Wesenheiten zu befassen.

142 Irene S., Kopenhagen, 9. 6. 93

Ja, Ihr lest richtig. Ich habe im Flugzeug [die Rundbriefe] Nr. 6 und 7 gelesen – nichts um mich herum gehört und gesehen. Was ist das aufregend, alle Erlebnisse zu verarbeiten.

Ich bin glücklich, und es ist eine große Bereicherung für mich, daß ich durch Renate zu Euch gestoßen bin und auch so nett aufgenommen wurde. Es ist früh 6 Uhr, und es liegen anstrengende Konferenzen vor mir. Auf meine alten Tage bin ich eine Managerfrau geworden. Da ich seit einiger Zeit in der Projektabteilung [des Deutschen Aussätzigen Hilfswerks] arbeite, darf ich so mehrere Reisen im Jahr in die Dritte Welt machen. Ich bin für Indien, Pakistan und Ostafrika zuständig. So war ich im Jahr 1991 für vier Wochen in Indien und habe von unseren 68 Projekten einige besucht. Viele Geheilte müssen integriert werden, so bauen wir eine Rehabilitationsabteilung auf, und da gibt es in den Dörfern viel zu tun.

Herta hat gemerkt, daß ich im letzten Jahr nicht eingetragen habe. Zum Glück rief Schaubi an, und da wir schon im Koffer steckten, um nach Äthiopien zu fliegen, bat ich sie, mich auszulassen. Jedes Jahr im März ist in Addis in unserem Ausbildungs- und Reha-Zentrum eine Vorstandssitzung, dahinein wurde ich vor zwei Jahren gewählt zum großen Erstaunen meines Mannes (aber auch ein klein bißchen Stolz). In diesem Jahr machten wir eine neue Entdeckung im Norden Äthiopiens. Durch Krieg und Unruhen konnten wir nie dorthin. Wir besuchten die Felsenkirchen in Lalibela und die vielen Obeliske in Axum. Wie konnte man in der damaligen Zeit so wunderschöne Bauten aus den Felsen arbeiten, z. T. unterirdisch. Wir waren begeistert.

Und jetzt bin ich nun hier, wo ich durch meine langjährige (36 Jahre) Erfahrung in einige Gremien der intern. Leprakongresse gewählt wurde, gottlob mein Mann auch – wir haben ja ein gemeinsames Hobby.

Trotz vieler Anforderungen fühlen wir uns wohl, freuen uns, daß wir noch gebraucht werden. Nur unsere Kinder mit Familien kommen etwas zu kurz – ach, die jungen alten Senioren!

Herzlichst Eure Irene

143 Liselotte Benedix, Braunschweig, 7. 7. 93

Ihr lieben Wiedergewonnenen!

[...] Als ich durch einen Anruf von Erika von Trautes [Mochner] Freitod erfuhr, hat sich mir sofort die Frage aufgedrängt, ob nicht die furchtbaren Erlebnisse im Nachkriegs-Breslau möglicherweise so tiefe Spuren gegraben und dann mit zu gravierender Verschlimmerung ihrer Krankheit beigetragen haben mögen? Weiß eigentlich jemand etwas über den Beginn ihres Leidens? Ja, wieviel schwerwiegendes Schicksal hat sich seit meinem letzten Eintrag Frühjahr 1991 in unserer Runde ereignet und ist so vielfältig ablesbar. Zu einem Brief an Traute kam ich nicht mehr – zu spät. Herzlichen Dank für Eure Berichte, deren Lektüre aufregend genug war, mich danach nicht schlafen zu lassen. Nur einmal ausgelassen, will mir wie Ewigkeiten scheinen. Eben geht es mir gut, fühle mich mal wieder dicht am Ziel, Krücken weg und endlich wieder freihändig gehen. Aber das hatte ich ja schon oft genug. Ein schlimmer und höchst schmerzhafter Zustand jedenfalls, wenn Aufstehen und Hinlegen fast unüberwindliche Hindernisse darstellen, Arme und Beine nur noch sehr wenige Bewegungen und Belastungen unter erheblichen Schmerzen zulassen. Wie wenig bleibt, wenn das Leben aufs Überlebensnotwendige reduziert ist (Therapie, Medikamentennachschub, Essen, Trinken), Überlebenstraining nennt man das, oder? Als nichts mehr ging, Antrag auf Notaufnahme in Pflegestation des Hamborner Heimes (angemeldet seit ca. 7 Jahren, allerdings für Altenwohnung), das mir lediglich Hoffnung auf weiteren »Wartestand« machte. Also Versuch in B[raunschweig]. Da reichte schon die Rente nicht, die zwar gut, aber keine 4000 DM. Nächste Adresse Sozialamt, und jeder weiß, was das bedeutet. In diesem Zustand noch Haushalt auflösen, denn an Rückkehr kein Gedanke. Andere liebe Freunde waren zur Stelle, um alle alten Unterlagen und Papiere auszuräumen. Alles andere mußte verteilt werden, wollte ich es nicht im Container enden sehen. Beglückt habe ich für alles Liebhaber gefunden. Insgesamt gute »Abschmelzkur«, die mich mit ca. 74 Pfund Lebendgewicht entließ. Doch nun reicht's aber, Ihr Armen! Viel zuviel habe ich Euch hiermit zugemutet, aber nicht, weil ich selbst oder gar für Euch dies hinreißend interessant fände, sondern im wesentlichen, um Euch wachsam zu machen für soviel Irrtum, der heute bei denen herrscht, die es doch am besten wissen müßten – und wo wird er mal eingestanden? Übertragung auf anderes Gebiet erlaubt? Brauchen wir Friedensforschung, solange sich mit Waffen so großartige Geschäfte machen lassen? Sind Selbstdisziplin, Selbsterkenntnis und -kritik, Lernfähigkeit zu Fremdwörtern verkommen oder vergessen? Ein Glück, daß die meisten von uns so vorzüglichen Nachwuchs haben, für den das nicht zutrifft.

Frage, was sollte ich lernen in den vergangenen Jahren, Geduld, ja. Am schwersten, ständig fast vor jeder Bewegung abzuspüren, was geht und was nicht, also nicht nur wachsendes Bewußtsein zu entwickeln, sondern pausenlos in Praxis umzusetzen, also Bewegungen aus Vernunftgründen unterlassen, obwohl ich sie zwar leisten könnte, aber nicht ungestraft. Was ist unser Organismus doch für ein schier unfaßbares Wunderwerk, das man immer von neuem nur in Dankbarkeit anstaunen kann. Und wie dankbar beglückt darf ich über mein »inneres Schatzkästlein« sein, aus dem sich solch reicher Strom von Kostbarkeiten ergießt, wenn ich es mir öffne, wahre »Wegzehrung« für Zeiten wie die letzten Jahre. So darf ich der Zukunft mit einiger Gelassenheit entgegensehen, denke ich.

Mit ganz reger Anteilnahme an Euer aller Ergehen und Geschicken grüßt Euch sehr herzlich

Eure Benne

144 ERIKA HERBICH, BRAUNSCHWEIG, 3. 8. 94

Hallo, hier grüßt Euch eine 70jährige! Als Seniorin unserer Klassenrunde habe ich vor einem Monat diesen denkwürdigen Schritt ins 8. Lebensjahrzehnt gut überstanden. Mit dieser Tatsache und der Aufforderung, mir frohen Schrittes langsam innerhalb der nächsten zwei Jahre zu folgen, beginne ich das neue Buch Nr. 29, und noch dazu mit der [Seiten-]Zahl 1070. Geben wir uns nur alle Mühe, dem Alter frohgemut entgegenzusehen und jeden Tag, wo es uns einigermaßen gut geht, dankbar zu genießen. Außerdem werden wir ja nicht alt, nur etwas älter. Eine der schwersten Lebenskünste ist es, das Loslassen zu lernen, nun kommt dies auf uns zu. Lernen wir es mit Anstand und Würde, so haben wir noch eine große Aufgabe. Ich wünsche dem Buch und uns allen, daß wir noch lange viele schöne und positive Dinge hier hineinschreiben können, wenn auch Leid im Leben nie fehlen wird.

Ich bin gern in meiner Wohnung, bin weiterhin viel in der Gemeinde und immer viel unter Menschen, mein Terminkalender ist voll, und ich versuche, das Beste aus meinem Leben zu machen. Gern habe ich Besuch, so waren Lore über Sylvester und Gaby Anfang Mai bei mir. Und Uschi, wenn Du mal wieder nach Bad Harzburg kommst, dann mache einen Abstecher zu mir. Und Ihr anderen natürlich alle auch, wenn Ihr mal in meine Nähe kommt, ich freue mich. Gerade als Alleinstehende braucht man diese menschlichen Kontakte so sehr. Und so war ich also auch ganz erfreut, als so viele Menschen an meinem 70. Geburtstag zu mir kamen.

Von Benne möchte ich Euch nun noch berichten, was ich weiß von ihrem Ende. Am 2. 5. 1994 ist Benne friedlich und plötzlich im anthroposophischen Heim in Hamborn eingeschlafen, wo sie seit 1. 4. war. Ich bekam einen Anruf von Benne eine Woche vor Ostern, und zwar aus Herdecke, wo sei seit dem 12. 2. im anthroposoph. Krankenhaus lag. Es war ein jämmerliches, kurzatmiges Stimmchen, ganz leise. Sie wollte sich für immer von mir und der Klasse verabschieden, ich solle die Klasse nochmals grüßen. Sie kommt ab 1. 4. ins anthroposoph. Pflegeheim nach Hamborn, wo sie schon lange angemeldet war, in ein Einzelzimmer als Pflegefall. Da ihre Rente für den Pflegesatz nicht ausreicht (und sie ihr Erspartes meiner Meinung nach schon längst dahin verschenkt hat), hat sie in Zukunft kein Geld mehr zum Telefonieren und keine Kraft mehr zum Schreiben. Ich sagte also sofort zu Benne am Telefon, ich erkundige mich nach der Telefonnummer, damit wir Dich wenigstens anrufen können, und wir können dann auch Dir immer in Zukunft Kopien vom Rundbrief schicken, so wie wir es bei Cappe und Ruth tun. Wir brauchen doch deshalb den Kontakt zu ihr nicht abzubrechen. Wir sprachen auch kurz vom Tod. Wir werden nun mal 70, das Leben währet 70 Jahre, wir haben gelebt, was jetzt kommt, wollen wir dankbar genießen, aber wenn es sein muß, können wir auch gehen, wenn nur das Ende mal gut ist. Und dies waren meine letzten Worte mit ihr, und ihr Ende war gut.

Benne führte ein etwas absonderliches Leben, das man nicht ganz richtig einordnen konnte. Und sie war sehr allein. Sie nannte alle Anthroposophen ihre Freunde, besucht hat sie niemand, nur diejenigen, die ihr halfen. Kontakt zur Welt nach draußen hatte sie kaum. Sie lebte ohne Zeitung und Fernsehen, nur mit einem alten kleinen Radio, sie war überzeugt, daß sie sich nicht bewegen darf, daß die Allgemeinmedizin und normales Essen ihr schaden und daß sie ihr Denken und ihre Lebensweise, die in ihren Augen die einzig richtige ist, an andere weitergeben muß. Ich dagegen empfand es oft als Mangel an Bewegung, an Nährstoffen, der Körper streikte einfach am Mangel an Leben. Aber Benne selbst – und nur darauf kommt es an – empfand ihr Leben als ungeheuer reich an inneren Werten, sprach oft von ihrem »Schatzkästlein« und fand ihren Lebensweg richtig. Und dies soll uns genügen.

Ich wünsche Euch allen viel Gutes und immer gute Gesundheit, freut Euch des Sommers und des Lebens, und ich freue mich sehr auf unser Wiedersehen. Herzliche Grüße in alter Verbundenheit von

Eurer Erika

145 Elisabeth von Schaubert, Coburg, Mai/Juni 1995

Meine Lieben,

als Ihr anscheinend ziemlich zahlreich, wie mir Hertel gerade am Telefon erzählte, Gabis Geburtstag gefeiert habt, war ich auf meiner dritten Schlesienreise. Und während hier ja der Mai naß und ungemütlich war, durften wir sie bei herrlichem Wetter, eben schlesischem Wetter, genießen.

Ich war diesmal wieder mit einem Bus, gefüllt nur mit Obernigkern, unterwegs. Ich muß sagen, daß ich auf dieser Reise sehr viel entspannter war als auf den ersten beiden. Man merkte doch, daß man nicht mehr in einem totalitären Staat war. Dies begann bereits mit der lockeren Grenzabfertigung, viele Verbote sind entfallen, man freut sich über Touristen. Auf der Straße wird man nicht mehr wegen Geldtausch angesprochen, die Währung ist umgestellt und wohl auch einigermaßen stabil. Allerdings fehlen wohl für viele Notwendigkeiten die Mittel, aber man bemüht sich doch zu restaurieren.

Neu ist in Polen, daß man die 700 Jahre der deutschen Geschichte nicht mehr übergeht. Später fuhren wir auch durch Peterswalde und Langenbielau, wo noch sowohl die Villen als auch die Arbeiterhäuser der Weber stehen, wie Hauptmann sie beschrieben hat. Die restliche Zeit verbrachten wir in Breslau, von wo wir Fahrten nach Obernigk, Trebnitz und Militsch unternahmen. Das ganze Land war von blühenden Kirschbäumen weiß eingehüllt. Dazwischen knallgelbe Rapsfelder und Löwenzahn. Einfach ein Traum.

Wunderschön fand ich auch die Seenplatte rund um Militsch. Ich kannte zwar die Stadt von früher, war aber nie an die Seen gekommen. Die Polen haben dort ein großes Naturschutzgebiet, das nur in Ausnahmefällen besucht werden darf. Es soll angeblich mit 600 ha das größte Europas sein.

In Obernigk selbst sind wir natürlich viele vertraute Wege gegangen. Lange hielten wir uns in unserem Park auf, was bei meinen letzten Besuchen uns immer verwehrt wurde. An einem Nachmittag gab es ein Treffen mit den polnischen Neubürgern bei Kaffee und Kuchen einschließlich einer offiziellen Begrüßung vom Bürgermeister. Ich saß dann lange mit ihm zusammen, und er war sehr interessiert an der Geschichte von O. Für Karl von Holtei, der ja lange in O. gelebt hat und ein Freund meines Urgroßvaters war, soll eine deutsch-polnische Gedenktafel entstehen. Auch seine Gedichte wurden ins Polnische übersetzt. Da fast alle Polen aus Lemberg stammen, also auch ziemlich brutal vertrieben wurden, hatten sie auch sehr viel Verständnis für unsere Gefühle. Nachdem wir diesmal so nett aufgenommen wurden, bei meinen letzten Reisen gab es nie Kontakte, aber man spürte Mißtrauen, fiel mir der Abschied recht schwer, und es ist wieder so etwas wie Heimweh entstanden.

Von meinem Hotelzimmer im 10. Stock hatte ich immer den Breslauer Süden vor mir. Die Johanniskirche – und ich dachte an unsere Penne und an das gastliche Simonsche Haus. Dahinter lag dann beinahe zum Greifen nah unser Zutaberg.

Gern wäre ich diesen Kindheitsträumen noch etwas nachgegangen, aber die Realität und das Wissen, daß seitdem fünfzig Jahre vergangen sind, holte mich recht schnell wieder ein. Am 27. Mai, am Tag ihres 71. Geburtstages, starb meine Schwester in Canada, wo sie seit dreißig Jahren gelebt hat. Auch von Euch sind ja in diesem Jahr viele mit dem Tod konfrontiert worden, eine Aufgabe, der wir uns jetzt stellen müssen. Über Höhepunkte, wie wir sie in Heft 10 und 11 noch so engagiert diskutiert haben, brauchen wir uns den Kopf wohl nicht mehr allzusehr zerbrechen. Die Hauptsache ist wohl Gesundheit in der Familie und eine etwas friedlichere Welt für die heranwachsende kommende Generation. Und so stelle ich Euch als Abschluß unsere vier Enkel noch vor und bin mit vielen lieben Grüßen

Eure Schaubi

146 Renate Winkler, Beckum, 9. 7. 95

Liebe alte Mitstreiter,

wie schön ist es, wieder mit Euch allen verbunden zu sein, und wie Gisel [eine weitere Klassenkameradin] einst schrieb, möchte man dann am liebsten überall schnell hinfahren und »Ergänzungsgespräche« führen. Ach ja, Gisel, und alle, die uns inzwischen verlassen haben! Das schöne und interessante Erwecken vergangener und vielfach vergessener Zeiten durch die alten Bücher zieht doch inzwischen ein massives Paket an Traurigkeit hinter sich her. So will ich auch gleich all denen, die im letzten Jahr so viel Schweres durch Krankheit und Trauer durchmachen mußten, viel Kraft für die meist damit verbundene neue Situation wünschen.

Wenn ich heute die Beiträge mit den Höhepunktsdiskussionen lese, die das Spitzenerzeugnis aller Rundbriefe in Gestalt von Gertas Beitrag hervorbrachten [Brief 79], denke ich mir, der Zeitpunkt für dieses Thema war doch sehr verfrüht, nach dem Motto, wie der kleine Moritz sich das vorstellt. Selbst als Quasisiebzigerin mit reichhaltigem Rückblick habe zumindest ich meine Schwierigkeiten, einen sogenannten Höhepunkt meines Lebens zu fixieren. Da gab es sehr unterschiedliche und auch zu sehr unterschiedlicher Zeit, womit sich mein Leben ganz Gertas Vermutung angepaßt hat. Wie oft verändern sich die Sichtweisen zu gleichen

Gegebenheiten. Beispielsweise denke ich an Ingetrauts unterschiedliche Befindlichkeiten zwischen den so andersartigen Wienern – von überwiegend negativ bis später nahezu euphorisch. [Brief 77] Ähnlich verlief mein Leben nach dem Wechsel von Berlin ins ferne Münsterland. Ihr werdet Euch noch an meine Klagen über »fern aller Kultur etc.« erinnern. Im Laufe der Zeit ist ausgesprochenes Wohlbefinden bei mir eingezogen. Natürlich haben etliche andere Veränderungen auch dazu beigetragen. Das kulturelle Angebot in erreichbarem Radius hat sich enorm verbessert, Ruhe und eine gewisse Geborgenheit gegenüber der lauten Großstadthektik (die ich noch ab und zu mal schätze) kommen dazu.

Sehr interessant war mir zu diesem Zeitpunkt mein Frankreichbericht von 1961. Seit damals träumten wir von einer Wiederholung dieser Tour. Jetzt endlich war's soweit. Auf der Schwelle zum Greisentum erfüllte sich unser Wunsch auf einer 4200 km langen Fahrt. Wie fast überall hat auch dort der Tourismus seine Spuren hinterlassen, in mancher Hinsicht sehr angenehme (Unterbringung und Sauberkeit), in anderer schreckliche. Die damals so wunderschöne Côte d'Argent ist heute ein einziges Campingfeld mit den üblichen Gartenzwergidyllen. Die traumhafte Düne von Pyla fiel einer totalen Vermarktung zum Opfer. Wo wir einst in Einsamkeit picknickten, steht Bude an Bude. Busse spucken Menschenmassen aus, Schranken mit Automaten regeln das Parkgeschehen – nur Sand und Wind bewahrten sich gleichbleibende Qualität. All unsere Wechselbäder der Gefühle fanden schließlich einen äußerst harmonischen Abschluß an der Loire, in und um Tours: goldenes Licht über dem Strom und Luft wie Seide. Das war's, was uns schon lange bewegte und in die Reihe unserer Höhepunkte gehört.

Unsere Reiselust führte uns mit gleichem Engagement schon mehrfach in die Neuen Bundesländer: Wanderungen durch die Mark, in Mecklenburg, über die Insel Usedom und durch die anhaltinischen Elbauen. Dazu gab's etliche interessante Gespräche mit den »gewendeten Menschen«, von denen viele ein schweres Päckchen tragen müssen, besonders, wenn Altersgründe einen Neuanfang unter demokratischem Vorzeichen bremsen. Aber trotz aller Kritik, tauschen mit früher samt allen Konsequenzen (Eingesperrtsein, Bespitzelung, Materialknappheit etc.) will wohl kaum noch jemand. Die ganze Umstellung würde um Welten harmonischer verlaufen, hätten nicht so viele sogenannte Helfer sich an der Unwissenheit hinsichtlich des neuen Systems finanziell gesundgestoßen.

Meinen Leuten geht's gut, und alle sehen dem üblichen Familientreffen mit Freude entgegen. Alles Liebe Euch allen

Eure Winkelinde

147 Erika Herbich, Braunschweig, 16. 7. 95

Liebe alte Klassenrunde!

Ach, war es wieder schön mit Euch allen bei Gaby in Schwalbach. Ich bin die erste, die nach diesem Treffen hier in den Rundbrief einschreibt. Ihr, die Ihr nicht dabei gewesen seid bzw. nicht konntet, habt wirklich etwas versäumt, es war wieder wunderschön. Wir schliefen alle in einem Hotel, waren aber sonst den ganzen Tag im Haus von Gabys Tochter Diana, die alles prächtig im Griff hatte, im Nu war eine Mahlzeit nach der anderen auf dem Tisch. Die beiden Mütter haben aber auch doll mitgearbeitet und alles gut geplant und vorbereitet. Ich finde, jedes Treffen wird immer persönlicher und offener und vertieft unsere alte Bindung. Und so habe ich mich auch herzlich über den Erhalt des Rundbriefes gefreut und mit Freude all Eure Berichte, die neuen wie die alten damals, gelesen. Natürlich häufen sich jetzt die weniger guten Nachrichten, Krankheiten treten mehr und heftiger auf, unser Alter hinterläßt seien Spuren. Aber wir sind nun mal alle um die 70, da ist dies eigentlich normal. Wir lassen uns nur zu gern täuschen dadurch, daß die Menschen heute alle älter werden, fitter sind, und wir sehen doch alle auch noch soo jung aus! Sind wir erst beisammen, dann sind wir auf einmal wieder wie einst junge Mädchen! Wir hatte aber auch vernünftige Themen in der großen Gesprächsrunde, und in mancher Ecke saßen zwei beisammen und erzählten sich ihre Probleme und Kümmernisse. Da das Treffen Anfang Mai war und sich um diese Zeit das Kriegsende zum 50. Male jährte, kam auch die Frage auf: Wie habt Ihr den 8. Mai 1945 empfunden? Als Befreiung? Als Niederlage? In unserer Gemeinde hatte wir kurz vorher auch darüber gesprochen. Die Westdeutschen, die Jüngeren, die Medien sprachen ja alle nur von der Befreiung. Wir Ostdeutschen, die wir alle alles verloren haben und vor dem Nichts standen, können dies nur bedingt so sehen, obwohl natürlich auch wir froh waren, daß der Krieg endlich vorbei war. Und ich persönlich kann nur sagen, daß die Angst damals uns völlig beherrschte, die Angst vor der Zukunft, vor dem Nichts und vor den Russen. Den interessantesten Beitrag zu diesem Thema brachte Jutta, deren Familie dem Widerstand sehr nahe war.

Und nun zu mir selbst. Das letzte Jahr ist sehr schnell vergangen, es gab wenig berichtenswerte Ereignisse. Sylvester war wieder Lore bei mir, dazu kamen Anfang Januar einen Tag Ilse und Renate. Ein Besuch von Lore ist für mich immer besonders schön, noch dazu in der dunklen Jahreszeit. Dann spiele ich noch mit dem Gedanken, Ende August mit einer hiesigen Bekannten und meinem Wagen nach Görlitz zu fahren und dabei auch je einen Tag in mein Heimatdorf und ins Riesengebirge zu fahren. Ob es sehr wehmütig werden wird? Hinterher kann ich berichten. Aber ganz entscheidend in meinem Leben bleibt natürlich mein derzeitiger Gesundheitszustand. Ich merke sehr das Alter und daß die Kräfte nachlassen. [...] Also hoffen wir weiter und leben bewußt und dankbar jeden Tag, wo es mir gut geht und ich krabbeln kann. Und auch Euch allen wünsche ich gute Gesundheit, viel Freude und Mut und Kraft für jeden neuen Tag!

Eure Erika

148 Renate Capelle, Moline/USA, Ende August 1996

Liebe Klasse, eine und alle:

Vor kurzem erhielt ich eine strenge Ermahnung von der Winkelinde (zusammen mit der Briefkopie), daß ich seit langer Zeit nicht zu unserem Prunkstück des literarischen Kreises beigetragen hätte – was sicherlich sehr wahr ist!

Und so, zuallererst herzlichen Dank an Euch alle, die mir getreu die Briefkopien schicken, oft von ein paar persönlichen Worten begleitet. Dadurch ist es mir möglich, wenigstens in kleinem Maß an den Leben und Geschicken unser Wanderkameraden teilzunehmen. (Und wer hätte damals während unser Klassen-Riesengebirgswanderungen ahnen können, daß sich ein ganzes Leben lang hinziehen würde, wir alle mehr oder weniger zusammen durch die Auf und Ab, viele Umwege, manche schmerzliche Verluste, auf dem Weg dieses »Riesengebirges«, was wir das Leben nennen?)

Wenn wir vielleicht auch nicht mehr wie Bergziegen jugendlich herumspringen, gehen wir hier und da etwas langsamer, hoffentlich etwas weiser, und sicherlich etwas mehr gewahr an dem, was wir früher in Eifer und Eile übersahen – ich glaube, man nennt das »Alter«; oder »Reife« (scheußliches Wort!) oder Senility – was immer!

Es ist eine andere Zeit, aber eine schöne Zeit.

Allen Zeichen und Wegweisern nach in den Berufsfeldern (nicht nur mein damaliges, sondern fast allen anderen Gebieten mit wenigen Ausnahmen) bin ich heidenfroh, nicht mehr daran teilnehmen zu müssen. Es ist nicht Alter, sondern einfach Observation an dem, was vorgeht. Technologie, jedenfalls hier, ist keine sogenannte Hilfskraft mehr – sie ersetzt menschliche Kraft und Können und Denken, mit dem Resultat, daß täglich Tausende ihren Lebensinhalt und Unterhalt verlieren; jegliches Lehren und Lernen wird ersetzt, anstatt lediglich ein Werkzeug zu sein; und alles, was »menschlich« ist, wird ausradiert. Scheint mir, es ist hohe Zeit, einen zweiten Blick auf dieses lautgepriesene Zukunftsparadies zu werfen.

Ich bin froh, noch zur Zeit »wegtreten« zu können, und mir geht's prima. Und ich hoffe und wünsche, Ihr alle könnt das erwidern. Für die in unserer Reihe, die im Moment Schwierigkeiten haben oder leiden, faßt Mut: es geht alles vorüber – und niemand weiß das besser als viele von uns, wenn nicht alle, wenn wir an schlimmere Zeiten zurückdenken – etwas, was ich allerdings grundsätzlich vermeide, aber manchmal hilft's!

Grüß Euch alle und auf ein baldiges Wiedersehen
Eure Cappe

149 Lore Buschendorff, Sörupmühle, 20. 10. 96

Mit großer Freude habe ich Eure Berichte gelesen, die alten und die neuen, und ein klein wenig bin ich bei jeder zugegen gewesen. [...]

Ja, und dann war ich in Schlesien! Unser erstes Ziel war Breslau. Die Straßen waren gut befahrbar – aber die Autobahn sollte man meiden. In Breslau ist ja einiges wieder aufgebaut worden – aber unser Breslau ist es nicht mehr! Am nächsten Tag fuhren wir »unsere alte Strecke« aus Breslau – Richtung Strehlen. Vieles ist vertraut, und nur manches hat sich außerhalb der Städte verändert, abgesehen von den Dörfern. Es ist schon ein eigenartiges Gefühl, so nach mehr als 50 Jahren »nach Hause« zu fahren. Wir sahen viele Brachflächen, leere Großställe, mal eine angepflockte Kuh. Es ist die fruchtbarste Niederung Schlesiens! Am 10. September stand der Sommerweizen noch auf dem Halm. Die Güter waren allesamt hier in schlechtestem Zustand und ungenutzt. Die Bauernhöfe waren bewohnt und wurden bewirtschaftet. Speziell in unserer Gegend ist gekämpft worden, und ich wußte, daß unser Haus und die Molkerei im Nachbardorf nicht mehr standen, da waren mehrere Geschütztreffer eingeschlagen. Das hatte mein Vater schon gesehen, als er vom Treck aus nochmals zurückgeradelt war. Aber nun ist auch unser Hof dem Verfall preisgegeben. Meine Geschwister hatten diesen immer noch bewirtschaftet vorgefunden. Unser kleines Dorf ist kaum bewohnt. Aber es ist traumhaft, plötzlich die alten Wege zu gehen, in der Ferne der Zobten, und die Strehlener Rummelsberge zu erkennen – wie eh und je.

Ich muß gestehen, der Verlust meiner Wurzeln hat mich lange schwer belastet. Lange habe ich es verdrängt und mich einfach nicht richtig damit auseinandergesetzt. Aber hier in meiner Zurückgezogenheit und nachdem ich richtig in mir aufgeräumt habe, u. a. auch damit, wollte ich die Stätten meiner Kindheit noch einmal sehen. Das Land Schlesien ist ja nach wie vor existent, und nun kann man auch einfach dahin gelangen, von mir ca. 1000 km entfernt. Es wird von anderen Menschen bevölkert – es ist eben die lebendige, vielseitige Geschichte Schlesiens.

Richtung Zobten, Schweidnitz, Waldenburger Bergland und ganz besonders Riesengebirge ist es auch anders. Hier ist vieles wieder aufgebaut, z. T. auch die Güter, und diese werden auch bewirtschaftet, und wir sahen auch wieder Viehherden. Dazu der vertraute Blick auf die Bergketten. So bin ich munter und getröstet zurückgekehrt und dankbar, dagewesen zu sein.

Tschüß für heute, Grüße an jeden
Eure Lore

150 Herta Simon, Karlsruhe, 13. 7. 97

Ihr Lieben alle!

Dieses Mal habe ich die einzelnen Einträge noch gründlicher gelesen als sonst. Steht man unter Zeitdruck, bleibt man leicht an den reizenden Bildern hängen oder an Hervorstechendem – etwa Reiseberichten –, obwohl auch die mehr und mehr reflektiert werden. Aber was Ihr schreibt, ist so viel mehr und hängt sicher mit dem wachsenden Lebensalter zusammen, was auf der einen Seite soviel Beschwerden, soviel Mühsal und vor allem schmerzliche Verluste bringt, auf der anderen Seite auch die bessere Möglichkeit, gesammelte Erfahrungen vergleichend zu durchdringen und zu verarbeiten und auch mehr Muße dazu. Am liebsten möchte ich auf alle Beiträge eingehen – sie laden förmlich dazu ein –, aber natürlich muß ich mich beschränken. Ein Trost: Das nahende Klassentreffen.

Die gute Cappe weist auf etwas Schmerzliches, ganz Wichtiges hin – auf das Verdrängen des unmittelbaren Lebens, das doch bisher vorwiegend bestimmt war durch menschliche Kraft und Denken und Lernen und Verantworten und immer mehr verdrängt wird durch die Eigengesetzlichkeit unpersönlicher Technologie.

In den letzten Jahren haben einige von Euch Reisen in unsere schlesische Heimat unternommen. Ich finde Eure Reiseberichte plastisch und vor allem realistisch differenzierend. Es ist schön, daß sie außer Breslau Land und Landschaft einbeziehen, die engere Heimat für manche von uns. Da man in unserer Kindheit viel weniger reiste, muß ich gestehen, daß ich außer dem Riesengebirge wenig von Schlesien kannte. Gertel und ich fuhren in den Ferien fast immer zu unseren süddeutschen Verwandten, höchstens mal an die Ostsee. Um so schöner finde ich es, daß Ihr, die Ihr in Schlesien ganz zu Hause wart, nach so langer Zeit den schweren Verlust verarbeiten konntet und einen Besuch in der engsten Heimat wagtet und Euren Frieden mit dem ganz persönlichen Verlust gewinnen konntet. So lese ich aus den Berichten von Erika, Renate und Lore.

Gerta und ich kannten ja beides, den Osten und den Westen. Da konnte ich wenigstens hin und wieder etwas »aufklärerisch« gegen die Vorurteile wirken, die bei den gebildetsten Leuten damals hier herrschten. Ob das genügt hat, ist eine andere Frage!

Jetzt aber ist die Zeit wohl reif für den Versuch einer Verständigung zwischen Deutschen und Polen. Wir kannten einander ja so gut wie nicht – in Breslau schon gar nicht. Aus der Geschichte weiß man von drei schmerzlichen Teilungen Polens. Von einer Kollegin eines hiesigen Gymnasiums wurde ich gebeten, einen Bericht unserer Vertreibung zu geben. Eine Gruppe von Polen und Deutschen wollte ein Buch mit Berichten Betroffener herausgeben mit dem Titel: »Vertreibung – Polen erinnern sich, Deutsche erinnern sich«. Die Polen mußten ja auf Befehl der Russen ebenso ihre angestammte Heimat aufgeben wie wir. Diese Kollegin ist nach ihrer Pensionierung nach Warschau gegangen, um polnischen Studenten Deutschunterricht zu geben. Sie ist nun so erfaßt von dem Gedanken, durch Kennenlernen einen Prozeß der Verständigung einzuleiten. Ein wichtiges Anliegen!

Ich habe mir unser erstes Rundbuch, von unser Flucht, d. h. den vielen einzelnen Fluchtberichten, nochmal vorgenommen und wurde ganz gefangen davon. Ich sagte also zu und habe einen 11seitigen Bericht daraus zusammengestellt. Ihr könnt Euch vielleicht vorstellen, wie schwierig die Auswahl war! Es sind ja so viele wichtige Beiträge! Ich habe mich bemüht, der Verschiedenheit der Beiträge einigermaßen gerecht zu werden und sie ein bißchen zu kommentieren.

Bei einem Treffen der deutschen Verfasser stieß ich auf echtes Interesse. Besonders die Tatsache, daß sich das Erleben so vielfältig spiegelt in einer Klasse, die sich wie durch ein Wunder wiedergefunden hat, beeindruckte stark.

So, Ihr Lieben, endlich möchte ich mich für heute von Euch verabschieden.

In alter Herzlichkeit
Eure Hertel

151 Elisabeth von Schaubert, Schwabach, 10. 9. 97

Meine Lieben, Ihr flotten Siebzigerinnen!

Genau heute vor drei Wochen trudelten wir im »Haus Schlesien« ein. 21 waren aus nah und fern gekommen. Für Cappe lohnte sich sogar der Flug über den großen Teich. Ein Zeichen, welch große Anziehungskraft unsere Begegnungen doch immer wieder haben. Auf meiner vierstündigen Autofahrt von Nürnberg nach Bonn überlegte ich mir, wen ich wohl wiedersehen würde. Und schon saßt Ihr als Tertianerinnen alle vor mir. Die besinnliche Herta, die sprudelnde Gerta, das stille Ilschen, die rasante Cappe, die exakte Bärbel. Ingetraut, die sich gerade von der Musterschülerin zur kessen Göre mauserte, Ulla, die unter der Schulbank tolle Pullover strickte, die diskussionsfreudige Maria, die allen Dingen auf den Grund gehen wollte, und Erika, das Mathegenie und und und ... Diese unvergeßlichen Erinnerungen, der schon oft gelobte Rundbrief und die regelmäßigen Treffen haben ein festes Band geknüpft, von dem ich hoffe, daß es uns noch lange erhalten bleibt. Es war einfach schön, mit Euch bei dieser strahlenden Augustsonne und den warmen Nächten zusammenzusitzen und über Ernstes und Fröhliches zu plaudern. Alle, die dieses Mal nicht dabei sein konnten, haben wir vermißt.

Die nächste Zeit war dann mit Kindern und Enkelbesuch ausgefüllt. Dann bin ich immer dankbar, daß die Kräfte von uns Alten noch reichen und wir unser ausreichend großes Haus und den Garten ihnen anbieten können. Aber ich bin froh, daß ich keine Verantwortung mehr für die Erziehung habe. Ein Thema, mit dem wir uns ja ausgiebig in den siebziger Jahren beschäftigt haben. Aber ich denke, wir haben es doch ganz gut geschafft, wie ich es aus Euren Erzählungen und Briefen entnehmen kann. Und so setze ich auch das Vertrauen in die nächste und übernächste Generation, obwohl das Zeitalter, in dem die verschiedensten Medien eine solch große Rolle spielen, sicher viele neue Probleme bringt.

Nun laßt Euch alle herzlichst grüßen. Maria, vielen Dank für die Anregung der verschiedenen Bücher. Ich hab mir die Titel notiert. Auch ein Vorteil unseres vorgerückten Alters, daß man wieder Zeit zum Lesen hat. Also genießt die Zeit, bleibt rege und kreativ. Bis zum nächsten Mal bin ich

Eure Schaubi

P. S. Angeregt durch Hertas beiligenden Bericht, ihre Erklärungen, die sie uns bei unserem Treffen dazu gab, und weil ich die Rundbriefe, in denen munter und offen über ein Thema diskutiert wurde, immer am interessantesten gefunden habe, möchte ich Euch heute mal wieder zu einem Thema ermuntern. Wie steht es bei Euch mit der Aussöhnung mit unseren östlichen Nachbarn? Wie weit ist Schlesien für Euch nur noch eine Jugenderinnerung? Gibt es dabei Unterschiede zwischen denen, die in der Stadt aufgewachsen sind, und jenen, die vom Lande kamen? Welche Rolle spielt die Herkunft Eurer Ehemänner oder die Aufgaben, die Euer Leben hier ausgefüllt haben? Welche Eindrücke sind auf Euren Reisen entstanden? Haben sie Meinungen abgebaut oder verfestigt? Alle Gedanken zu diesem Thema würden mich interessieren.

152 Erika Herbich, Braunschweig, 27. 10. 97

Ihr Lieben! Fast genau ein Jahr ist es her, daß ich den Rundbrief hatte. Ich muß Euch loben, Ihr seid noch flinke Mädchen! [...]

Nun noch kurz zu Schaubis Fragen. Eigentlich habe ich vieles in meinem letzten Bericht beantwortet, als ich von meiner Reise in die alte Heimat erzählt habe. Ich fuhr erst hin, als ich über einen gewissen Punkt hinweg war, es ist nicht mehr das, was es war. Es spielt gewiß eine große Rolle, ob man ein Haus oder eine Wohnung hatte oder ob man als Großgrundbesitzer seit Generationen auf der eigenen Scholle saß. Mit Alicija, der Frau, die jetzt u. a. in unserem Haus wohnt, schreibe ich seit meinem Besuch dort. Ich bin also für einen persönlichen Kontakt. Die Aussöhnung mit Polen allgemein wird noch Jahrzehnte dauern, aber innerhalb Europas wird es langsam geschehen. Gut finde ich, daß man jetzt langsam wieder von Schlesien reden darf, was bisher völlig unmöglich war. Man spürt dies besonders in Görlitz, der letzte kleine Rest von Schlesien. Das schlesische Museum wird aufgebaut, es gibt die schlesische Kirche und viele andere Dinge. Man darf die Geschichte nicht verfälschen wie z. B. noch vor acht Jahren bei der Stadtführung in Breslau, als man nur von der rein polnischen Vergangenheit sprach. Man muß zur Wahrheit zurückfinden, die Schuld auf beiden Seiten anerkennen, nur dann geht es. Und wer die Polen 1945–47 direkt persönlich kennenlernte, braucht dazu eben seine Zeit. Mit Frankreich haben wir es auch geschafft. Hoffen wir also auf die Zukunft und Europa.

Nun wünsche ich Euch weiterhin alles Gute, bleibt vor allem gesund und genießt dankbar jeden Tag, der uns noch bleibt.

Eure Erika

153 Lore Buschendorff, Sörupmühle, 5. 12. 97

Liebe alte Klassenrunde, von Renate auf den Weg gebracht, erreichte mich das gehaltvolle Paket am Dienstag, ich war gerade am Backen der Liegnitzer Bombe nach Originalrezepten von Erikas Mutter. Sehr zu empfehlen, die einzig wahre Liegnitzer Bombe!

Dank, daß ich bei allen zu Gast sein durfte, teilhaben konnte an Sorgen, Kummer und Ängsten, mit Euch und Euren Erlebnissen einen Blick in die weite Welt erhaschen konnte, aber auch lesen konnte, daß es Freude und beglückende Augenblicke gab und gibt. Daß letzteres immer die Oberhand behalten möge und ein jeder Kraft finden und Zuversicht haben möge, den Alltag zu bewältigen, wünsche ich jedem. Ich beginne jeden Tag mit dieser Bitte.

Schaubi, Deine Frage ist eine ganz entscheidend wichtige. Wir, die wir die letzten Schlesier sind, müssen sie für uns klären und der Nachwelt die Richtung setzen. Maria mit ihren Vorträgen, das Schlesierhaus mit seinen Bemühungen, die Geschichte gemeinsam mit den Polen zu klären, sind gute Anfänge. Ein wenig bin ich schon in meinem letzten Bericht darauf eingegangen, und Erika könnte ich auch voll zitieren. Vor ein paar Wochen schneite mir eine Primanerin ins Haus – etwas hilflos –, geschickt von einer Lehrerin – sie soll ein Referat erstellen über die Einstellung der Polen zu Deutschen. Eine schwere Frage für eine junge Schleswig-Holsteinerin, die keine Nachfahrin von ostpreußischen Großeltern ist, die es hier zahlreich gibt.

Aber nun zu uns. Wir sind ein Teil der Geschichte, und unsere Nachfahren werden das Datum der Vertreibung pauken müssen. Da nun unsere Kinder in anderen Teilen Deutschlands aufwachsen, wird auch die Sicht zu den Polen eine andere werden. Es wird wieder ein Nachbarland wie Frankreich oder Dänemark, Holland oder Italien sein. Und wenn Europa weiter so zusammenwächst, ergeben sich neue Sichtweisen. Frage bleibt, wie sehen es die Polen, nach Besetzung und Zwangsarbeit. In Schlesien habe ich unterschiedliche Bindungen der Polen an das Land bemerken können. Ich hatte den Eindruck, daß im Riesengebirge die Menschen fester mit dem Land verwurzelt sind als in unserer Gegend, die Gegend zwischen Strehlen und Ohlau. Die

Dörfer mit Bauernhöfen, egal ob groß oder klein, waren bewohnter, aber die Dörfer wie Chursangwitz, Höckricht, Krausenau usw., die ein Gut als Hauptpunkt hatten, sind tot. Chursangwitz jedenfalls ist ein sterbendes Dorf und wird bald nicht mehr existieren. Weigwitz, da, wo die Kirche steht, auch ein Bauerndorf, lebt und wird weiter leben. Vor ein paar Jahren, als Chursangwitz noch lebendiger war, haben die Polen zu meinen Geschwistern, allerdings damals unter vorgehaltener Hand, gesagt, kommt her und bewirtschaftet den Hof wieder, ihr sagt, wo es langgeht, und wir machen es dann zusammen. Und warum sollen wir, in welchem Zusammenhang auch immer, nicht gemeinsam das Land, das ja ein blühendes war, wieder zu dem machen? Die Kinder von uns Geschwistern sind alle keine Landwirte – aber dann machen es andere. Ich sehe zuversichtlich in die Zukunft und setze auf die Kraft unserer Gedanken!

Entschuldigt, das war lang, aber es ist mir unendlich wichtig, wichtiger, als von mir zu schreiben. Ich wünsche jedem ein gesundes 1998 und grüße herzlich

Lore

154 Renate Capelle, Moline/USA, 26. 12. 97

Liebe Lore,

in Deiner Klassenbriefeinlage interessieren mich Deine Gedanken und Ausführungen über unser früheres Schlesien sowie Deine Absicht, mit Deinem Vetter vielleicht nächstes Jahr noch einmal dahin zu reisen. Persönlich würde ich – wäre ich auch viel näher dort – nie mehr zurückgehen. Ihr findet dort Fremde in einem fremden Land – die Polen – und genau wie wir, die wir ebenfalls mehr oder weniger alle von dort »Fremde im fremden Land« sind, fehlen dort überall die tiefen Wurzeln, weniger bei Menschen, die in Wohnungen lebten damals, mehr bei Menschen, die ihre eigenen Besitztümer (Landwirtschaft, Güter usw.) hatten, was logisch ist. Ich finde, daß unsere meisten Erinnerungen mehr mit Kindheit, Aufwachsen, Familien, Schule zu tun haben, also mit Menschen, die uns in der Jugend umgaben, mehr als mit dem Land Schlesien. Und unsere Generation hält deshalb daran fest, es der nächsten zu übergeben, die jedoch schon jetzt sehr viel weiter von dem Begriff »Schlesien« entfernt ist, als wir es sind, da sie es ja kaum kannten, wenn überhaupt. Die Verbundenheit mit dem Land selbst besteht also kaum. Und vielleicht ist es richtig so. Ihre Erinnerungen werden in ihrer Kindheit und Jugend sein – Zeit und Raum, wo sie jetzt aufwachsen, und den Menschen, mit denen sie selbst jetzt umgeben sind.

Schlesien, wie wir es einst kannten, existiert nicht mehr; ich glaube, darin können wir alle ziemlich übereinstimmen, so sehr man sich auch dagegen wehren mag. Das Land ist leer, verwahrlost und brach. Ich hatte in meinem eigenen Leben wenig Kenntnis über Polen, aber diejenigen, die ich hatte, waren alle schlecht. In Militsch, was ja fast an der schlesisch-polnischen Grenze lag, war die Bevölkerung halb und halb, und alles lebte mehr oder weniger friedlich zusammen. Aber in der entsetzlichen Nacht, als wir wegmußten, sahen wir nach einem Kilometer Zug, daß die ganze kleine Stadt in Flammen aufging, welche die Polen gelegt hatten. Unterwegs, auf einem Gut, wo wir endlich eine Nacht Rast machen konnten, hat uns ein polnischer Arbeiter alle wenigen Dinge, die wir in einem Koffer hatten, gestohlen. Und als ich nach dem Krieg endlich in Halberstadt bei meiner Tante ankam, war ich Zeuge, wie mehrere total betrunkene Polen eine 80jährige Frau im Tageslicht mitten auf der Straße vergewaltigten — wonach ich sofort mit dem letzten Zug Halberstadt verließ. Wie Du siehst, habe ich keinerlei Interesse, mich dorthin zu begeben, Schlesien oder nicht. Meiner Meinung nach, mit den kalten Augen der Wirklichkeit gesehen, wird es innerhalb der nächsten 50 Jahre (oder sogar für immer) kaum eine Rolle spielen, ob sich jemand aus der Vergangenheit an das einstige

Schlesien erinnert oder nicht, laß allein unsere Nachkommen. Das hört sich vielleicht harsch an für uns, die noch an den Erinnerungen unserer Heimat und Jugendzeit hängen, aber die Wahrheit ist: Es ist für immer verloren. Es besteht einfach nicht mehr, und geschichtlich gehört es jetzt zu vielen anderen Ländern, groß und klein, die einfach nicht mehr existieren, außer den Namen in ganz alten Atlassen. (Gibt's für das Wort »Atlas« eigentlich einen Plural?)

Man sagt, eines der schwersten Dinge im Leben ist loszulassen, etwas gehen zu lassen. Es scheint wahr zu sein. Und früher oder später müssen wir das alle tun mit dem Begriff Schlesien. Vielleicht stimmst Du dem nicht zu. Vielleicht gehörst Du zu denen, die immer noch darum kämpfen, Schlesien wiederauferstehen zu lassen. Ich bin kein Richter, ob es richtig oder falsch ist, wessen Einstellung die richtige ist, Lore. Ich schreibe Dir lediglich, wie ich darüber denke. Wir wissen kaum, was im nächsten Jahrhundert mit der gesamten Welt geschehen wird, laß allein Schlesien.

Ich hoffe, Du hast ein gutes und gesundes neues Jahr, und daß wir uns alle bei einem Klassentreffen wiedersehen, wenn es auch bei mir kaum schon wieder das nächste sein wird. Dank Dir nochmals und grüß Dich herzlich

Deine Cappe

155 Eva-Maria Schlaak, Köln, 2. 5. 98

Liebe alte Klasse!

Vergangenen Sonntag brachte Lilo die wertvollen Klassenbriefe zu mir, und nach eingehender Lektüre will ich sie nun wieder auf die Reise schicken. Leider habe ich auch in diesem Jahr nichts Erfreuliches zu berichten, denn im Februar ist mein Mann gestorben – nach 47 gemeinsamen Jahren. Ich danke allen, die mich angerufen oder mir geschrieben haben.

Nun zu Schaubis Frage. Am Anfang, nachdem ich Breslau verlassen hatte –, und ich habe die Festungszeit miterlebt – hatte ich starkes Heimweh. Aber alles, was mir etwas bedeutet hatte, war vernichtet, und unter den Polen wollte ich nicht arbeiten. Da gab es noch dieses Haßgefühl zwischen Siegern und Besiegten, der verletzte Stolz, die Erniedrigung. Aber nach 50 Jahren hat man einen gewissen Abstand gewonnen und außerdem das Bedürfnis, Frieden zu erhalten. Die Polen, die jetzt in Breslau leben, sind zum Teil dort geboren. Für sie ist es ihre Heimat. Ich verstehe alle, die ererbten Grundbesitz hatten und dadurch mit Schlesien tiefer verwurzelt sind. Ihr habt Land und Gutshöfe zurückgelassen, die nun zum Teil verkommen. Wir aber haben einen Trümmerhaufen zurückgelassen. Das macht den Unterschied.

Wir haben hier eine Heimat gefunden und unsere Kinder hier geboren. Wenn man »europäisch« denkt, sollte man keinen Unfrieden schüren. Das heißt aber nicht, daß die Geschichte verfälscht werden darf.

Ich grüße Euch alle herzlich

Eure Eva-Maria

156 Maria von Loesch, Bad Homburg, 18. 6. 98

Liebe Freundinnen,

eine gute Anregung, sich mit unserer Heimat auseinanderzusetzen, Schaubi! Heimat ist für mich seit langem zu viel. Ich fühle mich in Schlesien fremd, obwohl die Landschaft vertraut ist und viele Gebäude an früher erinnern. Aber Heimat ohne vertraute Menschen? Ich habe mich ohne große Schmerzen gleich nach dem Krieg mit dem Verlust der Heimat abgefunden. Einer muß bezahlen für alles, was in unserem Namen geschehen ist. Als alles bekannt wurde, was vor und während des Krieges an Verbrechen verübt worden ist, habe ich die Vertreibung nur als Teil einer Strafe, freilich ungerechterweise nur einige Millionen betreffend, empfunden. Kollektivschuld – für mich war das plausibel. Ich habe allerdings auch selten Heimweh gehabt. Ich war wohl immer zu beschäftigt mit dem Neuanfang und überhaupt mit meinem Erwachsenenleben, um viel an Kindheit und Jugend zurückzudenken. Ein Teil Heimat seid Ihr zum Beispiel für mich, und ich erkläre mir auch unseren Zusammenhalt damit, daß wir unter uns Schicksalsgefährten eben das Vertraute wiederfinden, daß es für uns eine besondere Bedeutung hat.

Den Polen gegenüber bin ich ganz unbeschwert. Ich hoffe, sie werden bald den Anschluß an den Westen finden. Ihre Mentalität ist mir ähnlicher als die der Franzosen. Sie müssen ähnlich wie wir mit einer ungewöhnlich belasteten Geschichte leben, haben aber, anders als wir, immer noch größte wirtschaftliche Schwierigkeiten. Wäre ich jünger, würde ich mich gern für deutsch-polnische Freundschaft engagieren. In letzter Zeit bin ich aber sehr deutlich an meine physischen und psychischen Grenzen gestoßen. Ich kann mir einfach nicht mehr Aktivität leisten.

Von mir kommt im Dezember ein neuer Band mit Kurzgeschichten heraus: »Liebe, lebenslänglich«. Ansonsten schiebe ich meine Aufträge immer noch vor mir her: Buchbesprechungen, Vorträge, gelegentlich Interviews oder Diskussionen. Es läßt aber nach, und ich lasse mir auch mehr Zeit. Leider muß ich mich auch mehr um meine Gesundheit kümmern, über die ich nie viel nachgedacht habe. Aber das geht Euch ja auch so, vermutlich. Man richtet sich ein, weil man eben nicht alles ändern und heilen kann. In den Ferien kommen die Enkel wieder nacheinander, und ich fahre vielleicht auch nach Irland, wo mein ältester Sohn Constantin ein Haus gemietet hat. Reisen ist aber nicht meine große Leidenschaft, ich bin viel lieber in unserem Bad Homburger Paradiesgarten mit »Harum«, dem Vollblüter, in Reichweite.

Laßt es Euch gut gehen! Ich grüße Euch von Herzen!

Eure Maria

157 Uschi Strogies, Stuttgart, 8. 7. 98

Ihr Lieben!

[…] Die Frage nach Schlesien, das Verhältnis zu Polen – im Moment ja ein unter-oberschwelliges Thema. Die Polen werden wohl vieles neuordnen müssen, wenn sie im Europa-Chor mitsingen wollen. Da wird es neben Anwärmungen auch Abkühlungen geben. Heimat? Ist für mich dort, wo ich lebe und liebe. Aber auch das Land Schlesien! Es ist nun mal mein Land, auch 50 Jahre danach. Unsere Familie ist immer schlesisch-ostpreußisch gewesen, wobei das Ostpreußische gar nicht zum Tragen kam, da dort keine Familien mehr lebten. Mein Vater hat als junger Mann (aus dem 1. Weltkrieg kommend) als Freischärler in Oberschlesien um den Annaberg gekämpft – da waren immer Grenzkämpfe. Heute – Gott sei Dank – nicht mehr denkbar. Für Wehmut und Heimweh habe ich auch keine Zeit gehabt nach dem Krieg, wie Ihr wohl alle. Meine Mutter hat da anders gelitten.

Wir leben doch wirklich in einer sehr aufregenden Zeit – ich wäre gern 30 Jahre jünger, um noch alles mitzuerleben. – Im Moment bewegt mich der Wunsch, daß wir unser Alt-Werden-Sein möglichst positiv erleben dürfen, und es macht mich oft sehr traurig, daß das nicht immer unseren Wünschen entspricht. Und so muß wohl fast jeder seine Ängste und Sorgen durchleben. Wir leben sehr bewußt und sind froh, wenn alles an Familie um uns rum gesund ist – was bei uns Alten nicht so unbedingt der Fall ist. Aber es geht uns gut, gemessen am Kummer und Leid anderer. Wir haben viel Freunde an den Enkelkindern – da läuft das Leben so richtig weiter, und das Aufwachsen der zwei kleinen Töchter von Nicola und Tina nahe bei uns ist schon ein Vergnügen.

Ich denke an Euch mit allen guten Wünschen

Eure Uschi

P. S. Wie kam ich eigentlich zu dem Namen »Strohkopp«?

158 Elisabeth von Schickfus, Sinzheim, Juli 1998

Liebe alte Freundinnen!

Ihr habt das Thema Heimat Schlesien angeschnitten. Als Tochter eines Gutsbesitzers muß ich auch Stellung nehmen. Meine Eltern starben beide mit Anfang 60, besonders mein Vater hatte sich von einem lebensfrohen und energischen Mann sehr verändert, er war oft traurig, Heimweh, Sorgen, auch wegen der Ausbildung der Kinder, mit primitiver Arbeit, Holzschleifen im Wald usw., wurde er sehr zurückhaltend und vorsichtig und oft fast verklemmt im Umgang mit anderen Menschen. Ich selbst habe immer mindestens einmal im Monat geträumt, wir müssen zurück nach Trebnig, Kreis Reichenbach (Post Zobten, 40 km südl. Breslau), und alle zerschossenen Gebäude bei den Polen wieder aufbauen und dort leben. Dieser Alptraum ist endlich gewichen, auch läßt das Heimweh nach, seit ich das 1. Mal wieder in Schlesien war vor ca. 12 Jahren.

Den heimatlichen Boden zu verlieren, auf dem viele Vorfahren schon gelebt haben, ist sehr traurig, aber Maria hat recht, die Menschen, mit denen wir dort lebten, sind ja alle nicht mehr dort. Und besonders Familie und Freunde vermißt man am meisten, dazu gehört Ihr natürlich. Also schätzen wir uns glücklich, daß wir diesen besonders netten Zusammenhalt unserer alten Klasse haben. Ich habe auch das Gefühl der Heimat hier im Westen entwickelt, meine Mutter stammt aus Hessen.

In diesem Frühjahr hatte ich ein sehr schönes Erlebnis: Der Neffe von unserem Schmied in Trebnig war Postbeamter nach der Umsiedlung aus Schlesien im Sauerland und ist jetzt im Ruhestand. Er lud alle Leute aus unserem heimatl. Kirchspiel ein zu einem Treffen vor einem Jahr. Es kamen 120 Personen. Vorigen Herbst unternahmen sie eine Reise in die alte Heimat. Die dort lebenden Polen, aus Galizien (Ostpolen) stammend, empfingen sie sehr herzlich, und der poln. Bürgermeister richtete ein Festessen mit herrlichem Büffet, Krimsekt und Wodka aus, wozu unsere Deutschen natürlich auch beisteuerten. Nun war das zweite Treffen in der Rübezahl-Baude bei Iserlohn Ende April, wozu sie mich auch eingeladen hatten. Es waren unsere fünf Dörfer gut vertreten, meine Spielgefährten alt geworden (sag doch wie früher Du zu mir!). Jeder stellte sich vor, Frauen fielen mir um den Hals. Ich war tief beeindruckt. Eigentlich sind sie alle was geworden hier im Westen, eigene Häuser, Autos, gut gekleidet, Wohlstand! Fragen an mich kamen nach der Geschichte unserer Familie, des Kirchspiels, der Flucht und unserem Leben danach hier im Westen. Keiner möchte wieder in diesen Dörfern unter den Polen leben. Ich hab danach gefragt. Wir werden aber weiter Kontakt halten. Wir hatten ganz prima Leute in unseren Dörfern, diese gesunde Landbevölkerung.

Ich denke an Euch mit meinen besten Wünschen, besonders den Traurigen Umarmung

Herzlichst Eure Elisabeth

159 Barbara Str., Karlsruhe, 9. 8. 98

Meine Lieben,

der Heimgang unserer Schulkameradin Ruth Matzner am Ostersonntag ist mir sehr nahegegangen. Da ich mit ihr in ständigem Kontakt war, weiß ich, daß sie viele Jahre unter Cerebralsklerose leiden mußte – nun ist sie erlöst worden und hat ihre Ruhe gefunden!

Beim Treffen in Schwalbach mußten wir erfahren, daß Dein Mann verstorben ist, liebe Irene. Im August vorigen Jahres sprachen wir noch über Eure Vorhaben und Eure so segensreiche Tätigkeit im Hilfswerk. Vielleicht ist es Dir möglich, Eure Arbeit fortzusetzen – sicher wäre das auch im Sinn Deines Mannes. Meine besten Wünsche begleiten Dich!

Der allgemeinen Diskussion über unser Verhältnis zu Schlesien möchte ich mich anschließen. Da unsere Familie seit jeher in Schlesien ansässig war, ist meine Bindung besonders stark. Für mich ist es nicht nur Erinnerung an unsere Kindheit und Jugend, an die schönsten Jahre meines Lebens, die die ganze Familie noch gemeinsam erleben durfte. Es ist und bleibt meine, d. h. unsere, erste und liebste Heimat! Sicher haben wir – Mutti und ich – auch in Leipzig und Berlin wieder Fuß gefaßt und dann von »zweiter Heimat« gesprochen, aber Schlesien blieb immer an erster Stelle. Meine Einstellung gegenüber den Polen ist geprägt von positiven und negativen Erlebnissen in Breslau und Ostdeutschland (nach dem Krieg). Ich glaube, daß wir eine Aussöhnung nicht erleben werden, die vorurteilsfreie nächste Generation sicher.

Vielleicht sollten wir auch einmal daran denken, wie es eigentlich mit dem Miteinander zwischen West- und Ostdeutschen aussieht! Das uns Trennende – die 40 Jahre währende unterschiedliche Entwicklung – ist leider noch nicht überwunden. Ich begegne immer wieder Vorurteilen, und das ist doch sehr traurig.

Mein Leben in Karlsruhe hat sich seit meiner letzten Eintragung nicht verändert. Der Deutschunterricht ist noch aktuell – dann nehme ich an der Volkshochschule an Englischkursen teil, um mich mit der Umgangssprache und den ach so vielen »idioms« vertraut zu machen – ich kenne nur die wissenschaftliche Sprache der Publikationen, da ich als parteilose und ledige Wissenschaftlerin nie die Möglichkeit hatte, zu Tagungen in das »kapitalistische Ausland« zu fahren. Im 1. Semester dieses Jahres hatte ich einen EDV-Kurs belegt – mich interessiert die Theorie sehr. Im 2. Semester werde ich einen Internetkurs besuchen, der aber nur zwei Tage dauert, und dann weiter Englischkurse. Ohne Ziel zu arbeiten lag mir noch nie, aber ich muß es tun, um mich geistig anzuregen und meine Zeit auszufüllen. Jahrzehntelang habe ich Verantwortung gehabt – es war zwischen Mutti und mir ein gegenseitiges Geben und Nehmen –, und das hat mich/uns befriedigt. Ich kann mich auf dieses jetzige Leben ohne eine nützliche Aufgabe nicht so leicht umstellen – vielleicht gelingt es mir nie!

Mit sehr herzlichen Grüßen und allen guten Wünschen bleibe ich

Eure Bärbel

160 Gerta Simon, Elmau, 6. 9. 98

Ihr lieben Junggebliebenen!

Gerade bin ich mit Mann, Herta und einem Neffen wieder auf der schönen Elmau und hatte Gelegenheit, gleich alle vier Rundbriefe mit Genuß zu verschlingen. Wie unglaublich schnell sind doch die 25 Jahre vergangen zwischen den zwei älteren Rundbriefen und den gerade aktuellen. Was hat sich alles an Freud und Leid ereignet. Wir denken mit ganz herzlichen Wünschen an alle die, die schwere Schicksalsschläge getroffen haben, und hoffen für sie, daß sie sich wieder davon erholen können und sich mit guten Erinnerungen an schöne Zeiten trösten können!

Zu Schaubis Anregungen – Du hast immer gute Vorschläge! – möchte ich sagen, daß wir sehr gern in Breslau gelebt haben und ja auch unsere Freunde (Ihr alle!) von dort haben. Deshalb ist es auch unsere Heimat. Da ich auch nie im Leben eine Begegnung mit einem Polen oder einer Polin dort hatte, stehe ich den Polen völlig neutral gegenüber, zumal ich ja weiß, daß die heutigen Einwohner Schlesiens ursprünglich selbst Vertriebene waren. Nun stammt aber unser Vater aus Baden und wuchs als Pfarrerssohn in Mannheim auf, und unsere Mutter kommt aus einem Weingut in der Rheinpfalz. Auf diese Weise waren wir von klein auf in der glücklichen Lage, »hüben wie drüben« zu Hause zu sein, da wir nach der Flucht mit Hilfe der Verwandten schnell in Baden-Württemberg Fuß fassen konnten und es uns wesentlich besser ging als den meisten von Euch, für die die Vertreibung viel schmerzlicher war und ist als für uns.

Bärbels Vorschlag, auch über das Verhältnis von Ost- und Westdeutschland nachzudenken, sollten wir auch aufnehmen, bestimmt in der nächsten Runde. Ansonsten war es natürlich wieder herrlich beim Klassentreffen bei Gaby und Maria, wie ja alle Teilnehmer bestätigen können.

Morgen besucht uns Uschi hier auf der Elmau und soll den Rundbrief gleich mitnehmen. Deshalb Schluß für heute und tausend liebe Grüße

Eure Gertel

P. S.: Gerade unterhielt ich mich mit Herta, und sie überzeugte mich, daß wir das Thema Ost-Westdeutschland doch gleich in Angriff nehmen sollten, also los: Auch ich habe mich ganz schrecklich über die Wiedervereinigung gefreut, genauso wie wahrscheinlich wir alle. Daß es nun in den Köpfen und Herzen doch langsamer geht, als erhofft, betrübt natürlich auch die meisten, die ein echtes Interesse daran haben, daß »zusammenwächst, was zusammengehört«. Aber da es hüben wie drüben solche und solche Menschen gibt, wird das Zusammenwachsen eben so schwierig. Üble Geschäftemacher gibt und gab es leider immer, und es ist einfach kriminell, wenn die den Fall der Mauer nur dazu benützen, sich in Ostdeutschland auf irgendeine Weise zu bereichern. Wer davon betroffen wurde, sieht begreiflicherweise nur den negativen Wessi und hat kein Auge dafür, was in der Zwischenzeit doch auch Positives geleistet wurde und wieviel Hilfsbereitschaft und Bemühungen um gegenseitiges Verständnis doch auch vorhanden ist. Sich in die Lage des jeweils anderen zu versetzen scheint mir im ganzen Leben, also auch für das Verhältnis der alten zu den neuen Bundesbürgern und umgekehrt, die wichtigste, wenn auch schwierige, aber erfolgversprechende Regel! Schreibt, was Ihr darüber denkt!

Herzlichst Eure Gerta

161 Elisabeth von Schaubert, o. O., 16. 11. 98

[...] Auch für mich ist die Versöhnung mit unseren Nachbarn die Grundlage dafür, daß unseren Kindern und Enkeln unsere schmerzhaften Erfahrungen erspart bleiben. Ich denke wie Du, Maria, daß wir die Schuld bezahlen, für alles, was durch diesen Krieg durch uns in ganz Europa passiert ist. So konnte ich auch nie Groll oder Haß für die Polen empfinden. Im Gegenteil, ich habe bei meinen Besuchen wunderbare Gastfreundschaft erlebt und viel Verständnis gefunden. Jedes Jahr fährt ein voller Bus ehemaliger Einwohner von Obernigk für eine Woche nach Schlesien. Seit dem letzten Jahr gibt es auf unserem Friedhof, der bis auf wenige Grabsteine zunächst zerstört worden war, einen Gedenkstein in polnischer und deutscher Sprache, und man ist bemüht, rundherum einen Park anzulegen. Die neugebaute höhere Schule erhielt den Namen Karl von Holtei. Soweit meine Gedanken, wenn es gilt, Realitäten zu akzeptieren. Aber dann kommen meine (Wach-)Träume, und die sehen dann den Deinen, liebe Gabi, sehr ähnlich. Ich denke an viele stille Wege, sehe friedlich weidendes Vieh und hohe Erntewagen. Besuche alte Bäume im Park, gehe durch sämtliche Räume in unserem Haus, bis in den großen Saal, wo die Bilder meiner Vorfahren hingen, die zweihundert Jahre in Obernigk gelebt haben. Ich bedauere, daß ich nie dazu gekommen bin, ihre Lebensgeschichten, die in einer Bibliothek in Tagebüchern und Briefen gesammelt waren, in Ruhe zu studieren. Dazu war ich damals noch nicht reif genug und die Kriegszeit zu hektisch.

Und damit möchte ich Euch für heute alle ganz herzlich grüßen, Bärbel, ich finde es gut, daß Du gleich wieder allen eine Aufgabe gestellt hast. So bleibt unser Dokument auch aktuell. Ich werde das nächste Mal meine Gedanken dazu beitragen, um die Zeit nicht noch mehr zu überschreiten.

Ich wünsche Euch allen eine fröhliche Advents- und Weihnachtszeit

Eure Schaubi

162 Erika Herbich, Braunschweig, 17. 1. 99

Liebe alte Schlesierinnen!

So darf ich Euch doch nennen, obwohl ich erstaunt war beim Lesen dieses Rundbriefs, daß viele von Euch gar nicht so sehr mit diesem Land verwurzelt sind, sondern nur für einige Jahre oder eine Generation dort wohnten. Meine Familie dagegen stammt seit Generationen aus Schlesien. Allerdings wurde der eine Urahn ca. 100 Jahre vor unserer Flucht auch zwangsweise »landesverwiesen«, er ging nach Sachsen. Er war in 3. Generation lutherischer Pastor in Liegnitz und weigerte sich, auf Befehl des Königs von Preußen uniert zu werden und damit sein Gelübde zu brechen. So kam er kurzerhand in den Turm und mußte das Land verlassen. Aber seine Enkeltochter, meine Großmutter, kam 1890 nach 40jährigem »Exil« wieder nach Schlesien zurück. Es ist also alles schon einmal dagewesen. Sie hat verziehen. Wir wollen nicht mehr zurück, nur eventuell besuchsweise, und können den Polen je nach unserem Temperament mehr oder weniger verzeihen. Sicher werden wir eines Tages gute Europäer, unsere Kinder und Enkel bestimmt. Aber Alicija, die Polin, die jetzt in unserem Haus wohnt, schrieb gerade jetzt erst im Weihnachtsbrief, »die Polen werden nie vergessen«. Sie hat es sehr schwer dort, weil sie früher Deutsche war und nach dem Krieg einen Polen heiratete, jetzt ist sie Witwe. Fazit: Es kann der Mensch nicht in Frieden leben, wenn es der böse Nachbar nicht will, bzw. es dauert eben lange, bis beide Seiten zur Versöhnung bereit sind.

Dasselbe gilt für das Verhältnis von Ost- und Westdeutschland. Auch da wird es noch Jahre dauern, bis wir wirklich wieder ein Volk sind und gleich denken. Wir im Westen waren 40 Jahre der Klassenfeind und damit böse Menschen. Wir können nicht erwarten, daß dieses Denken so schnell verschwindet. Und es ist ein großer Unterschied, wie wir an dieses Thema herangehen. Es hängt von vielem ab, sehr entscheidend von unserem jetzigen Wohnort, ob wir an der alten Zonengrenze wohnen und alles hautnah damals und jetzt miterlebten oder am Rhein oder in Süddeutschland. Ebenso wichtig bei der Beurteilung ist es, ob wir damals in den vierzig Jahren Kontakt zu Menschen drüben hatten und selbst oft dort waren oder alles nur aus der Theorie kennen. Was haben wir gezittert, wenn es über die Grenze ging, was habe ich persönlich in meinem Auto hin- und hergeschmuggelt, Kleinigkeiten zwar, aber für damalige Verhältnisse wichtig. Auch wirtschaftlich ist ein Riesenunterschied vorhanden in den ehemaligen Zonenrandgebieten. Wir hatten immer bis heute eine hohe Arbeitslosenzahl, außer Wolfsburg. Will heute jemand im Harz investieren, so geht er natürlich in den Osten, da bekommt er Fördergelder, hier nichts. Es braucht eben alles noch viel, viel Zeit. Diese Schwierigkeiten, dieses unterschiedliche Denken wurde und wird noch immer von vielen unterschätzt. Dennoch war die Einheit eine großartige Leistung, wir sind doch alle Deutsche und wollen es sein.

Nun noch kurz zu mir selbst. Ich bin eigentlich recht froh und dankbar, daß es da gar nicht viel, jedenfalls nicht Entscheidendes, zu erzählen gibt. Die Kräfte lassen weiter nach, doch recht langsam, so daß man sich daran gewöhnen kann, und die Pausen werden zwischen jeder Tätigkeit größer. Spazierengehen habe ich völlig gestrichen, dennoch bin ich an der frischen Luft, wenn ich einkaufen oder zu Besuchen oder Veranstaltungen gehe. Mein Tagesprogramm habe ich noch nicht sehr eingeschränkt. So bin ich dankbar für jeden guten Tag.

Zur Klassenstatisik kann ich nicht viel Neues hinzufügen. Drei neue Enkeltöchter gibt es. Also haben wir zur Zeit 105 Enkelkinder von 35 Klassenkameradinnen, die wiederum 70 Kinder hervorbrachten. Statistisch gesehen, müßten es ja eigentlich 140 Enkelkinder werden, wir sind also mit 35 im Rückstand!

Nun bleibt bis zum August gesund und munter, damit

wir uns in großer Runde frisch vergnügt wiedersehen können. Viele liebe Grüße in heimatlicher Verbundenheit von
Eurer Erika

163 Uschi Strogies, Stuttgart, 30. 11. 99

Meine Lieben!

Meine Gedanken sind viel bei Euch gewesen beim Lesen dieses Buches. Es macht mich tieftraurig, daß Ihr so Schweres mit dem Verlust Eurer Liebsten hinnehmen mußtet – ich wagte die Bücher gar nicht zu öffnen. Da liest man immer wieder viel Fröhliches, schöne Vorhaben, Reisen und gemeinsame Erlebnisse mit einem geliebten Menschen, und dann ist alles Vergangenheit. Ich war in diesen Tagen auch sehr in Sorgen um meinen Mann. [...] Am 2. 12. hat unsere Monika ihren 55. Geburtstag, mein Breslauer Baby. Da bin ich damals am bitterkalten Morgen mit der Straßenbahn und Wehen durch Breslau in die Sprudelklinik gefahren. Was waren das für Zeiten. Heute wird den Babies schon während der neun Monate Mozart empfohlen, damit usw. usw. Alles wunderbar, aber Gott sei Dank hat Baby Moni nicht übelgenommen, daß ihre Mutter oft starr vor Angst um ihren Mann (immer in der Luft im »Feindeinsatz«) war und tiefe Erschütterungen mit Weinkrämpfen und dgl. mehr hatte, als ich drei Monate vor der Geburt den »Heldentod« mitgeteilt bekam. Moni ist immer ein fröhliches Kind gewesen und ist eine sehr lebensvolle, tatkräftige Frau. Aber vielleicht hat die Natur damals ihre Geheimrezepte gehabt.

Den Töchtern und den Familien geht's Gott sei Dank gut. [...] Also wir haben an der heutigen Jugend nichts auszusetzen. An Ost und West habe ich genauso viel und wenig auszusetzen wie Ihr alle. Aber – der gesamtdeutsche Erdkundeunterricht, den habe ich noch gut in Erinnerung, das Zueinander-Gehören fällt mir da nicht schwer und auch, daß sich die (damals hochaktuellen) germanischen Stämme schwer unter einen Hut kriegen ließen. Und doch – zumindest unsere Generation hat einen schweren Krieg gemeinsam durchlitten. Für die jüngere Generation ist das wohl anders, und mein jüngster Schwiegersohn meinte mal so, mit Franzosen, Italienern und anderen hätte er mehr gemeinsam als mit jüngeren Ossis. Ist aber auch schon länger her. Alles ist am Fließen, und was sind schon 10 Jahre.

Ich denke an Euch alle, es war schön, mit Euch per Berichten und Fotos so verbunden gewesen zu sein. Das ist schon einmalig, auch die Bilder von den so hübschen Enkelkindern. Ich hoffe, Ihr könnt meine kraklige Schrift lesen, ich habe lange nicht geschrieben. Bleibt alle gesund und auch Eure Lieben. Es grüßt Euch von Herzen

Eure Uschi

164 Elisabeth von Schaubert, o. O., 25. 3. 2000

Meine Lieben!

Nachdem uns Bärbel nochmal aufforderte, über Ost- und Westdeutschland nachzudenken und ich meinen Beitrag sowieso auf diesen Brief verschoben hatte, werde ich damit beginnen. Wie Gerta denke ich, daß viele auf die Fragestellung bereits eingegangen sind. Allgemein wurde die Wiedervereinigung positiv bewertet, und auch ich finde, daß wir mit ihr eine uns einmalig gebotene Chance genutzt haben. Selten war es den Deutschen in ihrer Geschichte vergönnt, in der Mitte von Europa – geeint – ohne Bedrohung zu leben, zu der wir nur allzuoft selbst den Anlaß geboten haben.

Wer hätte jemals zu träumen gewagt, daß wir eines Tages diese schlimme innerdeutsche Grenze loswerden, an der so viel Blut geflossen ist. Daß wir nun seit 10 Jahren uns frei in unserem Land bewegen können, ohne die Schikanen der Grenzen und dem unguten Gefühl der Rechtlosigkeit, wenn man sie passiert hatte, bleibt für mich ein Wunder. Vollbracht haben dies einzig und allein die Menschen im Osten, die, wie Du auch von Dir und Deiner Mutter schreibst, Bärbel, nicht mehr gewillt waren, in geistiger Unfreiheit zu leben. Und wenn Du schreibst, keiner oder nur sehr wenige hätten Dich gefragt, wie es Dir in diesen Jahren ergangen ist, so spricht gerade dieser Rundbrief als Dokument von dem Gegenteil. Immer war es unser Anliegen, daß Du in ihm über Dein Leben berichtest, und in jedem gibt es Berichte über Besuche bei Euch. Daß ein Volk nach einer solch totalen Niederlage, wie wir sie 1945 erlebten, und mit so unterschiedlichen Startbedingungen sich in einer Generation politisch voneinander entfremdete, wen kann es wundern. Gehalten haben aber freundschaftliche oder familiäre Beziehungen. Dies sind jedenfalls meine Erfahrungen, da die große Familie meines Mannes – mütterlicherseits – in Mecklenburg lebte. Weder damals noch heute hat es da einen Bruch gegeben. Jahrelang haben sie uns von ihren Sorgen – sie waren fast alle als Pastoren tätig – berichtet. Studienplätze waren deshalb ihren Kindern versagt. Viele trennten sich vom Elternhaus und suchten den Weg über die Grenze. Einen Weg, den Du, Bärbel, wenn auch aus anderen Gründen, letztendlich auch gegangen bist. Ich kann mich noch genau an das Klassentreffen – es war in Heidelberg – bei Gaby entsinnen, wo Du uns ausführlich über Deine uns außerordentlich interessierenden Erlebnisse berichtet hast.

Ich denke, jeder, der solche Einzelschicksale kannte und gesehen hat, welchem Verfall dieses Land ausgesetzt war – und es nicht erst auf einem roten Teppich, mit der Absicht, eine Wahl zu gewinnen, betreten hat –, hätte nicht von blühenden Landschaften, sondern von dem steinigen Weg vom Aufbau zu einer Demokratie gesprochen. (Manches davon ist in unseren alten Rundbriefen ja auch festgehalten.)

Freuen wir uns, daß wir ein Miteinander noch erleben. Ich denke, so wie die Städte in ihrem Aussehen sich zu verändern beginnen, wird sich auch in vielen Köpfen noch so manches ändern. Bleiben wir tolerant, denn schließlich haben sich ja nicht alle nach Erneuerung gesehnt, weder im Osten noch im Westen. Geben wir unsere Erfahrungen weiter, damit die kommenden Generationen daraus lernen können.

Um wenigstens mein Gehirn zu trainieren, habe ich – von Joachim erbeten – mich an meine Kindheitserinnerungen gemacht. Ich staunte, wieviel auf einmal lebendig wird, wenn man erst anfängt, sich mit dem Thema zu beschäftigen. Er hat mir einige Themen vorgegeben, natürlich die Frage über die Einflüsse von Diktatur und Krieg. Aber Dank meines Elternhauses, meiner sieben Geschwister, mit denen ich zusammen aufwuchs, und der guten Klassengemeinschaft, die ich mit Euch zusammen erlebte, ist doch eine ganze Menge an Positivem geblieben. Eine kleine Schulepisode setze ich als Schlußpunkt, vielleicht kramt der ein oder andere auch in seinen Erinnerungen, gewissermaßen als Vorspeise für unser Dokument, welches wir ja erst begonnen haben, als der Krieg uns auseinandertrieb. [...]

Seid alle gegrüßt von

Eurer Schaubi

165 Renate Capelle, Moline/USA, Ostern 2000

Liebe Klasse!

Schaubi ermahnt mich, es wäre Zeit für einen Beitrag zu unserm Klassenbrief – was mir, wenn auch für alle viel zu spät, wenn Ihr ihn lest –, die Gelegenheit gibt, Euch allen für die Kopien, Weihnachts- und andere Grüße und persönlichen Zeilen während des vergangenen Jahres zu danken, die mir immer viel Freunde bringen.

Als biedere (?) alleinstehende Greisin verläuft mein Leben nicht halb so aufregend als das vieler anderer unserer Schar; aber es geht in »fits and starts« – einmal ruhig, dann plötzlich dem Hund nahe, der wirbelnd seinen Schwanz jagt.

Unsere gegenwärtige Zeit erlaubt mir, aus ruheständiger (Gott sei Dank!) Entfernung die Entwicklung dieser unserer »neuen« Welt zu beobachten und zu erleben; eine supertechnische Welt mit fremdartiger Sprache, Ausdrücken bisher nie gehört, schwindelartigem Tempo und Invasionen jeglichen sog. Privatlebens. Als Beispiel letzerem das »Telemarketing«, wobei 9 aus 10 Telefonanrufen – alles von Ruhestandbeiträgen für Polizei zur Gehaltserhöhung für Kloputzer – Geld sammelt, alles per Telefon, mit blechernen Stimmen elektronischer Tonbänder, wogegen es keine Abwehr gibt. Abhängen ist das einzige, was einem bleibt, falls man das tägliche/nächtliche Irritieren überlebt.

Die Menschheit hier hat vergessen, daß, trotz allem Bewunderungstaumel für diese neuen, elektronischen Spielzeuge, wir immer noch sind, was wir gestern waren; und werden morgen sein, was wir heute sind. Menschen!

Auf der anderen Seite dieser »Wunder« hätten wir sicherlich in nicht allzu ferner Zukunft die Gelegenheit, unsere gesamte Klasse zu »klonen« und von vorne anzufangen – und sollte sich eine menschliche Kolonie auf dem Mars verwirklichen, würde der letzte, der die Erde verläßt, bitte das Licht ausdrehen! (Übrigens jetzt, zu Ostern, sind einige Staaten so fortschrittlich geworden, daß sie gesetzlich das Wort »Osterhase« – um niemandem auf die religiösen oder rassischen Zehen treten – zu »Besonderem Hasen« verwandelt haben – sehr verwirrend!)

Mir geht es gut, innen, außen und querüber, außer einer bisher ursachlosen Oberarm/Schulter-Verletzung, der ich seit 3 Monaten mit verbissener Zähigkeit, Zeit, Übungen, Eisumschlägen an den Kragen ging – alles ohne Resultat. (Ich habe meinen »Bra« seit 3 Monaten nicht hinten zumachen können und bin es leid.) Also zum Arzt in nächster Zeit – alles andere scheint in bester Ordnung. Mein Hundetier ist aufgewachsen, und wann immer möglich, stiefeln wir in der Natur herum, was soweit dieses Jahr ziemlich beschränkt ist, aber Kälte und Nässe wenden sich hoffentlich bald.

Ich hätte es nie für möglich gehalten, daß ich meine arbeitslose Freiheit so genießen würde – oder vielleicht ist Faulheit, wie ich Schaubi schrieb, eine Kunst, die man lernen muß; aber ich wünsche allen, die in demselben Kahn rudern, genau dasselbe. Für andere, denen ich gute Besserung und Mut wünsche, ein paar Zeilen von Eurem »Shakespean Leichtgewicht«:

»Das Herz klopft
Die Nase tropft –
Hoffentlich nicht!

Hüften quaken
Wie Unken in Braken –
Hoffentlich nicht!

Haar einst üppig
Scheint jetzt lückig –
Hoffentlich nicht!

Runzeln und Falten
Uns aufrechterhalten
Aber Gesicht und Geist
Sind wie einst –
Sicherlich!«

Ich vermisse Euch und wünsche allen das Beste, mit herzlichen Grüßen, wie immer
Eure Cappe

166 Maria von Loesch, Bad Homburg, Mai 2000

Liebe Weggefährten,
dieser Ausdruck gefällt mir. Es ist ja tatsächlich eine lange Strecke unseres Lebens, die wir zurückgelegt haben, mehr

oder minder verbunden, zugeneigt oder auch nicht, teilnehmend am Schicksal der einzelnen aus unserer Klassenrunde.

Ich habe lange nichts eingetragen, das letzte Mal, als ich eigentlich »dran« war, ging es mir schlecht, und ich bat Gaby, mich einfach zu übergehen. Jetzt bin ich zwar nicht in alter Frische, aber doch in meistens erträglichem Zustand. [...]

Zum Thema Ost-West kann ich nichts beitragen. Ich hatte außer zu unserer Köchin keine Verbindungen, Bärbel natürlich ausgenommen (da habe ich ausgesprochen versagt!). Und jetzt sind die Beziehungen ähnlich auf Null. Ich höre von den Erben ostdeutscher Güter, die den Besitz ihrer Eltern pachten oder zurückkaufen und mit viel Einsatz wieder instand setzen. Aber ich bin durch meine Bewegungsunfähigkeit in den letzten Jahren nicht in den »neuen« Ländern gewesen.

Was mich beschäftigt, ist ein noch weiter zurückliegender Prozeß unserer Vergangenheit, den ich lange Zeit verdrängt habe: »Wie konnte es geschehen, daß Hitler an die Macht kam und seine Gegner, zu denen ein Teil meiner Familie von Anfang an gehörte, sich nicht durchsetzen konnten?« Sebastian Haffners Autobiographie »Geschichte eines Deutschen« gibt Aufschluß. Für mich waren die Tagebücher von Klemperer der Anstoß, mich mit dieser Frage zu beschäftigen, aber auch die Aufzeichnungen von Anita Lasker-Wallfisch, die so alt wie wir ist und in Breslau gelebt hat mit ihren Schwestern und Eltern, bevor der größte Teil der Familie in Auschwitz ermordet wurde.

Was hätten wir wissen können, was haben wir damals verdrängt, und wieweit haben wir die Tabus – man spricht nicht darüber – auch Jahrzehnte nach dem Krieg respektiert.

Constantin, mein ältester Sohn, hat mir einen neuen Computer geschenkt. Um mich in das weit kompliziertere Gerät als das alte einzuarbeiten, habe ich für meine Kinder aufgeschrieben, wie es nach 1945 weiterging. Ich habe mich bemüht, ehrlich zu sein und mein eigenes Versagen nicht zu verschweigen. Die oben genannten Fragen tauchten immer wieder auf. Zu Weihnachten hat mir meine Schwiegertochter Constanze die Untersuchung einer Psychologin geschenkt, die mich ähnlich beschäftigt. »Der lange Abschied« von Astrid von Friesen. Es handelt sich da um die Traumata der Kinder von Vertriebenen, insbesondere von Gutsbesitzern, von Geschichtsbewußtsein, Tradition und der Bedeutung von Heimat. Sehr lesens- und diskutierenswert, insbesondere für Menschen, die wie ich kritisch zu ihrer Herkunft stehen.

Ja, das ist es, was mich beschäftigt.

Ich grüße Euch von Herzen

Eure Maria

167 Lore Buschendorff, o. O., August 2000

Liebe Weggefährten, auch ich übernehme diese Anrede gern, da sie so passend ist.

Nun zu unserem Thema: In der Rückschau und für Menschen, die diese Zeit nicht erlebt haben, ist es völlig unverständlich, daß Hitler sein Unwesen so machtvoll treiben konnte. Wir – um meine Eltern – haben mit vollem Bewußtsein z. B. den Judenhaß erlebt. Menschen, die wir kannten, waren nun Juden! Als Kinder verstanden wir das nicht. Was das für diese Menschen bedeutete, erlebte ich dann in Breslau. Jeden Tag sah ich die Menschen, gezeichnet mit dem Stern. Sie durften sich nicht auf die Bank setzen, nur zu bestimmten Zeiten in bestimmten Geschäften ihren notwendigsten Bedarf decken, nicht zu kulturellen Veranstaltungen. Gestern angesehene, geehrte Bürger und Mitmenschen, heute geächtet und Ausgestoßene. Die Kristallnacht und die Bücherverbrennung sind mir über meine Eltern noch voll im Bewußtsein. Meine Eltern litten an ihrer Ohnmacht. Wir lebten nicht weit von Klein-Oels, der gleiche Kreis, die selbe Kirche wie Yorck von Wartenburg. Daß da geheime Dinge um meinen Vater geschehen, habe ich deutlich gefühlt und später auch gewußt. Ich habe viel Angst um ihn gehabt. Es gab da Besucher, mit denen Vater hinter fest verschlossenen Türen sprach, Spaziergänge durch den Park unternahm oder im Einspänner über die Felder fuhr, er hörte verbotene Sender, meine Mutter vor der verschlossenen Tür sich beschäftigend. Ich erlebte bei Freunden meiner Eltern und Verwandten, die mit Jüdinnen verheiratet waren, die schweren Gewissensplagen und die Folgen der Nichtbefolgung für sie selbst und deren Kinder. Ich wußte auch von den Transporten der Juden – in Arbeitslager, nicht, daß es da Gaskammern gab. Ich habe meinen Vater später leider nie danach gefragt, ob er es wußte. Ich durfte als älteste zu Hause ab und an lebende Tochter meiner Mutter bei der Bewirtung von Gästen zur Hand gehen, da sie Mädchen nicht im Zimmer haben wollte, so daß ich bei größeren Kreisen viele Diskussionen zu hören bekam. Ich wußte, daß mein Vater einen Mord an Hitler ablehnte, Mord war für ihn keine Lösung. Ich hätte aber nie mein Wissen über einige Dinge weitererzählt, aus Angst, meinen Vater zu gefährden. Ich wußte genau – öffentlicher Widerstand war Selbstmord, war Familienmord. Von Vater her war uns klar, daß dieser Krieg ein Wahnsinn war, daß er verlorengehen mußte, das müßte auch ein Ende der Naziherrschaft bedeuten und damit ein Neuanfang sein. Doch daß dies auch einen Verlust von Chursangwitz bedeutete, war uns lange Zeit unbegreiflich und unfaßbar, zu groß waren die Hoffnung auf den Neuaufbau eines neuen deutschen Staates gewesen. Mein Vater hat dafür gelebt und dafür, seiner Familie eine lebenswerte Zukunft schaffen zu helfen. [...]

Von Erika habt Ihr beim Treffen schon gehört, daß es mir gut geht, ich meine »Pflichten« hier noch voll erfülle, ich noch per Rad alles erledigen kann, meinen Kindern und

Kindeskindern es gut geht und ich froh und mit Gelassenheit in die Zukunft schaue. Das wünsche ich Euch auch

Lore

168 Ingetraut Raabe, Meerbusch, Dezember 2000

Liebe vertraute Runde!

Es wird Zeit zum Klassentreffen, so viele Themen sollen, wollen, können erörtert werden! Man weiß ja gar nicht, wo man anfangen soll. Maria, es stimmt, unsere Gesprächsthemen sind andere geworden (auch von Dir »angestoßen«!). Aber es hängt halt auch damit zusammen, daß die Berufstätigen in Pension und die Familien »geschrumpft« sind; Kinder sind aus dem Haus, und für die Enkel sind wir nicht mehr verantwortlich (das muß ich mir selbst immer »vorbeten«). So bleibt doch mehr Zeit, sich mit anderen Dingen zu beschäftigen, auch anders zu schreiben. Maria, dank Deiner Anregung, zu berichten, wie wir damals die Hitlerzeit erlebten, habe ich jetzt mal erfahren können, wie schwierig und sorgenvoll die Zeit z. B. für Lores oder Schaubis Eltern war.

Ich selbst habe kaum bedrückende Erlebnisse gehabt oder habe sie vergessen, verdrängt? Als ich sieben Jahre alt war, emigrierte unser (jüdischer) Kinderarzt, mit dessen gleichaltriger Tochter ich befreundet war, nach London. Mein Kummer über den Verlust der kleinen Freundin wurde kindgerecht erklärt: um zur Verwandtschaft zu ziehen, bessere Verdienstmöglichkeiten; ich weiß es nicht mehr genau. Später wurde viel politisiert, wenn Besuch kam. Da hieß es dann: »Wenn Erwachsene sich unterhalten, haben Kinder dabei nichts zu suchen, ab ins Kinderzimmer.« 1938 mußten die jüdischen Besitzer ihre Fabrik, die mein Vater leitete, verkaufen; mein Vater sprach mit meiner Mutter über seine Sorgen, nicht mit uns. Als ich am

10. November 1938 auf dem Schulweg an der Hohenzollernstraße die zerschlagenen Schaufenster des Schokoladengeschäfts sah, all die Köstlichkeiten schwammen im Rinnstein, erzählte ich daheim entsetzt davon; mein Vater antwortete nur: »Wollen wir hoffen, daß so etwas nie wieder vorkommt.« Noch heute habe ich dieses ernste »nie wieder« im Ohr. Ich weiß nicht, ob wir in der Schule darüber sprachen?? Zwei Jahre später, 1940, starb mein Vater; da war ich vierzehn. Von da ab wurden wir nicht mehr weggeschickt bei Besuchen, aber es wurde auch nicht mehr politisiert. Mein jüngster Bruder war damals fünf, meine Mutter hatte andere Sorgen. Dazu kam, daß die Familie, die über uns wohnte und mit deren jüngerer Tochter ich immer in die Schule radelte, wilde Nazis waren. Sie grüßten uns nur mit »Heil Hitler« und hatten Weihnachten auf dem Tannenbaum statt eines Christsterns das Hakenkreuz! Mutters Angst vor »Plapperern«!

1986 lernte ich bei einer Preisverleihung, bei der mein Mann in der Jury saß, die Frau von Lew Kopelew, Raissa, kennen. Ich hatte mir ihr Buch »Eine Vergangenheit, die nicht vergeht« gekauft, um ein bißchen informiert zu sein, sie sprach gut Deutsch, und wir unterhielten uns über ihre Jugend und Moskau, ihr Interesse für Musik, Theater, Ballett und weniger für Politik und daß sie lange Zeit nichts gemerkt hatte von alle dem Üblen, was passierte. Es gab einige Parallelen zu meiner bzw. unserer Jugend!

Manchmal denke ich, wie schade, daß ich schon so alt bin, ich bin so neugierig und möchte gern wissen, wie alles so weitergehen wird!

Viel Gutes Euch allen

Eure Ingetraut

Anhang

Nachwort

Das Breslauer Oberlyzeum von Zawadzky war eine sehr bekannte Privatschule. Ihre rund 800 Schülerinnen stammten zumeist aus gut- bis großbürgerlichen Verhältnissen, die angeschlossene »Pension Spornberger« beherbergte vor allem die Mädchen aus entfernteren schlesischen Landgütern. Nach der politischen Gleichschaltung mußten die Gründer der Schule diese 1938 an die Stadt abtreten; durch Lehrerwechsel versuchte man der Dietrich-Eckart-Schule, wie sie nun hieß, ihre protestantisch-liberale Prägung zu nehmen.

Im Februar 1944 erhalten die achtzehn Abiturientinnen der Klasse 8 a ihre Abiturzeugnisse und verabschieden sich, um in den Arbeitsdienst (RAD) zu gehen oder einen entsprechenden Ersatzdienst zu leisten. Ein halbes Jahr ist Pflicht für angehende Studentinnen – und das sind die meisten von ihnen. Das Leben der Achtzehnjährigen wird nun von Drill und Kommandoton bestimmt, von harter körperlicher Arbeit, meist in der Landwirtschaft. Anschließend folgt ein weiteres halbes Jahr Kriegshilfsdienst (KHD), in dem die jungen Mädchen in Lazaretten, als Straßenbahnschaffnerinnen, in Munitionsfabriken u. ä. eingesetzt werden, um den kriegsbedingten Mangel an männlichen Arbeitskräften auszugleichen.

Mitte Januar 1945 stößt die Rote Armee nach Schlesien vor. Am 19./20. Januar 1945 wird Breslau, damals mit rund 640000 Einwohnern eine der wichtigsten Wirtschafts- und Kulturmetropolen Deutschlands, durch Gauleiter Karl Hanke zur Festung erklärt. Es ergeht der Aufruf zur Evakuierung der Zivilisten sowie ein irrwitziger Appell zur Verteidigung der Stadt durch die Männer (ab 27. Januar auch durch Frauen und Kinder). Tausende Breslauer flüchten Hals über Kopf zu Fuß, viele erfrieren, andere versuchen, mit Zügen aus der Stadt zu gelangen. Am 6. Mai zieht die Rote Armee in Breslau ein, am 1. Juli rückt ein polnischer Zivilkommissar an die Spitze der Stadtverwaltung, polnische Miliz wird eingesetzt und polnische Zivilbevölkerung angesiedelt. Die noch verbliebenen Deutschen werden enteignet und verfolgt.

Die Mädchen der Klasse 8a erleiden wie Millionen andere Menschen dramatische Fluchtschicksale. Einige von ihnen werden im März 1945 aus dem KHD entlassen und schlagen sich in Richtung Westen durch, ohne vorher noch einmal nach Breslau zurückzukehren. Die meisten flüchten während der Belagerung und des Zusammenbruchs im Januar und Februar, häufig sehr überstürzt, eine sogar am Tag ihrer Hochzeit. Irgendwo im Westen angekommen, erleben sie das erbärmliche Flüchtlingselend jener Jahre.

1950 werden in der DDR 3,8 Millionen Flüchtlinge aus den ehemaligen deutsche Ostgebieten gezählt, 7,9 Millionen im Gebiet der Bundesrepublik (eine Zahl, die sich durch die Massenflucht aus der DDR bis 1957 auf rund 10 Millionen erhöht), das sind 16,5 Prozent der Bevölkerung. Zwar versucht man, sie in relativ wenig zerstörte, agrarisch geprägte Regionen zu lenken, dennoch bedeutet diese Zahl eine enorme zusätzliche Belastung für die reduzierte Leistungsfähigkeit der Wirtschaft. Die dramatische Gefahr einer Hunger- und Seuchenkrise kann vor allem im Hungerwinter des Jahres 1947 nur durch die Care-Pakete aus den USA verhindert werden. In den drei Westzonen sind bei Kriegsende etwa 45 Prozent des Wohnraums schwer oder total zerstört, der Rest befindet sich in katastrophalem Zustand. Die Flüchtlinge werden zwangsweise zur Untermiete einquartiert, was bei der einheimischen Bevölkerung Unfrieden und Ressentiments hervorruft. 1948/49 wird die Zahl der fehlenden Wohnungen auf fünf Millionen geschätzt.

Das von den alliierten Militärregierungen 1945 erlassene Zuzugsverbot läßt den Flüchtlingen (wie auch den Ausgebombten und Evakuierten) keinen Bewegungsspielraum und macht sie – auch in bezug auf Ausbildung und Arbeit – vielfach handlungsunfähig: Sie müssen an dem Ort bleiben, an dem sie sich am Tag des Waffenstillstands gerade aufhielten. (Erst zwei Jahre später wird dieses Verbot durch deutsche Vorschriften ersetzt, die den Zuzug genehmigen, wenn kein Wohnraum benötigt wird, eine Familienzusammenführung dadurch begünstigt wird oder berufliche Fachkräfte gebraucht werden.)

Langsam finden die ehemaligen Schülerinnen der 8a einander wieder, verstreut in allen Besatzungszonen. Allerdings dauert es viele Jahre, bis der Kreis komplett ist, erst 1979 wird sich Renate Capelle, genannt »Cappe«, aus Amerika melden. Dabei war gerade sie es, die 1945 den Rundbrief auf der Flucht vor den Russen über das Kriegsende rettete. Auf Irrwegen gelangte er schließlich noch im selben Jahr zu Karola, der einzigen aus der Klasse, die zu diesem Zeitpunkt bereits einen feste Adresse im Westen hatte. Nach nur einem Jahr Pause geht er wieder auf Reisen und legt Zeugnis ab von Hungers- und Wohnungsnot, von der Angst um die Angehörigen, dem Gefühl der Heimatlosigkeit und Entwurzelung, der Suche nach den Freundinnen von einst. Viele leben mit ihren Eltern zusammen und versorgen die provisorischen Haushalte. Ab Sommer 1945 sind Frauen im Alter zwischen 14 und 50 Jahren zwar gesetzlich verpflichtet, beim Arbeitsamt als Arbeitssuchende zur Verfügung zu stehen, doch Hausfrauen und Mädchen im Elternhaus bleiben davon ausgenommen – ein Vorteil, denn die angebotenen Löhne sind mehr als kümmerlich, außerdem gibt es nichts zu kaufen.

Gleichzeitig klingt in den meisten der Briefe aus der Zeit um 1947 auch die künftige Berufsausbildung an, der Blick richtet sich nach vorn. Viele müssen Abstand nehmen von den einstigen Studienwünschen, sie können sich ein Studium nicht leisten und wenden sich daher realisierbaren Zielen zu. Auch die Rückkehr nach Schlesien wird sehr bald ausgeschlossen, wenn damit auch die Hoffnung, die Heimat irgendwann wiederzusehen, und das Heimweh noch lange nicht vergehen. Die jungen Frauen nehmen – je nach Zonenzugehörigkeit – englischen oder russischen Sprachunterricht, um als Dolmetscherinnen Geld zu verdienen. Sie absolvieren Kurse in Krankenpflege oder eine verkürzte Ausbildung zur Lehrerin.

Die Währungsreform am 20./21. Juni 1948 bringt zwar über Nacht wieder Waren in die Schaufenster, doch vieles wird zunächst teurer bzw. bleibt für die meisten unerschwinglich, mit der Kopfquote von 40 (bzw. später 60) DM kann noch nicht viel gekauft werden. Das berühmte Wirtschaftswunder setzt in den privaten Haushalten keineswegs sofort ein. Auch von den Rundbrieffrauen kann sich nur eine bereits Mitte der fünfziger Jahre ein Auto und ein Haus leisten, bei allen anderen macht sich wachsender Wohlstand erst knapp zehn Jahre später bemerkbar.

Ab den sechziger Jahren sind größere Reisen möglich, lockt das Sehnsuchtsland Italien. Die Briefe handeln nun ausschließlich vom wirtschaftlichen Aufschwung. Nach langen Jahren der Unsicherheit und Not bilden Eheschließungen und kleine Kinder, Konsum und Reisen – letztere ein wichtiger Faktor des Wohlstands – zentrale Themen. Die jungen Frauen sind nach Kräften bemüht, nicht nur ihre materielle Not zu überwinden, sondern auch sich vollständig in die neue Gesellschaft zu integrieren und den Makel des sozialen Außenseitertums, der ihnen als Flüchtlingen anhaftet, vergessen zu machen.

In dieser Zeit, als die Frauen fest im Leben stehen, sicher verankert im sozialen Gefüge von eigener Familie oder Beruf, scheint der Rundbrief an Bedeutung zu verlieren. Man freut sich zwar immer noch über die Neuigkeiten der Schulfreundinnen von einst, doch man hat inzwischen andere Bezugspunkte im Leben gefunden. Die wenigsten finden Zeit zum Schreiben, Kinder, Ehemann, Beruf halten in Atem. Außerdem nutzt man jetzt flächendeckend das zeitsparende Telefon, die Kommunikationsform Brief tritt in den Hintergrund.

Die späten siebziger Jahre bringen für die meisten Frauen einen biographischen Wendepunkt. Ihre Kinder verlassen das Elternhaus, und sie suchen nun nach neuen Aufgaben und Orientierungspunkten. 1980 erschüttert der erste Todesfall die Runde, eine der Freundinnen stirbt an Krebs. Der Ton der Briefe ändert sich, wird nachdenklicher, ruhiger, aber auch offener und intensiver. Auch bei anderen werden Krankheiten festgestellt, gibt es Probleme mit den erwachsenen Kindern, und der Eintritt ins Rentneralter bedeutet eine schwierige Lebensumstellung. Die Unbeschwertheit früherer Jahre ist vorüber. Dafür findet man nun mehr Zeit zum Schreiben. Die gemeinsamen Kindheitserinnerungen ebenso wie die altersbedingten Erfahrungen und Erlebnisse verbinden die Frauen wieder enger miteinander.

Ab 1985, als die erste der in Westdeutschland lebenden Frauen nach Schlesien reist, wird die Beziehung zu Polen sowie die Frage nach der Heimat zum bestimmenden Thema im Rundbrief. Die Angst vor dem Wiedersehen verbindet sich mit der Neugierde und Sehnsucht, den Erlebnissen der Kindheit nachzuspüren. Die deutsche Wiedervereinigung 1989 empfinden die meisten der Frauen als ein großes, positiv-aufregendes Erlebnis, über das sie sich sehr engagiert und emotional austauschen. Die politische Veränderung erleichtert ihnen die Begegnung mit Polen.

Fast alle machen sich nun auf die Suche nach ihrer Vergangenheit. Schrecken über vieles Fremde und Zerstörte mischt sich mit dem Glück, den vertrauten Landschaften wiederzubegegnen, die alten Wege noch einmal gehen zu können. Vor allem die Frauen, deren Familien seit Generationen in Schlesien ansässig waren oder Besitztümer hatten, reagieren emotional und können ihre Bitterkeit manchmal nicht verhehlen. Nach wie vor empfinden sie Schlesien noch als ihre eigentliche Heimat. Dennoch stehen Revanchismus oder gar alte Besitzansprüche nicht zur Diskussion. Der Verlust wird als Konsequenz von Nationalsozialismus und Zweitem Weltkrieg akzeptiert. Wenn sie auch persönliche negative Erfahrungen während der Vertreibung nicht vergessen können, so bemühen sich einige bei wiederholten Besuchen dennoch um Kontakte mit den Menschen, die jetzt in ihren Heimatdörfern und Elternhäusern leben. Die Versöhnung mit Polen wird zu einem wichtigen Thema, das im Rundbrief lebhaft diskutiert wird.

Wer sind die Frauen, die diesen Rundbrief ins Leben riefen? Sie stammen größtenteils aus dem gehobenen Bürgertum oder dem Landadel, werden geboren in den Jahren 1924 bis 1926, das heißt, ihre Schulzeit fällt komplett in die Zeit der Naziherrschaft mit den entsprechenden Infiltrierungen und Einflüssen. Selbst wenn sie aus liberalen Familien kommen, können sie im außerhäuslichen Bereich der Propaganda und den Mechanismen des Dritten Reiches nicht entgehen. In der Regel sind sie beim BDM, und ihre Lehrerin ist eine überzeugte Nationalsozialistin. Widerstand, Kritik am System wird nicht formuliert. Dennoch: In ihren Briefen aus den Jahren 1944/45 liest man keine nationalsozialistischen Parolen, hört man keine schrillen Durchhalte- oder gar Siegestiraden. Man beklagt vielmehr die persönliche Situation, manchmal wird auch leise gespottet.

Wenn die Briefe jener Zeit alle eine vollkommen unpolitische Haltung zeigen, so liegt das am Alter der Mädchen, auch an der allgemeinen Kriegs- und Politikmüdigkeit. Erst Jahrzehnte später, im bisher letzten Rundbrief, wird die Frage aufgeworfen: »Wie konnte es geschehen, daß Hitler an die Macht kam … Was hätten wir wissen können, was haben wir damals verdrängt, und wieweit haben wir die Tabus auch Jahrzehnte nach dem Krieg respektiert?« Die Diskussion darüber scheint nun in Gang zu kommen, wird jedoch – im Vergleich zu anderen Themen im Rundbrief – eher verhalten geführt. Damit erweisen sie sich als zeittypisch »entpolitisierte Frauen« (Annette Kuhn), die – zumindest in diesen Briefen – die Vergangenheit im Dritten Reich ausklammern und sich selbst vor allem als Flüchtlinge und damit als Opfer definieren.

Mit Ausnahme der deutschen Wiedervereinigung werden politische Ereignisse in den Briefen kaum thematisiert. Da der Rundbrief jahrelang auch zu zwei in der DDR lebenden Frauen geschickt wird, vermeiden sie bewußt alle entsprechenden Bemerkungen, um ihn und die beiden Freundinnen dort nicht in Schwierigkeiten zu bringen (tatsächlich ging ein Band 1968 an der innerdeutschen Grenze »verloren«, und es kam zu einer zweijährigen Zwangspause – abgesehen von der kriegsbedingten einjährigen Pause die einzige in der »Laufbahn« des Rundbriefs).

In den privaten Briefen findet vor allem das Alltagsleben dieser Jahre seinen Widerhall mit seinen familiären und beruflichen Entwicklungen. Gleichwohl verweisen gerade diese exemplarisch auf die gesellschaftliche Situation dieser Frauengeneration im Nachkriegsdeutschland. Denn im Hinblick auf Arbeit und Familie entsprechen die Frauen ganz dem zeitgemäßen Rollenbild. Daran ändert die Situation um 1945 nichts: Millionen von Soldaten sind gefallen bzw. in Gefangenschaft; in Deutschland gibt es bei Kriegsende 3,7 Millionen alleinstehende Frauen zwischen 20 und 40 Jahren, insgesamt 7,3 Millionen mehr Frauen als Männer. Deutschland ist zu dieser Zeit eine Frauengesellschaft. Das bezieht sich nicht nur auf die berühmten Trümmerfrauen, sondern auf alle Bereiche der Wirtschaft, auf alle »Männerberufe«. Vor allem in den Hungerjahren 1946/47 hängt das Überleben von der Leistungsfähigkeit der Frauen ab. Sie sind es, die im Nachkriegsalltag die Rückkehr zur Normalität ermöglichen. Doch kaum haben sich die Verhältnisse stabilisiert, treten sie zurück und geben – teils gedrängt und den Umständen gehorchend, teils freiwillig und erleichtert, die Verantwortung ablegen zu können – ihre Statthalterposition auf. Da die Frauen dieses Rundbriefs in der Regel auch innerhalb ihrer Schicht heiraten – die Männer sind Ärzte, selbständige Geschäftsleute, Pastoren, Journalisten, Juristen –, sind sie nach anfänglichen finanziellen Schwierigkeiten langfristig auch nicht gezwungen, zum gemeinsamen Lebensunterhalt beizutragen.

Zwar sind manche mit dieser Rolle unzufrieden, einige arbeiten halbtags oder üben Nebentätigkeiten aus. Eine entsprechende Diskussion aber, die Mitte der sechziger Jahre zu diesem Thema aufkeimt, wird sehr bald zu Gunsten der herkömmlichen Aufgabenverteilung beendet. Dabei erhalten die überzeugten »Nur-Mütter« gerade von den Berufstätigen Argumentationshilfe. Die Verbindung von Berufs- und Hausfrauenleben wird in dieser Generation nicht hergestellt. (Zumindest nicht bei den Frauen in Westdeutschland. In der DDR blieben Bärbel und Ruth, zu dieser Zeit unverheiratet, kinderlos und daher ohnehin berufstätig.) Erst als die Kinder groß und die Männer noch beruflich eingespannt sind, wenden sich viele der Frauen neuen Aufgaben zu oder nehmen ihren alten Beruf wieder auf.

Umgekehrt erreichen nur die Unverheirateten im Beruf gehobene Positionen. Zwei der drei Promovierten sind ledig (bzw. Bärbel heiratet spät) und machen beruflich Karriere, die dritte übt ihren Beruf als Ärztin nach der Geburt ihrer Kinder nicht mehr aus. (Eine Ausnahme bildet Maria, die durch die damaligen Scheidungsgesetze gezwungen ist, im Alltag von ihren fast erwachsenen Söhnen getrennt zu leben, und die vergleichsweise früh eine Laufbahn als Schriftstellerin und Journalistin einschlägt.)

Auf die Ausbildung der Kinder, auch der Mädchen, legen die Frauen hingegen großen Wert. Bildung und Ausbildung sind zentrale Elemente eines leistungsorientierten Denkens, das sie alle auszeichnet. In der eigenen Generation können viele die gewünschten Berufe kriegsbedingt nicht ergreifen. Die ursprünglichen Studienpläne, die fast alle von ihnen hegten, lassen sich nach dem Krieg tatsächlich nur bei sieben realisieren. Alle übrigen müssen aus finanziellen Gründen ihren Studienwunsch aufgeben und sich mit einer vergleichsweise kurzen Berufsausbildung begnügen, zumeist in den konventionellen Frauenberufen wie Medizinisch-technische Assistentin, Sekretärin und Berufen der Krankenpflege.

Die »Klassenstatistik«, die Erika führt und in größeren Abständen dem Rundbrief beifügt, befaßt sich mit diesem Themenkomplex und konstatiert 1985: »Von 35 sind 8 ledig geblieben, 27 haben geheiratet, 5 davon leben heute wieder allein, zwei leben nicht mehr. Von 27 haben 5 den Tod des Partners erleben müssen, 4 haben eine Scheidung durchgestanden, 3 leben heute in 2. Ehe. Von 35 haben nach dem Krieg nur 7 ein abgeschlossenes Hochschulstudium geschafft, 4 davon wurden Lehrerinnen. Zwei Unverheiratete haben eine hohe akademische Stellung erreicht. Von 27 Ehefrauen sind 9 ›Nur-Hausfrauen‹ geblieben, 9 haben zeitweise gearbeitet oder gejobt, 2 arbeiten bei ihren Ehemännern, 5 sind neben ihrer Ehe 100 % berufstätig und 2 wurden voll berufstätig nach ihrer Ehe. [...] Von 35 Abiturientinnen konnten in der Nachkriegszeit nur 7 = 20 % studieren. Unter normalen Bedingungen wären es sicher 4 Mal so viele gewesen. Von den dazugehörigen Ehemännern haben doppelt so viele studiert. Sie waren älter, konnten vor dem Krieg mit dem Studium beginnen, oder sie haben sich besser als wir Mädchen durchgebissen. Von unseren Kindern haben schon wieder doppelt so viele studiert wie ihre Väter. Fazit der Statistik: Trotz der schweren Nachkriegs-und Aufbaujahre haben alle etwas aus ihrem Leben gemacht, sie haben viel geschafft und sind alle etwas geworden, obwohl sicher viele berufliche und andere Wünsche nicht in Erfüllung gingen. Statistisch ist unsere Klasse ein guter Bundesdurchschnitt. In Wirklichkeit jedoch seid Ihr alle Prachtkerle und steht weit über dem Durchschnitt!«

Die Frauen dieses Kreises sind typische Vertreterinnen

ihrer Zeit und ihrer Generation. Ihr Rundbrief ermöglicht die Begegnung mit einer Fülle von Einzelschicksalen, die sich wie ein Kaleidoskop zu einem Bild des weiblichen Alltagslebens in Deutschland zusammenfügen. Er macht nachvollziehbar, wie Frauen in den Jahren unmittelbar nach dem Krieg Wiederaufbau und Wirtschaftswunder ermöglichen: durch immense Energie und Überlebenswillen, durch Improvisationstalent, größten Pragmatismus, gleichzeitig jedoch auch durch das Verdrängen der jüngsten Vergangenheit. Durch das unbeirrte Streben nach einer besseren Zukunft mit der Wiederherstellung der Sicherheit und alter Werte.

So bringen die Briefe dem Leser jene Frauengeneration nahe, deren Wirkungskreis primär der Familienalltag bleibt und die, der gesellschaftlichen Konvention entsprechend, am öffentlichen und politischen Leben noch nicht teilnimmt (bevor im Zuge der Emanzipationsbestrebungen der siebziger Jahre Frauen stärker in die Öffentlichkeit treten). Es handelt sich um eine Generation, die durch ihre Arbeit in der Familie zwar maßgeblich das Gesicht der deutschen Gesellschaft geprägt, ihre Verdienste aber nie laut bekundet hat. In den Rundbriefen wird eine leise Generation von Frauen eindringlich vernehmbar, deren Stimmen sich hier zu einem zeitgeschichtlichen Dokument von großer Authentizität und Aussagekraft verdichten.

1 Gerta Simon, Hermitz, 12. 3. 44
Liebe nicht unschöne Bürgerstöchter – Anspielung auf den Geschichtslehrer der Klasse, der diese Formulierung gern gebrauchte.
Doch mit des Geschickes Mächten … – Zitat aus Friedrich Schillers »Lied von der Glocke« (1800).

2 Ilse St., Ebersdorf, März 1944
»Meine Frau Teresa« – Spielfilm (D 1942), Regie: Arthur Maria Rabenalt. In den Hauptrollen spielten Elfie Mayerhöfer und Hans Söhnker.
der 3. Tag um ist – Bezieht sich auf die »Goldenen Rundbriefregeln«, wonach der Brief nicht länger als drei Tage bei einer Schreiberin bleiben sollte.

3 Renate Capelle, Militsch, Frühjahr 1944
Das Paradies der Erde – Zitat aus »Die Lieder des Mirza Schaffy« (1851) von Friedrich von Bodenstedt.

6 Gabriela Stockert, o. O., 9. 8. 44
blendende Schölerin – Anspielung auf die gedehnte Sprechweise des Professor Crey (gespielt von Erich Ponto) aus dem Erfolgsfilm »Die Feuerzangenbowle« (Regie: Helmut Weiss), der am 28. 1. 1944 in die Kinos gekommen war. Die Hauptrolle spielte Heinz Rühmann.

7 Ingetraut Raabe, Wagstadt, 19. 8. 44
Der Morgen, das ist meine Freude – Beginn der vierten Strophe des Gedichts »Heimweh« von Joseph von Eichendorff. Es wurde 1887 von Hugo Wolf vertont.

8 Traute Mochner, Wagstadt, [um den 26. 8. 44]
Mir geht's gut – Schlager von Werner Bochmann (1900–1993), der aus dem Film »Lauter Liebe« (D 1940) bekannt war. Regie führte Heinz Rühmann, der neben Hertha Feiler auch die Hauptrolle spielte.

11 Ulla Thiele, Breslau, 10. 10. 44

war schon ein ganz großer Teil zerstört – Wien war ab September 1944 Ziel schwerer Luftangriffe, bei denen ein großer Teil der Innenstadt zerstört wurde. Bei der schwersten Bombardierung der Stadt am 12. März 1945 wurden die Oper, der Stephansdom und das Burgtheater stark beschädigt.

den ersten Angriff auf Breslau – Ab Herbst 1944 war Breslau Ziel der alliierten Luftangriffe.

Ich gehe nämlich schanzen – Arbeitseinsätze, bei denen Gräben ausgehoben und Panzersperren errichtet wurden, um die feindlichen Armeen aufzuhalten.

15 Liselotte Benedix, Breslau, 7. 1. 45

Schanztage – Vgl. Anm. zu Brief 11.

17 Renate Capelle, Militsch, 20. 1. 45

was los ist in O/S und Breslau – Am 12. Januar 1945 begann die sowjetische Armee eine Großoffensive, während derer sie binnen weniger Wochen an Oder und Neiße vorstieß. Am 21. Januar überschritt die 1. Ukrainische Front unter Marschall Konew die Reichsgrenze westlich von Breslau und nahm das für die Rüstungswirtschaft bedeutsame Industrierevier Oberschlesien fast unzerstört ein.

21 Herta Simon, Karlsruhe, 1. 11. 46

»Lerge« – Schlesische Bezeichung für die Einwohner von Breslau.

22 Ulla Thiele, Karlsruhe, 3. 11. 46

russisch-englische Grenze ... – Grenzen zwischen den Besatzungszonen.

A orms Oastel ... – Schlesische Redewendung, etwa: »Ein armes Stück bin ich noch immer«.

24 Barbara Str., Klein Pelsen, 25. 11. 46

Kinderlandverschickungslager – Zwischen 1940 und 1945 wurden Kinder aus bombardierten oder zerstörten Gegenden in die sogenannten Kinderlandverschickungslager in den noch sicheren Gebiete Böhmens, Mährens und Polens evakuiert. Ziel dieser Maßnahme war es,

die Kinder dort im Sinne der nationalsozialistischen Weltauffassung zu erziehen.
Ich sei … in Eurem Bunde die Dritte – »Ich sei, gewährt mir die Bitte,/ In euerm Bunde der Dritte«. Zitat aus der Ballade »Die Bürgschaft« (1798) von Friedrich Schiller.

27 Ruth Matzner, Heygendorf, 29. 1. 47
Dresden, das damals schon wüst aussah – Bei den Luftangriffen britischer, kanadischer und amerikanischer Bomberverbände am 13. und 14. Februar 1945 waren in Dresden über 12 000 Gebäude völlig zerstört und etwa 60000 Menschen getötet worden.

28 Liselotte Benedix, Langelsheim, 20. 2. 47
der Ring geschlossen – Als die zur Festung erklärte Stadt Breslau am 6. Mai 1945 kapituliert hatte, waren 170 000 Einwohner ums Leben gekommmen, 6000 deutsche und 7000 russische Soldaten gefallen, weite Teile der Stadt waren nahezu vollständig zerstört.

29 Ilse St., Hildesheim, 27. 2. 47
Angriffe auf Hildesheim – Hildesheim war vor allem Ende März 1945 Ziel von Luftangriffen englisch-kanadischer Bomberverbände.

39 Herta Simon, Karlsruhe, 21. 6. 48
Währungsreform – In der Nacht vom 20. auf den 21. Juni 1948 war in den drei westlichen Besatzungszonen die Reichsmark von der Deutschen Mark abgelöst worden. Die sogenannte Kopfquote, d. h. die Summe, die jede Person 1:1 umtauschen konnte, betrug 40 Mark. Die Währungsreform beendete die lange Warenknappheit und führte zum Veschwinden des Schwarzmarktes.

41 Ursula Standke, Wildflecken, 5. 8. 48
DP-Lager – Nach Kriegsende gab es allein im Gebiet der drei westlichen Besatzungszonen etwa 7 bis 8 Millionen sogenannte Displaced Persons, unter ihnen ausländische Zwangsarbeiter und Überlebende des Holocaust, später auch Menschen, die nicht in ihre kommunistisch regierten Heimatländer zurückkehren wollten. Im Lager

Wildflecken, das am 7. April 1945 von der US-Armee eingenommen wurde, waren neben den »DPs« auch Kriegsgefangene untergebracht.

42 Renate Winkler, Berlin, 19. 9. 48

4-Mächte-Stadt – Im Juli 1945 übergab die sowjetische Stadtverwaltung zwölf der zwanzig Berliner Bezirke den Westalliierten als Gegenleistung für deren Rückzug aus den von ihnen besetzten Teilen Sachsens, Thüringens, Sachsen-Anhalts und Mecklenburgs. Damit unterstand die Stadt in den Grenzen von 1920 der Vier-Mächte-Verwaltung.

-zig Währungen – In den vier Sektoren Berlins galten zu jener Zeit drei Währungen. Nachdem am 23. Juni 1948 die Sowjetische Militäradministration die Währungsreform in der Sowjetischen Besatzungszone und Groß-Berlin angeordnet hatte, wurden hier Coupons auf die alten Reichsmarkscheine geklebt. (»Tapetenmark«). Die Stadtkommandanten der drei Westsektoren lehnten die Gültigkeit dieser Währung jedoch ab und kennzeichneten die DM-Scheine mit dem Aufdruck »B«. Die sogenannte »Bärenmark« existierte bis März 1949 in West-Berlin neben den normalen DM-Scheinen.

Kalorienbomber – Nachdem die sowjetische Seite die Versorgungswege nach West-Berlin auf dem Landweg abgeschnitten hatte, versorgten die West-Alliierten die Bewohner dieses Teils der Stadt ein Jahr lang auf dem Luftweg.

43 Ingetraut Raabe, Waldniel, 6. 9. 48

Bizonien – 1946 wurden die amerikanische und die britische Besatzungszone zusammengeschlossen. Die »Bizone« bildete ab 1947 auch ein Vereinigtes Wirtschaftsgebiet.

Marienborn ... Helmstedt – Übergänge von damals sowjetisch besetzte in die Zonen der West-Alliierten, später Grenzübergänge zur DDR.

Lettehaus – Berufsfachschule im Berliner Bezirk Schöneberg, die verschiedene Ausbildungsrichtungen im künstlerischen und technischen Bereich anbietet.

47 Elisabeth von Schickfus, Elberberg, 25. 12. 49

Portraitmaler Henrich – Albert Henrich (1899–1971), Düsseldorfer Maler, Vertreter der Neuen Sachlichkeit.

55 Ulla Thiele, Karlsruhe, 20. 2. 55
»Die letzte Brücke« – Spielfilm (Öst./Jug. 1954), Regie: Helmut Käutner.

56 Elisabeth von Schickfus, Bonn, 19. 4. 55
der »eilige Selassie« – Haile Selassi (1892–1975) war von 1930 bis 1974 Kaiser von Äthiopien.

57 Ilse St., Hannover, 19. 5. 55
5-Tage-Woche – Mit dem Slogan »Samstags gehört Vati mir« begann der Deutsche Gewerkschaftsbund am 1. Mai 1954 seine Kampagne für die 5-Tage-Woche mit 40 Stunden Arbeitszeit, die ab 1955 schrittweise eingeführt wurde.

62 Ruth Matzner, Sangerhausen, 1. 12. 57
Interbau-Ausstellung – Für die Internationale Bauausstellung 1957 hatten zwischen 1956 und 1958 namhafte Architekten, unter ihnen Walter Gropius, Max Taut, Alvar Aalto und Oscar Niemeyer, moderne Gebäude für das Berliner Hansa-Viertel gebaut.

64 Maria von Loesch, Bad Homburg, 6. 1. 58
lebe nun getrennt von meinen Kindern – Bis 1976 galt in der Bundesrepublik Deutschland bei Ehescheidungen das Schuldprinzip, die Scheidung der Ehegatten erforderte die schuldhafte Verletzung der ehelichen Pflichten durch einen oder beide Partner. In der Regel erhielt der schuldlos geschiedene Partner das Sorgerecht für die Kinder. Später wurde das Schuldprinzip vom Zerrüttungsprinzip abgelöst.

66 Renate Winkler, Berlin, 18. 12. 58
Hansaviertel – Vgl. Anm. zu Brief 62.

67 Elisabeth von Schickfus, Ottawa, April/Mai 1959
Bundespräsident Heuss – Theodor Heuss (1884–1963) war von 1949 bis 1959 erster Bundespräsident der BRD.
Brentano – Heinrich von Brentano (1904–1964), CDU-Politiker, war von 1955 bis 1961 Außenminister.

Wir sorgen uns um Euch Berliner – Am 10. November 1958 hatte der sowjetische Staatschef Nikita Chruschtschow in seinem Berlin-Ultimatum die Westmächte aufgefordert, ihr Besatzungsregime im Westteil Berlins zu beenden. Im Januar 1959 sprach sich auch die DDR-Führung mit einer Note an die Moskauer Regierung dafür aus, West-Berlin in die DDR einzugliedern.

72 RENATE WINKLER, BERLIN, 20. 5. 60
seit 45 wieder Österreicherin wie bis 1938 – Am 12. März 1938 waren deutsche Truppen in Österreich einmarschiert, die von großen Teilen der Bevölkerung begeistert begrüßt wurden. Bei einer Großkundgebung am 13. März verkündete Hitler den »Anschluß« Österreichs an das »Deutsche Reich«.

78 ELISABETH VON SCHICKFUS, LÜNEBURG, 31. 10. 61
Berlinkrise – Vgl. dritte Anm. zu Brief 67. Ab 1960 ließ der politische Kurs der DDR-Führung die Flüchtlingsbewegung erneut lawinenartig anschwellen, die bereits seit den fünfziger Jahren dazu geführt hatte, daß etwa 1,3 Millionen Menschen überwiegend im arbeitsfähigen Alter in den Westen gingen und die DDR in eine massive wirtschaftliche Krise gestürzt wurde. Als Reaktion darauf ließ Ulbricht in der Nacht vom 12. auf den 13. August die Berliner Mauer errichten, was jedoch noch nicht das Ende dieser 2. Berlin-Krise bedeutete. Ab 23. August spitzte sich die Auseinandersetzung zwischen Ost und West weiter zu, da die Sowjetunion die freie Benutzung der Luftkorridore der Westmächte nach West-Berlin verhindern wollte. Erst nach Ende der Kuba-Krise, als der der sowjetische Versuch, Mittelstrecken auf Kuba zu stationieren, gescheitert war, lenkte Chruschtschow ein.

81 HANNA BORSCHE, BERLIN, 11. 3. 62
an den augenblicklichen Zustand gewöhnt – Am 13. August 1961 war die Berliner Mauer errichtet worden.

85 INGETRAUT RAABE, Wien 12. 8. 63
U-Thant – Sithu U Thant (1909–1975), birmanischer Politiker, war 1962 bis 1970 Generalsekretär der UNO.

Kádár – János Kádár (1912–1989), 1956 bis 1988 erster Sekretär der Kommunistischen Partei Ungarns, 1956 bis 1958 und 1961 bis 1965 Ministerpräsident.
Tito – eigtl. Josip Broz (1892–1980), seit 1945 Ministerpräsident Jugoslawiens, seit 1953 Staatspräsident (ab 1963 auf Lebenszeit).

93 INGETRAUT RAABE, PARIS, 7. 4. 68
der »Große General« – Gemeint ist Charles de Gaulle (1890–1970), 1958 bis 1969 Staatspräsident Frankreichs.

96 ELISABETH VON SCHAUBERT, COBURG, FEBR./MÄRZ 1971
Wahllokomotive Dr. Hamm-Brücher – Hildegard Hamm-Brücher (geb. 1921), FDP-Politikerin, war 1967 bis 1969 Staatssekretärin im Hessischen Kulturministerium, 1969 bis 1972 Staatssekretärin im Bildungsministerium für Bildung und Wissenschaft und 1976 bis 1982 Staatsministerin im Auswärtigen Amt.

97 LORE BUSCHENDORFF, HAUSEN, 28. 7. 71
die neuen Diskussionen über die Pille – Zentrales Thema der Frauenbewegung der siebziger Jahre war die sexuelle Emanzipation der Frau, wozu die – heftig umstrittene – Anti-Baby-Pille einen großen Beitrag leistete.
in Hessen als Kultusministerin – Vgl. Anm. zu Brief. 96.

101 ELISABETH VON SCHAUBERT, COBURG, NOVEMBER 1973
Fahrverbot – 1973 erhöhten die arabischen Staate den Ölpreis in Folge des Yom-Kippur-Krieges. Wegen der daraus resultierenden Ölkrise durften ab November 1973 an vier Sonntagen Autos nur mit Sondergenehmigung fahren.

109 RENATE CAPELLE, MOLINE/USA, 23. 7. 79
Skylabs, die Menschen aufs Dach fallen – Im Juli 1979 kehrte nach sechsjährigem Aufenthalt im All die erste US-Raumstation Skylab auf die Erde zurück. Teile der Station waren dabei nicht wie vorgesehen im Indischen Ozan, sondern auf einem dünn besiedelten Gebiet in West-Australien aufgeschlagen, ohne daß jemand verletzt wurde.

119 HERTA SIMON, KARLSRUHE, 3. 5. 82
in diesem Jahr zur Ehrung Goethes – 1982 wurde der 150 Todestag Goethes begangen.

120 IRENE S., WÜRZBURG, AUG./SEPT. 1982
Obote – Apollo Milton Obote (geb. 1925), von 1966 bis zu seinem Sturz durch einen Militärputsch 1971 ungandischer Staatspräsident, 1980 Rückkehr aus dem tansanischen Exil und erneute Wahl zum Präsidenten.

121 HANNA BORSCHE, BERLIN, 21. 2. 83
Karajan – Herbert von Karajan (1908–1989), Dirigent, leitete die Berliner Philharmoniker seit 1955. Kurz nach dem erwähnten Streit mit dem Orchester trat er im April 1989 zurück.

123 MARIA VON LOESCH, BAD HOMBURG, 24. 5. 84
Sarah Kirsch – Lyrikerin (geb. 1935).

124 GERTA SIMON, STOCKDORF, 3. 10. 84
Eliezer Ben-Yehuda – Jüdischer Sprachwissenschaftler (Ende 19. Jh.), der die hebräische Sprache für den Alltag reformierte. Das genannte Buch »Die Sprache der Propheten« von Robert Saint John erschien 1985.

131 RENATE CAPELLE, FLORIDA/USA, MÄRZ 1988
Presidentwahl – 1988 wurde George Bush (geb. 1924) zum 41. Präsidenten der USA gewählt.
Prinz Charles – Charles Philip Arthur George, Prinz von Wales (geb. 1948), britischer Thronfolger.
Gorby – Michail S. Gorbatschow (geb. 1931), 1985 bis 1991 Generalsekretär der KPdSU und sowjetisches Staatsoberhaupt, leitete die Wende der sowjetischen Innen- und Außenpolitik ein, deren Folge ein völliger Wandel des gesamten Ostblocks war.
Arafat – Jasir Arafat (geb. 1929), Vorsitzender des ZK der PLO, wurde 1989 zum Präsidenten Palästinas ausgerufen.

132 Irene S., Würzburg, 14. 11. 89

dann überschlugen sich ja die Ereignisse – Nach Massenprotesten und Kundgebungen in der DDR trat am 18. Oktober 1989 Staatsratsvorsitzender Erich Honecker zurück. Am 9. November verkündete Günter Schabowski auf einer Pressekonferenz die Reisefreiheit für DDR-Bürger, die zu Besucherströmen und schließlich zum Fall der Mauer führte.

134 Erika Herbich, Braunschweig, 27.12. 89

Blutbad in Rumänien – Im Dezember 1989 kam es in Rumänien zu einem Volksaufstand, in dessen Verlauf der rumänische Diktator Nicolae Ceaușescu (geb. 1918) und seine Frau Elena gefaßt am 25. Dezember 1989 erschossen wurden.

137 Maria von Loesch, Bad Homburg, 2. 5. 90

Mein Buch kam jetzt heraus – Maria Frisé, »Eine schlesische Kindheit«, Stuttgart 1990.

wie Weizsäcker es jetzt in seiner Rede formuliert hat – Richard Weizsäcker, 1984 bis 1994 Bundespräsident, hatte bei seinem Staatsbesuch in Warschau im Mai 1990 die Unverletzlichkeit der Oder-Neiße-Linie als Westgrenze Polens bekräftigt. Am 14. November 1990 bestätigten der damalige Außenminister Hans-Dietrich Genscher und sein polnischer Amtskollege Krysztof Skubiszewski dies im deutsch-polnischen Grenzvertrag.

138 Lore Buschendorff, Sörupmühle, 10. 6. 90

Vereinigung und Staatsvertrag – Am 18. Mai 1990 hatten die Finanzminister der beiden deutschen Staaten den Vertrag über die Schaffung einer Währungs, Wirtschafts- und Sozialunion unterzeichnet, in ihm wurde unter anderem die Einführung der D-Mark in der DDR geregelt. Am 23. August beschloß die Volkskammer den Beitritt der DDR zur BRD. Damit war Weg zur Wiedervereinigung Deutschlands frei, die am 3. Oktober 1990 offiziell vollzogen wurde.

139 Herta Simon, Karlsruhe, 15. 11. 90

auf zur Gesamtdeutschen Wahl – Am 2. Dezember 1990 fand die erste gesamtdeutsche Bundestagswahl statt. Es gewann die Koalition aus

CDU und FDP unter Helmut Kohl mit 43,8 Prozent der Stimmen. Am 20. Dezember fand im Berliner Reichstag die konstituierende Sitzung des gesamtdeutschen Bundestages statt.

140 Irene S., Würzburg, 8. 2. 91
da gibt es schon wieder Krieg – Der Einmarsch irakischer Truppen in Kuwait am 2. August 1990 löste den Golfkrieg (bis Feburar 1991) aus.

145 Elisabeth von Schaubert, Coburg, Mai/Juni 1995
Karl von Holtei – Schriftsteller und Schauspieler (1798–1880), schrieb Liederspiele und Volksstücke, u. a. »Schlesische Gedichte« (1830).

150 Herta Simon, Karlsruhe, 13. 7. 97
drei schmerzlichen Teilungen Polens – 1772 kamen Zarin Katharina II., Friedrich II. und Kaiser Joseph II. überein, große Teile Polens unter Rußland, Preußen und Österreich aufzuteilen. Übrig blieb ein um ein Drittel verkleinerter Reststaat. Als dieser sich 1791 eine moderne Verfassung gab, intervenierten Rußland und Preußen militärisch und erzwangen 1793 die zweite Teilung. In dem abermals reduzierten Reststaat brach 1794 ein Nationalaufstand auf, in dessen Folge Polen 1795 endgültig aufgeteilt wurde.

156 Maria von Loesch, Bad Homburg, 18. 6. 98
ein neuer Band mit Kurzgeschichten – Maria Frisé, »Liebe, lebenslänglich. Erzählungen«, Frankfurt/Main 1998.

166 Maria von Loesch, Bad Homburg, Mai 2000
Haffners Autobiogaphie – »Geschichte eines Deutschen« von Sebastian Haffner erschien 2000.
Tagebücher von Victor Klemperer – Die Tagebücher von Victor Klemperer von 1933 bis 1945 erschienen 1995 unter dem Titel »Ich will Zeugnis ablegen bis zum letzten« und wurden 1999 auch verfilmt.
Aufzeichnungen von Anita Lasker-Wallfisch – »Ihr sollt die Wahrheit erben«, Bonn 1997.

167 Lore Buschendorff, o. O., August 2000

Yorck von Wartenburg – Peter Graf Yorck von Wartenburg, geboren 1904 in Klein Oels wurde als Gegner des Nazi-Regimes und Mitbegründer des Kreisauer Kreises 1944 in Berlin-Plötzensee hingerichtet.

168 Ingetraut Raabe, Meerbusch, Dezember 2000

Lew Kopelew – Russischer Schriftsteller (1912–1997). Aufsehen hatte sein Bericht über den Einmarsch der russischen Truppen in Ostpreußen erregt (»Aufbewahren für alle Zeit«, dt. 1976). Wurde 1981 während eines Aufenthaltes in der BRD von der sowjetischen Regierung ausgebürgert.

LISELOTTE BENEDIX – Briefe 15, 28, 89, 135, 141, 143
1926 in Breslau geboren. Nach dem Abitur tritt sie ihren Ausgleichsdienst als wissenschaftliche Hilfskraft an der Universität in Breslau an. Dort erlebt sie die Festungszeit und den Einmarsch der Russen. Bis 1947 bleibt sie in Schlesien, ehe sie ausgewiesen wird und über Umwegen nach Langelsheim im Harz gelangt. Sie schlägt sich mit Gelegenheitsarbeiten durch, da sie ein Studium nicht finanzieren kann. Schließlich wird sie Sekretärin bei einem Industrieverband in Braunschweig, dann in einer Forschungsanstalt für Landwirtschaft. Da sie unverheiratet bleibt, wohnt sie lange mit ihren Eltern zusammen. 1959/60 geht sie für ein halbes Jahr nach Brüssel, um Französisch zu lernen. Sie steht der anthroposophischen Bewegung nahe und stirbt, völlig verarmt, 1994 in einem anthroposophischen Pflegeheim.

HANNA BORSCHE – Briefe 59, 81, 121, 127
1926 in Oppeln/Oberschlesien geboren, kommt sie nach dem Tod des Vaters 1940 nach Breslau, wo sie ein Jahr in die Zawadzky-Schule geht. Nach dem Abitur Ausgleichsdienst als technische Zeichnerin bei einem Flugzeugwerke-Betrieb in Landeshut/Schlesien. 1945 flüchtet sie durch die Tschechoslowakei bis nach Göttingen. Dort arbeitet sie u. a. bei amerikanischen und britischen Einheiten auf dem Flugplatz und studiert Englisch, Kunstgeschichte und Archäologie. 1953 geht sie für ein Jahr als Au-Pair-Mädchen und Studentin nach Paris, ein Jahr später heiratet sie in Berlin einen Geiger der Berliner Philharmoniker. Sie hat zwei Kinder und fünf Enkelkinder und lebt in Berlin.**(-1 Zeile)**

LORE BUSCHENDORFF – Briefe 97, 106, 110, 118, 122, 138, 149, 153, 167
wird 1926 geboren und wächst gemeinsam mit fünf Geschwistern auf dem Rittergut Chursangwitz/Kreis Ohlau auf. Nach der heimatlichen Volksschule und Hausunterricht kommt sie 1936 in die Zawadzky-Schule und wohnt in deren »Pension Spornberger«. 1942 wechselt sie

auf eine Handelsschule, ein Jahr später beginnt sie eine ländliche Hauswirtschaftslehre in Westpreußen, um dem Arbeits- und Kriegshilfsdienst zu entgehen. 1945 flüchtet sie zunächst mit einem Treck, später im Alleingang mit ihren Geschwistern zu Verwandten nach Thüringen, arbeitet nach deren Enteignung bei Bauern als Magd und legt die Prüfung zur ländlichen Hauswirtschafterin ab. Mit Hilfe von Stipendien gelingt ihr in Leipzig der Abschluß zur landwirtschaftlichen Berufsschullehrerin. Ende 1949 flieht sie weiter in den Westen, wird Wirtschaftsleiterin eines Kinderheims in Norderney und macht eine Zusatzausbildung zur Energieberaterin. 1957 heiratet sie einen Drogisten und arbeitet in der eigenen Drogerie. Die Ehe wird 1979 geschieden. 1989 geht sie als Rentnerin nach Sörup in Schleswig-Holstein, wo sie in einem alten Haus mit riesigem Grundstück lebt, das sie bis heute bewirtschaftet. Sie ist Mutter von drei Töchtern und hat drei Enkelkinder.

RENATE CAPELLE – Briefe 3, 17, 105, 109, 116, 131, 148, 154, 165
1926 in Breslau geboren, gehört seit der Gymnasialstufe der Zawadzky-Schule an. 1944 kommt sie nicht in den Arbeitsdienst, sondern reitet im nordöstlich von Breslau gelegenen Militsch Remonten, junge Pferde für den Kriegsdienst zu. 1945 flüchtet sie mit den Pferden und nimmt dabei den Rundbrief mit. Sie gelangt zunächst nach Österreich, später nach Süddeutschland. Dort arbeitet sie in einer amerikanischen Kaserne als Dolmetscherin und Übersetzerin und verliebt sich in einen GI. Sie folgt ihm nach Illinois und heiratet ihn 1947. Die Ehe scheitert jedoch sechs Jahre später. Renate wird Journalistin einer Tageszeitung in Moline, Illinois, und arbeitet dort 43 Jahre lang. Erst Anfang 1979 kann die Klasse ihre Adresse ausfindig machen und den Kontakt mit ihr aufnehmen. 2001 stirbt sie an Krebs.

JUTTA VON HAUGWITZ – Brief 136
Die Tochter eines Gutsbesitzers, 1926 geboren, wächst in Groß-Sürchen an der Oder auf, einem jahrhundertealten Familienbesitz. Nach Hausunterricht und Dorfschule kommt sie 1936 ins Zawadzky-Lyceum, verläßt dieses 1940 aber wieder. Sie möchte später das väterliche Gut übernehmen und macht daher nach einem Internatsbesuch ab 1942 eine Ausbildung zur Gutssekretärin im Berliner Lette-Haus.

Anschließend kehrt sie ins Elternhaus zurück und hilft in der Verwaltung. Ende Januar flieht sie mit ihrer Familie und einem Treck über Sachsen ins Erzgebirge. Der Wunsch, eine Lehrerinnenausbildung zu machen, schlägt fehl, so geht sie nach Berlin, wo sie Krankenschwester wird. 1953 bis 1955 schließt sie eine Zusatzausbildung zur Sozialinspektorin (Fürsorgerin) an. 1955 heiratet sie einen Pfarrer und gibt ihren Beruf zu Gunsten der Familie und der Mitarbeit in der Gemeinde auf. Sie hat drei Kinder und fünf Enkelkinder.

ERIKA HERBICH – Briefe 25, 34, 58, 68, 75, 113, 134, 144, 147, 152, 162
1924 in Rauscha/Kreis Görlitz geboren, der Vater ist Landarzt. Als Zweijährige erkrankt sie schwer an Kinderlähmung, wird operiert, kann aber dennoch jahrelang kaum laufen. Sie kommt 1941 in die Zawadzky-Schule, muß diese aber wegen schwerer Krankheit bereits vor dem Abitur wieder verlassen und kehrt ins Elternhaus zurück. Gemeinsam mit den Eltern flüchtet sie im Februar 1945 zunächst ins Erzgebirge, wo sie im Sommer 1945 ausgewiesen werden und nach Görlitz zurückkehren. Da der erhoffte Rückweg nach Schlesien versperrt ist, verbringt sie dort die ersten, schweren Nachkriegsjahre und holt 1946 das Abitur nach. Ende 1947 gelangt sie nach Braunschweig, wo sie bis heute lebt. Zwar baut ihr Vater wieder eine Arztpraxis auf, finanzielle Sicherheit ist jedoch nicht gegeben, und so kann auch Erikas Medizinstudium nicht realisiert werden. Sie macht statt dessen eine Ausbildung zur Sekretärin und arbeitet in einer Braunschweiger Forschungsanstalt. Sie ist ledig und hat keine Kinder.

KAROLA KL. – Brief 19
1925 in Wiesbaden geboren, verbringt die Tochter eines hohen Beamten fast jedes Jahr in einer anderen Stadt und Schule. 1941 kommt sie nach Breslau, wo sie bis zum Abitur 1944 in der Zawadzky-Schule bleibt. Ihr Vater war bereits einige Zeit zuvor aus politischen Gründen nach Kassel strafversetzt worden und hatte die Familie aus Sicherheitsgründen zurückgelassen. Nun holt er sie wegen der bedrohlichen Veränderungen an der Ostfront zu sich, und Karola bleibt so die Flucht erspart. Sie wird zum Bahnhofsdienst nach Kassel geschickt,

wo sie schwere Bombardierungen erlebt. Später findet die Familie eine Notunterkunft in Bad Wildungen. Ab 1946 studiert Karola Medizin in Marburg, wo sie bis heute lebt. 1953 promoviert sie und spezialisiert sich auf Augenheilkunde. 1956 heiratet sie einen Juristen und gibt ihren Beruf auf. Karola hat drei Kinder und vier Enkelkinder.

Maria von Loesch – Briefe 14, 30, 52, 64, 69, 76, 84, 98, 114, 123, 137, 156, 166
1926 geboren, wächst auf einem schlesischen Gut im Kreis Namslau auf, wo sie Hausunterricht erhält und die Dorfschule besucht. Ihr Vater wird bereits in den ersten Kriegstagen tödlich verwundet. 1939 kommt Maria an die Zawadzky-Schule. Nach dem Abitur 1944 Arbeitsdienst in Oberschlesien, nach drei Monaten wird sie aber wegen schwerer Krankheit wieder entlassen. Im Januar 1945 heiratet sie und muß noch am selben Tag fliehen, zunächst nach Stettin, dann mit Pferd und Wagen weiter nach Schleswig-Holstein. Dort lebt sie fünf Jahre unter schwierigen Bedingungen, in dieser Zeit werden ihre drei Söhne geboren. Mit ihrem Umzug in den Raum Hamburg kommt der wirtschaftliche Aufstieg, die Ehe jedoch scheitert. Maria ist in zweiter Ehe mit dem Journalisten und Schriftsteller Adolf Frisé verheiratet und lebt in Bad Homburg. Sie arbeitet als Autorin für Zeitungen, Rundfunk und Verlage, von 1968 bis 1991 ist sie Redakteurin im Feuilleton der Frankfurter Allgemeinen Zeitung. Sie hat acht Enkel und ein Urenkelkind.

Ruth Matzner – Briefe 27, 44, 62, 82, 104, 112
Die 1925 geborene Breslauerin kommt erst zwei Jahre vor dem Abitur in die Klasse. Arbeitsdienst in Hermitz, danach Kriegsdienst im Lazarett Kremsier, schließlich in der »Heereszahnstation«. Ende März 1945 flüchtet sie gemeinsam mit ihrer Mutter, zunächst ins zerstörte Dresden, wo sie ein halbes Jahr lebt, dann weiter in den Harz nach Stolberg. Dort nimmt sie Gelegenheitsjobs an, arbeitet u. a. in der Spielzeugherstellung und als Lehrerin. Ihr Wunsch, in Halle Volkswirtschaft zu studieren, erfüllt sich nicht, da sie keinen Studienplatz bekommt. Sie macht daher eine Ausbildung zur Medizinisch-technischen Assistentin in Sangerhausen/Harz und besucht die Schwesternschule in Halle. 1973 stirbt ihre Mutter, danach vereinsamt Ruth zu-

sehends und erkrankt häufig. Versuche der Klassenkameradin Gaby, sie in den Westen zu holen, schlagen fehl. Ruth stirbt 1998.

TRAUTE MOCHNER – Briefe 8, 37
Die 1926 geborene Breslauerin leistet ihren Arbeitsdienst zunächst in Wagstadt, kommt dann in eine Munitionsfabrik in Landeshut/Riesengebirge. Dort wird sie im März 1945 entlassen. In der Hoffnung, weiter in Breslau leben zu können, bleibt sie noch bis zum Herbst in Schlesien, bevor sie nach Bayern ausreist. Dort absolviert sie eine einjährige Ausbildung zur Lehrerin, da sich das Pharmaziestudium nicht realisieren läßt. Schon in fünfziger Jahren hat sie Kontakt zur anthroposophischen Bewegung und hegt den Wunsch, in einer Steiner-Schule zu unterrichten. 1958 macht sie schließlich die einjährige Zusatzausbildung und geht an eine Waldorf-Schule nach Stuttgart. 1959 reist sie für ein Jahr als Au-Pair-Mädchen und zum Sprachstudium nach Paris. Anschließend unterrichtet sie an Waldorf-Schulen in Ulm, Marburg und Krefeld. Traute, die an Depressionen leidet, begeht 1991 Selbstmord.

INGETRAUT RAABE – Briefe 7, 26, 43, 49, 54, 70, 77, 85, 87, 93, 107, 168
wird 1926 in Breslau geboren und gehört der Zawadzky-Schule bereits in der Grundschule an. Wenige Tage nach dem Abitur kommt sie 1944 zum Arbeitsdienst nach Wagstadt, im Oktober desselben Jahres zum Kriegsdienst ins Lazarett Kremsier, beides im heutigen Tschechien gelegen. Als das Lazarett Frontlazarett wird, flüchtet sie mit ihrer Mutter und dem jüngeren Bruder nach Wittenberg. Dort arbeitet sie ab April 1945 in einer Apotheke. Kurz darauf sterben bei einem Bombenangriff ihre Mutter und ihre Großmutter, die Neunzehnjährige wird Vormund ihres kleinen Bruders. Sie flüchtet vor den Russen auf die andere Seite der Elbe, kehrt jedoch später wieder nach Wittenberg zurück, um im Herbst 1947 die Ausbildung zur Apotheken-Assistentin abzuschließen. 1948 zieht sie weiter an den Niederrhein und arbeitet dort bis 1951 in einer Apotheke, da sie den Studienwunsch Chemie bzw. Pharmazie aus finanziellen Gründen nicht realisieren kann. 1953 heiratet sie einen Journalisten und zieht mit ihm nach Essen, später

folgen Düsseldorf, Wien, Paris und Hannover. Sie lebt heute in der Nähe von Düsseldorf, hat drei Kinder und acht Enkel.

IRENE S. – Briefe 92, 120, 132, 140, 142
1926 in Berlin geboren, kommt sie als Dreijährige nach Breslau und gehört der Zawadzky-Schule von der Vorschule 1932 bis zum Abitur 1944 an. Im Januar 1945 flüchtet sie aus Breslau, erlebt die Bombenangriffe in Dresden und kommt auf abenteuerlichen Umwegen mit Soldaten, Viehtransporten und zu Fuß schließlich nach Berlin. Da das Medizinstudium für sie nicht finanzierbar ist, macht sie dort eine Ausbildung zur Krankenpflegerin und arbeitet anschließend im Voigtland, bevor sie nach Niedersachsen flüchtet und später nach Würzburg geht. Dort beginnt sie endlich ihr Studium, bricht es jedoch bald wieder ab und heiratet 1951 einen Journalisten und späteren Chefredakteur einer Würzburger Tageszeitung. Gemeinsam mit ihm und Freunden gründet sie 1957 das Deutsche Aussätzigen Hilfswerk (DAHW), in dem sie bis heute engagiert mitarbeitet. Sie hat drei Kinder und vier Enkel.

ELISABETH VON SCHAUBERT – Briefe 35, 73, 96, 101, 125, 129, 145, 151, 161, 164
1925 geboren, wächst sie gemeinsam mit sieben Geschwistern auf dem elterlichen Gut in Obernigk/Kreis Trebnitz auf. Die Kinderzeit wird ab 1933 überschattet von den politischen Auseinandersetzungen des Vaters mit den neuen Machthabern der Heimatgemeinde. 1938 kommt sie in die Zawadzky-Schule und das angeschlossene Pensionat nach Breslau. »Schaubi« verläßt die Schule 1943 und beginnt – nach einem Ersatz-Pflichtjahr – eine Ausbildung als Medizinisch-technische Assistentin in Breslau. Ende Januar 1945 flieht sie sieben Wochen lang mit einem Teil ihrer Familie und Pferd und Wagen durch Schlesien und Sudetenland in den Kreis Eger. Um der Zwangsdeportation in ein russisches Lager zu entgehen, fliehen sie im Herbst 1945 weiter in die Oberpfalz. Von 1946 bis 1948 arbeitet Elisabeth als DRK-Helferin in einem Heim für Kriegsversehrte in Bad Pyrmont, ab 1948 Ausbildung zur MTA in Frankfurt, wo sie nach dem Examen drei Jahre lang tätig ist. Sie heiratet einen Arzt, bekommt vier Kinder und hat fünf Enkelkinder.

Elisabeth von Schickfus – Briefe 33, 45, 47, 56, 61, 67, 78, 158
1925 in Lohetal, Kreis Reichenbach/Niederschlesien, geboren, ihr Vater ist Landwirt und Gutsbesitzer in Trebnig/Kreis Reichenbach. 1941 kommt sie in die Zawadzky-Schule, geht jedoch 1942 bereits wieder ab, um eine landwirtschaftliche Lehre in Rosenborn bei Zobten in Niederschlesien zu beginnen. Anfang Februar 1945 flüchtet sie mit dem Treck zu Verwandten nach Sachsen, wo sie ihre landwirtschaftliche Prüfung ablegt, bevor sie wieder die Flucht antreten muß, diesmal nach Hessen. Dort arbeitet sie in der Landwirtschaft und heiratet 1947. Ihr Mann ist Berufssoldat, was für die Familie zahlreiche Umzüge und Lebensveränderungen bedeutet, darunter dreieinhalb Jahre im kanadischen Ottawa an der deutschen Botschaft. Elisabeth hat drei Kinder und elf Enkelkinder, sie lebt heute in Sinzheim bei Baden-Baden.

Eva-Maria Schlaak – Briefe 63, 86, 90, 99, 155
1926 in Breslau geboren, geht sie bis zur Mittleren Reife 1942 in die Zawadzky-Schule und absolviert anschließend ihr Pflichtjahr, da sie wegen einer Augenschwäche vom RAD befreit ist. 1943 besucht sie ein Jahr lang die Handelsschule und macht danach eine Ausbildung zur Rot-Kreuz-Helferin mit anschließendem Einsatz in Hilfskrankenhäusern. Dabei erlebt sie auch die Breslauer Festungszeit bis zur Übernahme des Krankenhauses durch das Polnische Rote Kreuz. Im Juli 1945 flüchtet sie zu Fuß, mit dem Güterzug und mit russischen Militärs zunächst nach Dresden, dann nach Thüringen zu ihren Eltern, deren Adresse sie inzwischen erfahren hatte. Sie begleitet Flüchtlingszüge und arbeitet in einer Arztpraxis, besucht von 1947 bis 1949 die Krankenpflegeschule in Halle. 1950 flüchtet sie nach Hameln und heiratet in diesem Jahr einen Ingenieur. Sie hat drei Kinder und wohnt seit 1960 in Köln-Porz.

Gerta Simon – Briefe 1, 4, 13, 18, 40, 79, 95, 124, 160
Die 1926 geborene Breslauerin gehört der Zawadzky-Schule ihre gesamte Schulzeit hindurch an. Gemeinsam mit ihrer Zwillingsschwester Herta ist sie die Initiatorin des Rundbriefs. Nach dem Abitur kommt sie zum Arbeitsdienst ins Ostsudetenland, danach ein halbes Jahr als Schwesternhelferin in ein Lazarett bei Prag. Nach der Entlassung im

Frühjahr 1945 flüchtet sie mit ihrer Familie nach Bayern und arbeitet dort bis Frühjahr 1946 in der ländlichen Hauswirtschaft. Als die Familie nach Karlsruhe zieht, wo der Vater versucht, wieder eine chirurgische Praxis aufzubauen, versorgt sie den elterlichen Haushalt und hilft in der Praxis. Von 1947 bis 1949 absolviert sie eine (verkürzte) Ausbildung zur Grund- und Hauptschullehrerin und arbeitet anschließend als Lehrerin einer Diakonissenanstalt. Im August 1950 fliegt sie als Stipendiatin des »Institute of International Education« für ein Studienjahr nach Arizona/USA; sie gehörte zur ersten Gruppe deutscher Studenten, die nach dem Krieg zum Zweck der Völkerverständigung nach Amerika eingeladen wurde. 1951 bis 1958 Schuldienst in Karlsruhe, daneben Weiterbildung zur Realschullehrerin. 1958 heiratet sie einen Pfarrer und zieht nach Stockdorf bei München, wo sie auch heute lebt. Gerta hat zwei Töchter und zwei Enkeltöchter.

HERTA SIMON – Briefe 9, 21, 39, 51, 60, 91, 94, 117, 119, 139, 150
Die Zwillingsschwester von Gerta und mit dieser die Initiatorin und Koordinatorin des Rundbriefs ist gleichfalls zwölf Jahre lang in der Zawadzky-Schule. Nach dem Abitur leistet sie ihren Arbeits- und Kriegsdienst im Glatzer Bergland, 1945 flieht sie zu Verwandten nach Oberbayern. 1946 findet die Familie in Karlsruhe eine neue Heimat, und Herta beginnt das Studium der Germanistik in Freiburg, das sie 1954 mit der Promotion abschließt. Sie wird Gymnasiallehrerin in Karlsruhe und 1966 als Fachleiterin für Deutsch ans dortige Studienseminar zur Ausbildung der Referendare berufen. Für diese Tätigkeit wird ihr der Professorentitel verliehen. Noch heute hält sie Vorträge und Seminare an der Karlsruher Akademie für wissenschaftliche Weiterbildung. Herta ist ledig und hat keine Kinder.

ILSE ST. – Briefe 2, 16, 29, 57
wird 1926 in Breslau geboren und kommt 1939 in die Zawadzky-Schule, wo sie bis zum gemeinsamen Abitur bleibt. Den Arbeitsdienst absolviert sie im Glatzer Bergland, den anschließenden Kriegshilfsdienst in einer Rüstungsfabrik in Langenbielau. Im Februar 1945 flüchtet sie nach Hildesheim zu ihrer Großmutter. Dort schlägt sie sich mit Gelegenheitsjobs durch, versorgt ihre fünfzehnköpfige

Familie, die sich hier nach und nach einfindet, und macht schließlich, da sie das gewünschte Medizinstudium nicht realisieren kann, eine Ausbildung als Medizinisch-technische Assistentin. 1972 heiratet sie einen Anwalt und Notar, der drei Kinder und Enkelkinder mit in die Ehe bringt. Ilse ist bis zur Pensionierung berufstätig.

URSULA STANDKE – Briefe 23, 41, 128
wird 1926 in Burkardsdorf bei Oppeln in Oberschlesien geboren und gehört dem Oberlyceum von Zawadzky ihre gesamte Schulzeit bis zum Abitur 1944 an. Als sie zehn Jahre alt ist, kauft ihr Vater das Gut Schlaupp/Kreis Wohlau in Niederschlesien. Ursula wird Landwirtschaftslehrling in Oberschlesien und kommt daher nicht in den Arbeitsdienst. Sie möchte Landwirtschaft studieren, doch die Flucht verschlägt sie zunächst in ein kleines Städtchen in der Rhön. Auch Pläne für den Besuch einer Modeschule oder eine künstlerische Ausbildung sind für sie nicht realisierbar. So macht sie 1949 eine Ausbildung zur Krankenschwester in Frankfurt am Main, gibt diesen Beruf aber 1953 aus gesundheitlichen Gründen auf und ist bis zu ihrer Pensionierung Beamtin bei der Post. Sie ist ledig und hat keine Kinder. 2002 stirbt sie an Krebs.

GABRIELA STOCKERT – Briefe 6, 20, 31, 38, 53, 71, 100, 108, 115, 130
Die 1925 geborene Breslauerin kommt erst zwei Jahre vor dem Abitur in diese Klasse. Aus dem Arbeitsdienst wird sie wegen eines Herzfehlers vorzeitig entlassen und beginnt daher bereits im November 1944 ein Apothekenpraktikum, um später eine eigene Apotheke zu gründen. Statt dessen kommt im Januar 1945 die Flucht nach Oberfranken, gemeinsam mit ihrer Mutter; der Vater kann wegen einer bevorstehenden Operation nicht mitkommen, er stirbt drei Monate später. Gaby schlägt sich in Oberfranken mit Englischunterricht durch und zieht 1946 nach Heidelberg. Hier beginnt sie ein Sprachenstudium und arbeitet ab 1949 beim amerikanischen Arbeitsamt. 1953 heiratet sie einen Amerikaner chinesischer Abstammung, als bald darauf die beiden Kinder geboren werden, widmet sie sich der Familie. Heute lebt sie im Taunus. Sie hat drei Enkelkinder.

Barbara Str. – Briefe 10, 24, 36, 74, 83, 88, 102, 111, 126, 133, 159
1926 in Breslau geboren, verbringt sie gleichfalls ihre gesamte Schulzeit in der Zawadzky-Schule. Nach dem Abitur 1944 leistet sie studentischen Ausgleichsdienst und betreut ein Jahr lang einen kriegsblinden Jurastudenten. Im Januar 1945 flüchtet sie mit einem Treck aus Breslau nach Sachsen, wo sie von 1946 bis 1947 als Lehrerin arbeitet. Danach absolviert sie eine zweijährige Ausbildung zur Dolmetscherin für Russisch und arbeitet mehrere Jahre in diesem Beruf im Leipziger Raum. Sie lebt mit ihrer Mutter zusammen. 1955 beginnt sie ein Chemiestudium, das sie 1964 mit der Promotion A und 1984, nach langer Tätigkeit als wissenschaftliche Assistentin in Leipzig und Berlin, mit der Promotion B abschließt. Unmittelbar nach ihrer Versetzung in den Ruhestand 1986 verläßt sie die DDR und zieht zu ihrem späteren Mann nach Oberbayern. Ihr Mann stirbt jedoch bereits vier Jahre später. Seit 1995 lebt Bärbel in Karlsruhe.

Uschi Strogies – Briefe 48, 103, 157, 163
wird 1925 in Beuthen/Oberschlesien geboren, zieht früh nach Breslau und besucht die Zawadzky-Schule bis 1942, als sie zur Höheren Handelsschule wechselt. Im Frühjahr 1944 heiratet sie – neunzehnjährig – einen Offizier der Luftwaffe, der kurz nach der Hochzeit fällt. Das gemeinsame Baby kommt im Dezember 1944 in Breslau unter schwierigsten Bedingungen zur Welt. Bereits sechs Wochen später müssen sie flüchten und kommen zunächst bis Hoyerswerda, später weiter zu einem Bauernhof bei Oldenburg. Sie schlägt sich mit Gelegenheitsarbeiten durch und gelangt schließlich ins Weserbergland, wo sie 1949 ihren zweiten Mann heiratet. Seit 1966 lebt sie in Stuttgart. Sie hat vier Töchter und sechs Enkelkinder.

Ulla Thiele – Briefe 11, 22, 32, 55, 65, 80
1924 in Berlin geboren, verliert sie schon sehr früh ihre Eltern und kommt daher 1938 ins Breslauer Waisenhaus und in die Zawadzky-Schule. Nach dem Abitur leistet sie Ersatzdienst als Begleiterin eines kriegsblinden Studenten. Im Januar 1945 flüchtet sie zu Fuß aus Breslau, bleibt noch einige Wochen in Schlesien, bevor sie nach Dresden gelangt, wo sie die Bombardierung der Stadt miterlebt. Danach flüch-

tet sie weiter nach Zeitz in Sachsen und arbeitet dort von 1945 bis 1947 als zahnärztliche Helferin. 1947 geht sie in den Westen, nach Karlsruhe. Da sie völlig mittellos und ohne jegliche Unterstützung ist, läßt sich das gewünschte Medizinstudium nicht realisieren. So macht sie von 1947 bis 1949 eine Ausbildung zur Schneiderin und besucht 1950 bis1952 die Hamburger Modeschule. Dort besteht sie die Meisterprüfung und den Abschluß zur Entwurfsdirectrice, um danach als Modedirectrice in einer Stuttgarter Firma zu arbeiten. Sie heiratet 1954 einen Ingenieur, hat vier Kinder und sechs Enkel und lebt in Karlsruhe.

RENATE WINKLER – Briefe 5, 12, 42, 46, 50, 66, 72, 146
1926 in Berlin geboren, kommt im 4. Schuljahr an die Zawadzky-Schule und bleibt dort bis zum Abitur. Vom Arbeitsdienst im Sudetenland wird sie im November 1944 vorzeitig entlassen, um ihre krebskranke Mutter zu pflegen. Im Januar 1945 stirbt die Mutter, eine Woche später flüchtet Renate mit ihrem Vater zunächst nach Berlin, dann nach Waren in Mecklenburg. Dort arbeitet sie als Gärtnergehilfin, ehe sie nach dem Einzug der Russen eine Ausbildung zur Schneiderin macht. Das geplante Chemie- oder Pharmaziestudium kann sie aus finanziellen Gründen nicht realisieren. Im April 1948 zieht sie nach Berlin, um im dortigen Lette-Haus Mode und Illustration zu studieren. Sie arbeitet als Hilfsredakteurin, später Abteilungsleiterin im Ullstein-Verlag, hauptsächlich für Schnittmuster. Sie heiratet 1953 einen Ingenieur, hat zwei Töchter und vier Enkelkinder und lebt seit 1967 in Beckum/Westfalen.

Literatur

Andersen, Arne: Der Traum vom guten Leben. Alltags- und Konsumgeschichte vom Wirtschaftswunder bis heute, Frankfurt/Main 1999

Bähnsch, Dieter (Hrsg.): Die 50er Jahre. Beiträge zur Politik und Kultur, Tübingen 1985

Bade, Klaus J.: Neue Heimat im Westen, Münster 1990

Bajohr, Stefan: Weiblicher Arbeitsdienst im 3. Reich, in: Vierteljahresschrift für Zeitgeschichte 28/1989, S. 331-357

Benz, Wolfgang. Zwischen Hitler und Adenauer. Studien zur deutschen Nachkriegsgesellschaft, Frankfurt/Main 1991

Benz, Wolfgang (Hrsg.) Die Vertreibung der Deutschen aus dem Osten. Frankfurt/Main 1985

Böddeker, Günter: Die Flüchtlinge. Die Vertreibung der Deutschen im Osten. München, Berlin 1980

Broszat, Martin (u.a., Hrsg.): Von Stalingrad zur Währungsreform. Zur Sozialgeschichte des Umbruchs in Deutschland, München 1988

Conze, Werner, Lepsius, Rainer M.: Sozialgeschichte der BRD, Stuttgart 1983

Delille, Angela/ Grohn, Andrea (Hrsg): Perlonzeit. Wie die Frauen ihr Wirtschaftswunder erlebten, Berlin 1985

Dies.: Blick zurück aufs Glück. Frauenleben und Frauenpolitik der 50er Jahre, Berlin 1985

Dischner, Gisela (Hrsg): Eine stumme Generation berichtet. Frauen der 30er und 40er Jahre, Frankfurt/Main 1982

Długoborski, Waclaw (Hrsg.) Zweiter Weltkrieg und sozialer Wandel. Achsenmächte und besetzte Länder, Göttingen 1981.

Edding, Friedrich/Lemberg, Eugen: Die Vertriebenen in Westdeutschland, Kiel 1959

Frantzjoch, Marion: Die Vertriebenen. Hemmnisse, Antriebskräfte und Wege ihrer Integration in der Bundesrepublik Deutschland, Berlin 1987

Frauenguppe Faschismusforschung (Hrsg.): Mutterkreuz und Arbeitsbuch. Zu Geschichte der Frauen in der Weimarer Republik und im Nationsozialismus, Frankfurt 1981

Frevert, Ute: Frauen-Geschichte zwischen bürgerlicher Verbesserung und neuer Weiblichkeit, Frankfurt/Main 1986

Friesen, Astrid von: Der lange Abschied. Psychische Spätfolgen für die 2. Generation, Gießen 2000

Fuhr, Eckhard: Geschichte der Deutschen 1949–90. Eine Chronik zu Politik, Wirtschaft und Kultur, Frankfurt/Main 1990

Gersdorff, Ursula von: Frauen im Kriegsdienst 1914–1945, Stuttgart 1969

Hagner, K./Junk, W.(Hrsg.): Die Frau in unserer Gesellschaft, Stuttgart 1974

Heinritz, Charlotte (Hrsg.): Der Klassenrundbrief. Geschrieben 1953–1989 von den Schülerinnen des Klassenjahrgangs 1925 der Altstädter Höheren Mädchenschule in Dresden, Opladen 1991

Jolles, Hiddo M.: Zur Soziologie der Heimatvertriebenen und Flüchtlinge, Köln 1965

Kaps, Johannes (Hrsg.): Die Tragödie Schlesiens 1945/46 in Dokumenten, München 1952

Koonz, Claudia: Mütter im Vaterland. Frauen im 3.Reich, Freiburg 1991

Kuhn, Anette/Rüsen, Jörg (Hrsg.): Frauen in der Geschichte , Bd.II: Beiträge zur Sozialgeschichte der Frau; Bd.V: Das Schicksal Deutschlands liegt in der Hand seiner Frauen – Frauen in der deutschen Nachkriegsgeschichte, Düsseldorf 1984

Laurien, Ingrid: »Wie kriege ich einen Mann?« Zum weiblichen Leitbild und zur Rolle der Frau in den 50er Jahren, in: Sozialwissenschaftliche Informationen 15., 1986

Lehmann, Albrecht: Im Fremden ungewollt Zuhaus. Flüchtlinge und Vertriebene in Westdeutschland 1945–1990, München 1991

Meyer, Sibylle/Schulze, Eva: Wie wir das alles geschafft haben. Alleinstehende Frauen berichten über ihr Leben nach 45 München 1985

Dies.: Von Liebe sprach damals keiner. Familienalltag in der Nachkriegszeit, München 1985

Moeller, Robert G.: Geschützte Mütter. Frauen und Familien in der westdeutschen Nachkriegspolitik, München 1997

Neebe, Reinhard: Die Bundesrepublik Deutschland 1949–1963/66. Die Ära Adenauer, Stuttgart 1990

Niethammer, Lutz (Hrsg.): »Die Jahre weiß man nicht, wo man die heute hinsetzen soll.« Faschismus-Erfahrung im Ruhrgebiet, Bonn 1983

Ders.: »Hinterher merkt man, daß es richtig war, daß es schiefgegangen ist.« Nachkriegserfahrungen im Ruhrgebiet, Bonn 1983

Rytlewski, Ralf/Opp de Hipt, Manfred: Die Bundesrepublik Deutschland in Zahlen, 1945/49–1980. Ein sozialgeschichtliches Arbeitsbuch, München 1987

Schildt, Axel/Sywottek, Arnold (Hrsg.): Modernisierung im Wiederaufbau. Die westdeutsche Gesellschaft der 50er Jahre, Bonn 1993

Schulze, Rainer u. a.(Hrsg.): Flüchtlinge und Vertriebene in der westdeutschen Nachkriegsgeschichte. Bilanzierung der Forschung, Hildesheim 1987

Stolten, Inge (Hrsg.): Der Hunger nach Erfahrung, Frauen nach 1945, Frankfurt/Main 1983

Strecker, Gabriele: Überleben ist nicht genug, Frauen 1945–50, Freiburg 1981

Szepansky, Gerda (Hrsg.): »Blitzmädel«, »Heldenmütter«, »Kriegerwitwen«. Frauenleben im 2. Weltkrieg, Frankfurt/Main 1986

Waldmann, Peter: Die Eingliederung der ostdeutschen Vertriebenen in der westdeutschen Gesellschaft. In: Josef Becker, Theo Stammen,

Peter Waldmann (Hrsg.): Vorgeschichte der BRD. Zwischen Kapitulation und Grundgesetz. München 1979, S. 163–192
Wiggershaus, Renate: Frauen unterm Nationalsozialismus, Wuppertal 1984
Dies.: Geschichte der Frauen und der Frauenbewegung nach '45, Wuppertal 1979

Zu dieser Ausgabe

Der Rundbrief umfaßt derzeit 33 Bände mit rund 1300, größtenteils handschriftlich verfaßten Briefen. Die Korrespondenz wurde 1944 von 18 ehemaligen Schülerinnen begonnen, der Kreis erweiterte sich nach Kriegsende zusehends. Um den Kreis der Schreiberinnen für den Leser übersichtlich zu halten, mußten einige Frauen bei der Auswahl ganz unberücksichtigt bleiben.

Arbeitsdienst, Flucht und Kriegsende bis zur Währungsreform bilden den historischen Schwerpunkt des vorliegenden Buches. Die ersten beiden Rundbriefe aus den Jahren 1944 bis 1948 wurden daher weitgehend ungekürzt übernommen. Da in den späteren Briefen – vor allem aus der Zeit von etwa 1965 bis 1985 – die Schilderung privater Ereignisse überwiegt, wurden zahlreiche Briefe nicht aufgenommen oder aber stark gekürzt wiedergegeben. Auslassungen sind mit [...] gekennzeichnet.

Fehler in Orthographie und Interpunktion wurden berichtigt, stilistische Charakteristika einzelner Schreiberinnen jedoch aus Gründen der Authentizität belassen. Sinngemäße Ergänzungen, die für das Verständnis einzelner Briefpassagen vonnöten sind, sind in eckige Klammern gesetzt. Auf zeitgeschichtliche Hintergründe wird in den Anmerkungen verwiesen. Sie stützen sich oft auf Hartwig Bögeholz, Die Deutschen nach dem Krieg. Eine Chronik, Reinbek 1995. Die Namen der Schreiberinnen sind – mit einer Ausnahme – ihre Mädchennamen, da sich die Frauen unter diesen Namen kennenlernten und sich auch viele Spitznamen darauf beziehen. In einigen Fällen sind Namen zum Schutz des Persönlichkeitsrechts abgekürzt, in einem Fall geändert wiedergegeben.

Danksagung

Ich danke allen Klassendamen für ihre freundliche Anteilnahme und Unterstützung an diesem Projekt. Einigen von ihnen gilt mein ganz ausdrücklicher Dank: Theda K., Walburg Koch, Liselotte Krickhahn, Ingetraud Lüdeck, Anneliese Lüdtke, Ursula Stütz, Renate T., Dieta V., Hannelore Z. Obwohl sie ebenso dieser Klasse und Rundbriefgruppe angehören und interessant schreiben, konnten ihre Briefe nicht in dem vorliegenden Buch berücksichtigt werden. Sie waren aber dennoch sehr kooperativ, und ich danke ihnen für ihr Verständnis!

Außerdem bedanke ich mich bei Ingetraut Raabe und Gerta Simon für ihre Hilfe, vor allem aber bei Herta Simon für zahlreiche Gespräche sowie das Überlassen der Original-Rundbriefe.

Meinem Mann danke ich für seine geduldige Unterstützung.

Bildnachweis

Die Abbildungen stammen, wo nicht anders angegeben, aus Privatarchiven.